자바스크립트 프로그래밍 입문 2판

HB 한빛아카데미
Hanbit Academy, Inc.

지은이 **윤인성** rintiantta@naver.com

출근하는 게 싫어서 책을 집필하기 시작했다. 현재 직업 특성상 집에서 나갈 이유가 별로 없다는 것에 굉장히 만족하는 성격이기도 하다. 홍차와 커피를 좋아하며 기타, 가야금, 그림 그리기, 스컬핑 등이 취미이다.
저서로는 『IT CookBook, C# 프로그래밍』, 『IT CookBook, HTML5 웹 프로그래밍 입문』, 『모던 웹을 위한 JavaScript+jQuery 입문』, 『모던 웹을 위한 Node.js 프로그래밍』, 『모던 웹 디자인을 위한 HTML5+CSS3 입문』 등이 있으며, 역서로는 『TopCoder 알고리즘 트레이닝』, 『자바 퍼즐러』, 『소셜 코딩으로 이끄는 GitHub 실천 기술』, 『Nature of Code』 등이 있다.

자바스크립트 프로그래밍 입문 2판 : 기본 문법부터 Node.js를 이용한 프로젝트 완성까지

초판발행 2022년 1월 3일
3쇄 발행 2023년 7월 20일

지은이 윤인성 / **펴낸이** 전태호
펴낸곳 한빛아카데미(주) / **주소** 서울시 서대문구 연희로2길 62 한빛아카데미(주) 2층
전화 02-336-7112 / **팩스** 02-336-7199
등록 2013년 1월 14일 제2017-000063호 / **ISBN** 979-11-5664-588-7 93000

총괄 박현진 / **책임편집** 김성무 / **기획·편집** 김도윤 / **교정** 김성남 / **진행** 안비단
디자인 표지 이아란 내지 박정우 / **전산편집** 김미경 / **제작** 박성우, 김정우
영업 김태진, 김성삼, 이정훈, 임현기, 이성훈, 김주성 / **마케팅** 길진철, 김호철, 심지연

이 책에 대한 의견이나 오탈자 및 잘못된 내용에 대한 수정 정보는 아래 이메일로 알려주십시오.
잘못된 책은 구입하신 서점에서 교환해 드립니다. 책값은 뒤표지에 표시되어 있습니다.
홈페이지 www.hanbit.co.kr / 이메일 question@hanbit.co.kr

Published by HANBIT Academy, Inc. Printed in Korea

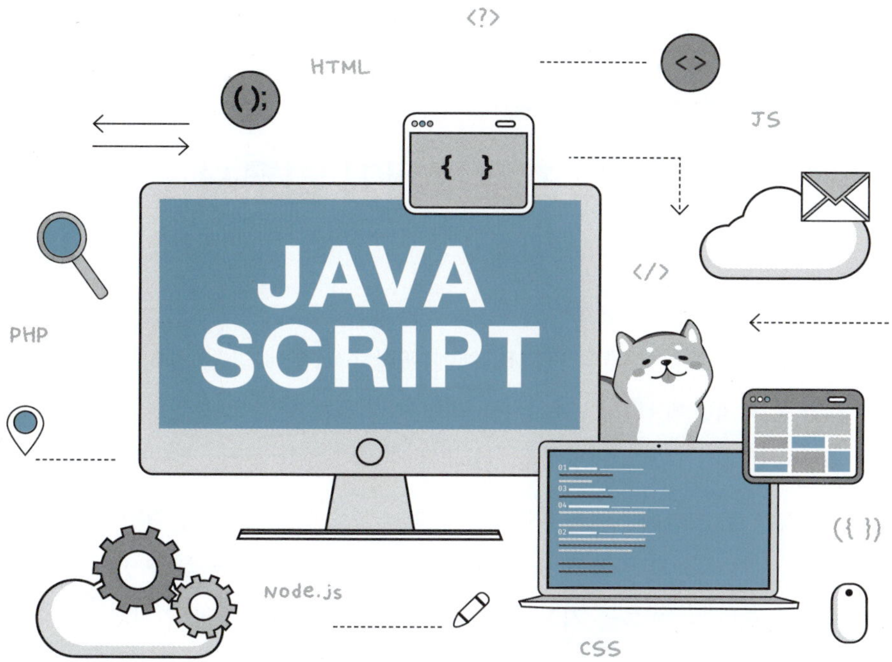

자바스크립트 프로그래밍 입문 2판

기본 문법부터 Node.js를 이용한 프로젝트 완성까지

윤인성 지음

한빛아카데미
Hanbit Academy, Inc.

한 권으로 배우는 자바스크립트 프로그래밍 입문서

자바스크립트는 대부분 HTML 책에 포함해서 함께 다뤘습니다. 보통 자바스크립트를 CSS와 함께 사용해 HTML 페이지를 예쁘게 만드는 것 정도로 인식했기 때문입니다. 국내에서는 2012년까지만 해도 이렇게 많이들 인식하고 있었습니다.

하지만 2012년에 Node.js가 출시되면서 자바스크립트와 관련된 모든 것이 변했습니다. 전 세계에서 가장 많은 오픈 소스(Linux, MySQL, Apache 등)를 공유한 GitHub에 올라온 코드 중 자바스크립트는 '가장 많이 사용하는 프로그래밍 언어'가 되었습니다.

웹 브라우저에서 작동하는 웹 클라이언트 페이지를 만들려는 목적으로 사용하던 자바스크립트는 2012년 이후 다양한 곳에서 활용되고 있습니다. 비주얼 스튜디오 코드, 워드프레스 클라이언트, Atom 에디터, 슬랙 클라이언트 등은 모두 자바스크립트로 개발한 애플리케이션입니다. 트위터에서 가장 많은 트래픽이 몰리는 검색 기능, 미국에서 가장 규모가 큰 유통업체인 월마트의 물류 처리 프로그램 등은 모두 자바스크립트로 만든 서버입니다. 미국의 거대한 소셜 네트워크 서비스인 페이스북, 중국에서 가장 많이 사용하는 인스턴스 메시징 프로그램인 QQ 모두 자바스크립트를 사용해 안드로이드와 아이폰 애플리케이션을 만들었습니다.

국내에서도 마찬가지입니다. 어차피 웹 사이트가 있는 모든 회사는 자바스크립트를 사용할 수밖에 없습니다. 그런 상황에서 수많은 회사가 Node.js를 활용해 서버를 만듭니다. 그래서 자바스크립트만을 다루는 교재를 집필하게 되었습니다.

이 책에서는 우선 자바스크립트의 기본 내용을 다룬 다음, 이를 활용해서 서버 개발과 클라이언트 개발로 나눠서 응용해 봅니다. Part 1에서 프로그래밍 언어, Part 2에서 서버, Part 3에서 클라이언트를 최대한 일반화해서 다루므로 이후에 다른 프로그래밍 언어, 서버, 클라이언트를 공부할 때 많은 도움이 될 것입니다.

혹시 서점에서 프로그래밍 언어 책을 본 적이 있으신가요? 어떤 프로그래밍 언어의 책이 가장 두껍던가요? 아마도 프로그래밍 언어만 다룬 책 중에서는 자바스크립트 책이 가장 두꺼울 것입니다(『자바스크립트 완벽 가이드』 1250쪽). 이 외에도 필자가 집필한 『모던 웹을 위한 JavaScript+jQuery 입문』과 『모던 웹을 위한 Node.js 프로그래밍』도 두 권을 합치면 1500쪽이 넘습니다.

이러한 자바스크립트를 한 학기 교재(약 512여 쪽) 안에 모두 담지는 못할 것이라고 처음부터 예상했습니다. 그래서 이 책은 자바스크립트의 기본 내용을 충실히 담아내는 데 주안점을 두고 집필했습니다. 대신 이 책으로 자바스크립트의 기초를 탄탄히 쌓은 다음, 이 책을 기본 발판 삼아 학생 스스로 학습하고 싶은 분야를 정해서 나아갈 수 있길 바랍니다.

책을 집필하는 데 도움을 주신 한빛아카데미㈜의 김도윤 님께 감사의 말씀 전합니다.

저자 윤인성

이 책의 구성 요소

| 코드 |

본문에서 설명하는 개념을 코드로 학습합니다. 개념 설명 이후에 바로 이어지기 때문에 이해력을 높일 수 있습니다.

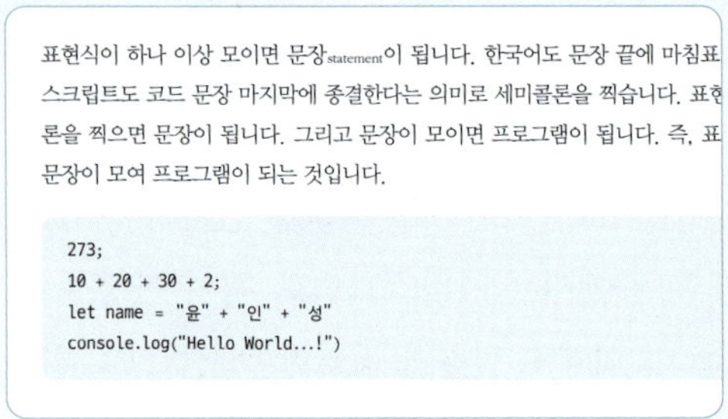

표현식이 하나 이상 모이면 문장statement이 됩니다. 한국어도 문장 끝에 마침표
스크립트도 코드 문장 마지막에 종결한다는 의미로 세미콜론을 찍습니다. 표현
론을 찍으면 문장이 됩니다. 그리고 문장이 모이면 프로그램이 됩니다. 즉, 표
문장이 모여 프로그램이 되는 것입니다.

```
273;
10 + 20 + 30 + 2;
let name = "윤" + "인" + "성"
console.log("Hello World...!")
```

| 예제 |

다양한 예제를 실습하며, 프로그래밍의 기본 개념과 문법을 익힐 수 있습니다.

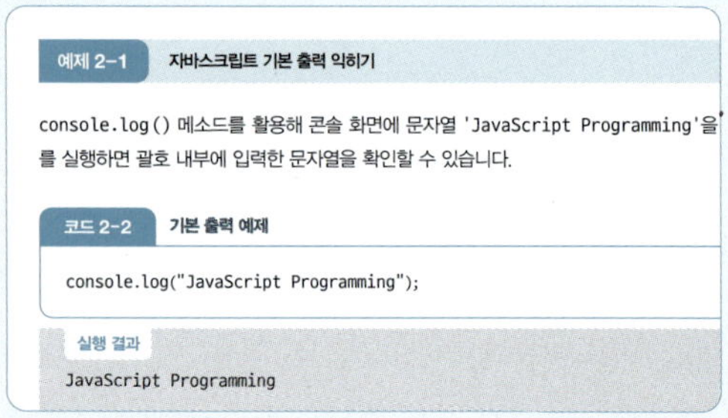

예제 2-1 자바스크립트 기본 출력 익히기

console.log() 메소드를 활용해 콘솔 화면에 문자열 'JavaScript Programming'을
를 실행하면 괄호 내부에 입력한 문자열을 확인할 수 있습니다.

코드 2-2 기본 출력 예제

```
console.log("JavaScript Programming");
```

실행 결과

```
JavaScript Programming
```

| TIP |

본문을 학습하면서 평소 알아두면 도움이 되는 유용한 팁을 함께 학습합니다.

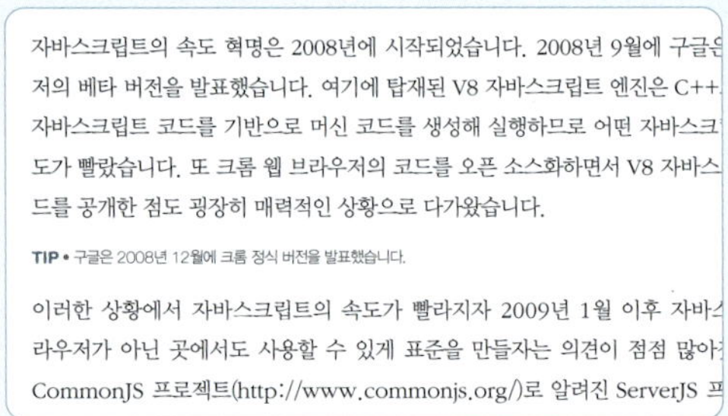

자바스크립트의 속도 혁명은 2008년에 시작되었습니다. 2008년 9월에 구글은
저의 베타 버전을 발표했습니다. 여기에 탑재된 V8 자바스크립트 엔진은 C++
자바스크립트 코드를 기반으로 머신 코드를 생성해 실행하므로 어떤 자바스크
도가 빨랐습니다. 또 크롬 웹 브라우저의 코드를 오픈 소스화하면서 V8 자바스
드를 공개한 점도 굉장히 매력적인 상황으로 다가왔습니다.

TIP • 구글은 2008년 12월에 크롬 정식 버전을 발표했습니다.

이러한 상황에서 자바스크립트의 속도가 빨라지자 2009년 1월 이후 자바스
라우저가 아닌 곳에서도 사용할 수 있게 표준을 만들자는 의견이 점점 많아
CommonJS 프로젝트(http://www.commonjs.org/)로 알려진 ServerJS 프

| NOTE |

실수하기 쉽거나 현업에서 중요한 내용을 본문과 별도로 학습합니다.

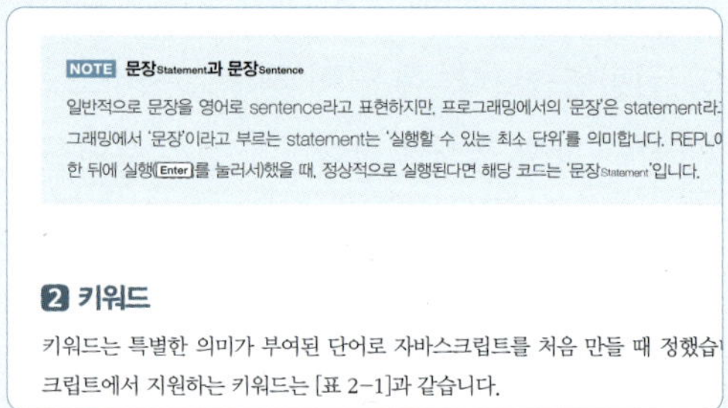

NOTE 문장Statement과 문장Sentence

일반적으로 문장을 영어로 sentence라고 표현하지만, 프로그래밍에서의 '문장'은 statement라
그래밍에서 '문장'이라고 부르는 statement는 '실행할 수 있는 최소 단위'를 의미합니다. REPL에
한 뒤에 실행(Enter)를 눌러서)했을 때, 정상적으로 실행된다면 해당 코드는 '문장Statement'입니다.

2 키워드

키워드는 특별한 의미가 부여된 단어로 자바스크립트를 처음 만들 때 정했습
크립트에서 지원하는 키워드는 [표 2-1]과 같습니다.

| 요약 |

장이 끝날 때마다 핵심 내용을 요약 정리하여 배운 내용을 복습할 수 있습니다.

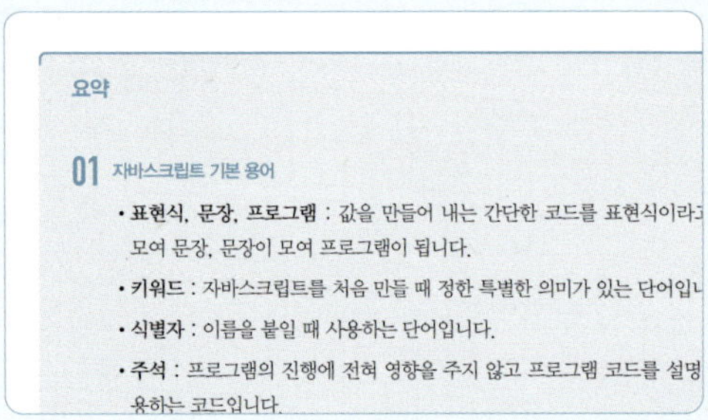

요약

01 자바스크립트 기본 용어

- **표현식, 문장, 프로그램** : 값을 만들어 내는 간단한 코드를 표현식이라고
  모여 문장, 문장이 모여 프로그램이 됩니다.
- **키워드** : 자바스크립트를 처음 만들 때 정한 특별한 의미가 있는 단어입니
- **식별자** : 이름을 붙일 때 사용하는 단어입니다.
- **주석** : 프로그램의 진행에 전혀 영향을 주지 않고 프로그램 코드를 설명
  용하는 코드입니다.

| 연습문제 |

장이 끝날 때마다 문제를 해결하면서 세분화된 지식을 전체적으로 완성합니다.

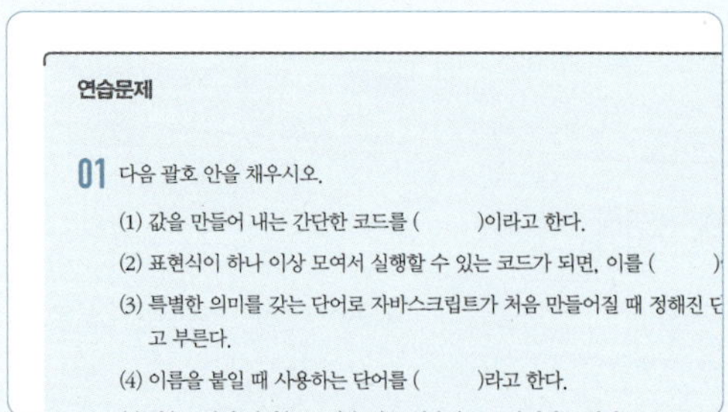

연습문제

01 다음 괄호 안을 채우시오.

(1) 값을 만들어 내는 간단한 코드를 (　　　)이라고 한다.

(2) 표현식이 하나 이상 모여서 실행할 수 있는 코드가 되면, 이를 (　　　)

(3) 특별한 의미를 갖는 단어로 자바스크립트가 처음 만들어질 때 정해진 단
고 부른다.

(4) 이름을 붙일 때 사용하는 단어를 (　　　)라고 한다.

• 학습 로드맵

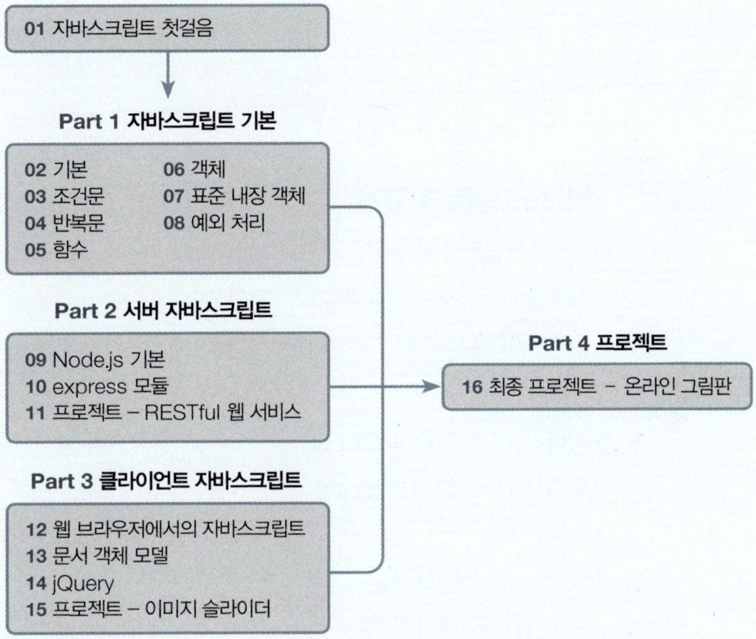

• 강의 보조 자료

한빛아카데미 홈페이지에서 '교수회원'으로 가입한 분은 인증 후 교수용 강의 보조 자료를 제공받을 수 있습니다. 한빛아카데미 홈페이지에서 메뉴를 클릭하세요.

http://www.hanbit.co.kr/academy

• 설치와 실습 자료

설치와 실습에 필요한 자료는 다음 주소에서 다운로드할 수 있습니다.

http://www.hanbit.co.kr/src/4588

• 실습 환경

개발언어 : 자바스크립트(ECMAScript2015)
운영체제 : 윈도우 7 이상
개발도구 : Visual Studio Code

• 연습문제 해답 안내

이 책은 대학 강의용 교재로 개발되었으므로 연습문제 해답을 제공하지 않습니다.

차례

저자의 말 ... 004
이 책의 구성 요소 ... 006
이 책의 사용 설명서 ... 007

Chapter 01 자바스크립트 첫걸음

01 자바스크립트의 발전 ... 021
세계에서 가장 오해를 많이 받는 프로그래밍 언어 ... 021
풍부한 경험을 제공하는 인터넷 애플리케이션(RIA) ... 022
Node.js ... 023

02 자바스크립트로 할 수 있는 일 ... 026
웹 클라이언트 애플리케이션 개발 ... 026
웹 서버 개발 ... 026
모바일 애플리케이션 개발 ... 027
데스크톱 애플리케이션 개발 ... 028
데이터베이스 관리 ... 030

03 실습 환경 구축 ... 032
Visual Studio Code 설치 ... 032
Visual Studio Code 한국어 언어 패키지 설치 ... 033
Node.js 설치 ... 033
크롬 설치 ... 035

04 기본 실습 방법 ... 036
파일 생성 ... 036
PowerShell ... 037
파일 실행 ... 039
REPL ... 040

05 웹 브라우저 실습 방법 ... 041
파일 생성과 실행 ... 041
오류 확인 방법 ... 042

PART 01 자바스크립트 기본

Chapter 02 기본

01 기본 용어 049
표현식과 문장 049
키워드 050
식별자 050
주석 052
02 출력 054
출력 메소드 054
REPL을 사용한 출력 055
03 기본 자료형 056
숫자 056
문자열 059
불 064
04 변수 071
05 복합 대입 연산자 074
06 증감 연산자 077
07 자료형 검사 081
08 undefined 자료형 084
09 강제 자료형 변환 085
Number() 함수와 NaN 086
Boolean() 함수 087
10 자동 자료형 변환 089
숫자와 문자열 자료형 자동 변환 089
불 자료형 자동 변환 090

11 일치 연산자 ··· 092
12 상수 ··· 094
요약 ··· 097
연습문제 ··· 099

Chapter 03 조건문

01 if 조건문 ··· 105
02 if else 조건문 ··· 108
03 중첩 조건문 ··· 110
04 if else if 조건문 ··· 112
05 switch 조건문 ··· 115
06 조건 연산자 ··· 119
07 조금 더 나아가기 ··· 121
요약 ··· 124
연습문제 ··· 126

Chapter 04 반복문

01 반복문과 배열 ··· 131
배열 생성 방법 ··· 132
배열의 요소와 인덱스 ··· 132
02 while 반복문 ··· 135
03 for 반복문 ··· 137
04 역 for 반복문 ··· 141
05 for in 반복문과 for of 반복문 ··· 142
06 중첩 반복문 ··· 144

07 break 키워드 147
08 continue 키워드 149
09 조금 더 나아가기 151
스코프 151
호이스팅 153
요약 154
연습문제 155

Chapter 05 함수

01 함수 생성 방법 161
익명 함수 161
선언적 함수 162
화살표 함수 163
02 함수의 기본 형태 165
03 함수의 기본 활용 형태 168
04 함수 매개 변수 초기화 170
05 콜백 함수 173
06 표준 내장 함수 175
숫자 변환 함수 175
타이머 함수 178
07 조금 더 나아가기 180
익명 함수와 선언적 함수의 생성 순서 180
일반 함수와 화살표 함수의 차이 182
요약 184
연습문제 186

Chapter 06 객체

01 객체 기본 ···· 193

02 객체와 반복문 ···· 197

03 속성과 메소드 ···· 198

04 클래스 ···· 201

- 개요 ···· 201
- 클래스 선언과 인스턴스 ···· 204
- 생성자 ···· 205
- 속성 ···· 205
- 메소드 ···· 206

05 조금 더 나아가기 ···· 208

요약 ···· 210

연습문제 ···· 211

Chapter 07 표준 내장 객체

01 내장 객체 기본 ···· 217

02 기본 자료형과 객체 자료형의 차이 ···· 219

03 Number 객체 ···· 223

- 메소드 ···· 223
- 클래스의 속성 ···· 224

04 String 객체 ···· 227

- 속성과 메소드 ···· 227
- 메소드 활용 ···· 230

05 Date 객체 ···· 232

- 메소드 활용 ···· 233

06 Array 객체 ···· 236

Array 객체의 기본 메소드 236
콜백 함수와 함께 사용하는 메소드 240
07 조금 더 나아가기 243
lodash 라이브러리 243
JSON 객체 245
요약 248
연습문제 251

Chapter 08 예외 처리
01 예외와 기본 예외 처리 257
02 고급 예외 처리 261
03 예외 객체 265
04 예외 강제 발생 267
요약 270
연습문제 271

PART 02 서버 자바스크립트

Chapter 09 Node.js 기본
01 전역 변수 279
02 process 객체의 속성과 이벤트 280
03 process 객체와 이벤트 개요 283
04 os 모듈 287

05 url 모듈 290
06 File System 모듈 293
파일 읽기 294
비동기 처리의 장점 298
파일 쓰기 300
파일 처리와 예외 처리 301
07 노드 패키지 매니저 – npm 305
08 request 모듈 307
09 cheerio 모듈 310
10 async 모듈 314
요약 318
연습문제 319

Chapter 10 **express 모듈**
01 웹 요청과 응답 323
02 express 모듈을 사용한 서버 생성과 실행 328
03 페이지 라우팅 331
04 요청 메시지와 응답 메시지 333
response 객체 333
request 객체 342
05 미들웨어 345
정적 파일 제공 345
body–parser 미들웨어 347
morgan 미들웨어 350
요약 353
연습문제 354

Chapter 11 프로젝트 – RESTful 웹 서비스

01 RESTful 웹 서비스 개요 359

02 코드 구성 361

사용자 데이터 363

GET /user 365

GET /user/:id 366

POST /user 367

PUT /user 368

DEL /user/:id 369

03 Thunder Client 확장 프로그램 370

PART 03 클라이언트 자바스크립트

Chapter 12 웹 브라우저에서의 자바스크립트

01 브라우저 객체 모델 379

02 window 객체 380

03 screen 객체 382

04 location 객체와 history 객체 383

05 navigator 객체 386

요약 389

연습문제 390

Chapter 13 문서 객체 모델

01 문서 객체 모델 관련 용어 395

02 웹 페이지 생성 순서 398

03 문서 객체 선택 403

1개의 문서 객체 선택 403

여러 개의 문서 객체 선택 404

04 문서 객체 조작 406

문자 조작 406

스타일 조작 409

속성 조작 411

05 이벤트 415

이벤트 관련 용어 정리 415

인라인 이벤트 모델 416

고전 이벤트 모델 419

이벤트 객체 421

기본 이벤트 제거 422

요약 425

연습문제 426

Chapter 14 jQuery

01 jQuery 사용 준비 431

02 jQuery 객체 436

03 문서 객체 선택 438

04 문서 객체 개별 조작 440

05 문서 객체 조작 445

글자 조작 445

스타일 조작 448
속성 조작 450
06 문서 객체 생성 452
07 이벤트 455
이벤트 직접 연결 455
이벤트 간접 연결 460
이벤트 제거 461
08 애니메이션 464
요약 467
연습문제 468

Chapter 15 프로젝트 – 이미지 슬라이더

01 이미지 슬라이더 개요 473
02 이미지 슬라이더 구성 474
03 기본 코드 구성 476
04 플러그인 구성 479

PART 04 프로젝트

Chapter 16 최종 프로젝트 – 온라인 그림판

01 발상 489
02 필요한 요소 확인 491
03 캔버스 492

04 socket.io 모듈 494
05 서버 구성 497
06 클라이언트 구성 499
07 실행 확인 503

APPENDIX 부록

01 CSS 선택자 506

찾아보기 508

CHAPTER 01

자바스크립트 첫걸음

01 자바스크립트의 발전
02 자바스크립트로 할 수 있는 일
03 실습 환경 구축
04 기본 실습 방법
05 웹 브라우저 실습 방법

학습목표

- 자바스크립트로 무엇을 할 수 있는지 살펴봅니다.
- 자바스크립트 실습 환경을 구축합니다.

PREVIEW

과거부터 많은 개발자가 자바스크립트를 천시했습니다. 존재감이 너무 없어서 자바Java와 자바스크립트JavaScript를 헷갈리는 사람도 많습니다. 하지만 2010년부터 자바스크립트는 웹 브라우저를 벗어나 웹 서버, 모바일 · 데스크톱 애플리케이션, 게임 개발과 데이터베이스 관리에 사용하는 '전 세계에서 가장 활용 범위가 넓은 프로그래밍 언어'가 되었습니다.

자바스크립트는 '세계에서 가장 오해를 받고 있는 프로그래밍 언어'이기도 한데요. 그런 오해를 받지 않게 자바스크립트가 어떤 프로그래밍 언어이고, 어떻게 활용되는지 살펴봅시다.

01 자바스크립트의 발전

자바스크립트JavaScript는 웹 브라우저에서 많이 사용하는 프로그래밍 언어입니다. 자바스크립트는 본래 넷스케이프의 브렌던 아이크Brendan Eich가 모카라는 이름으로 만든 것입니다. 모카는 곧 라이브 스크립트라는 이름으로 개발되었고, 이후 넷스케이프가 선 마이크로시스템즈와 함께 라이브스크립트에 자바스크립트 이름을 붙여 본격적으로 발전시켰습니다.

NOTE 선 마이크로시스템즈에서 개발한 자바 프로그래밍 언어와 이름을 같게 하는 마케팅 조약을 체결했습니다. 이름은 비슷하지만 완전히 다른 프로그래밍 언어입니다. 자바와 자바스크립트의 차이는 코끼리와 바다코끼리, 인도와 인도네시아 정도의 차이라고 생각하면 됩니다(이름만 비슷하지 전혀 관련성이 없다는 의미입니다).

1 세계에서 가장 오해를 많이 받는 프로그래밍 언어

자바스크립트는 웹 브라우저에서 사용할 목적으로 만든 프로그래밍 언어입니다. 초기 자바스크립트는 컴퓨터에 있는 파일을 직접 열어 볼 수도 없고, 저장할 수도 없었습니다. 혼자서는 아무것도 할 수 없었던 프로그래밍 언어였습니다. 그저 웹 브라우저 화면에서 뭔가를 움직이게 하는 정도가 전부였습니다.

많은 사람이 자바스크립트를 'C#, 자바, 루비, 파이썬 등과 함께 사용하는 부수적인 프로그래밍 언어'로 취급했으며, '쓰레기 같은 프로그래밍 언어'로 칭했습니다. 참고로 필자가 프로그래밍을 처음 배울 당시, 주변에서 '베이직과 자바스크립트는 쓰레기 같은 프로그래밍 언어이므로 배우지 말라'는 말을 많이 들었습니다(하지만 실제로는 실무에서 둘 다 많이 사용합니다).

이러한 생각들 때문에 현재도 자바스크립트는 '세계에서 가장 오해를 많이 받는 프로그래밍 언어'입니다.

2 풍부한 경험을 제공하는 인터넷 애플리케이션(RIA)

모든 개발자가 자바스크립트를 무시했습니다. 하지만 자바스크립트 덕분에 사용자는 웹 페이지를 이용해 더 많은 경험을 할 수 있었습니다. 인터넷 속도가 빨라지면서 더 많은 콘텐츠를 제공할 수 있게 되자 점점 많은 곳에 자바스크립트를 활용하기 시작했습니다.

그러다 2004년에 많은 개발자에게 충격을 안겨 준 웹 사이트가 등장합니다. 바로 구글 지도Google Maps입니다. 자바스크립트만으로 만든 웹 페이지가 데스크톱에서 사용하는 애플리케이션의 형태를 띤 것입니다. 그때 당시, 일반적인 지도 애플리케이션에서 제공하던 것보다 훨씬 강력한 지도를 제공했습니다.

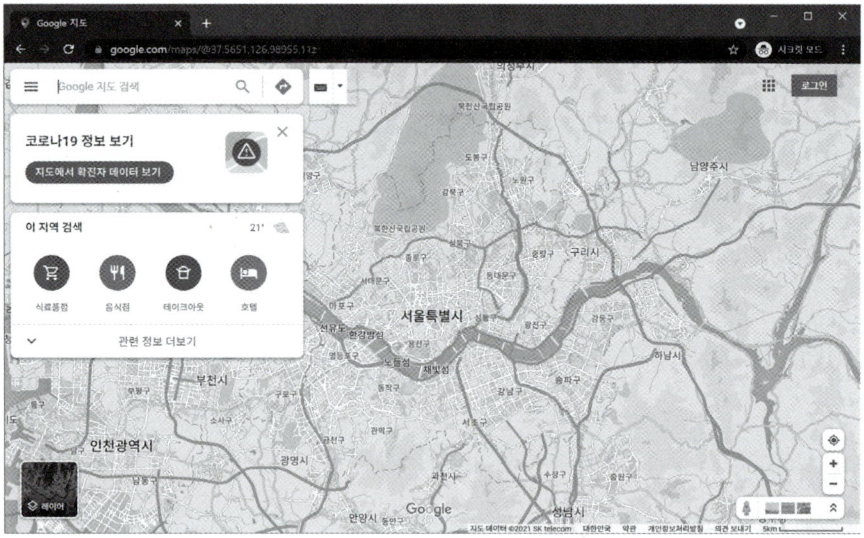

그림 1-1 구글 지도

자바스크립트로도 강력한 웹 애플리케이션을 개발할 수 있다는 것이 증명되자 수많은 곳에서 자바스크립트를 활용했습니다. 이때 나온 용어가 바로 RIA인데요. Rich Internet Application의 약어로 풍부한 경험을 선사하는 웹 애플리케이션을 의미합니다. 자바스크립트의 활용도가 높아지자 웹 브라우저를 벗어나 자바스크립트를 사용하려는 움직임이 일어났습니다. 데스크톱에서는 자바스크립트를 사용해 애플리케이션을 개발할 수 있는 Adobe AIR 애플리케이션이나 윈도우 8 애플리케이션이 등장했습니다. 또 스마트폰에서는 자바스크립트를 활용한 하이브리드 애플리케이션 등이 등장했습니다. 모든 분야에 자바스크립트가 침투하기 시작한 것이지요.

3 Node.js

자바스크립트로 '클라이언트 애플리케이션이 아니라 서버 애플리케이션도 개발할 수 있지 않을까?'라는 발상에서 많은 사람들이 다양한 시도를 했습니다. 초기에는 서버 환경에서 자바스크립트를 사용하고자 LiveWire나 Jaxer 등을 사용했습니다. 하지만 이런 서버 개발 환경은 자바스크립트의 가장 큰 단점으로 드러난 '속도'가 발목을 잡았습니다. 즉, 자바스크립트를 서버 개발 환경에서 활용하려면 속도가 훨씬 빨라야 했던 것입니다.

자바스크립트의 속도 혁명은 2008년에 시작되었습니다. 2008년 9월에 구글은 크롬 웹 브라우저의 베타 버전을 발표했습니다. 여기에 탑재된 V8 자바스크립트 엔진은 C++로 개발되었으며, 자바스크립트 코드를 기반으로 머신 코드를 생성해 실행하므로 어떤 자바스크립트 엔진보다 속도가 빨랐습니다. 또 크롬 웹 브라우저의 코드를 오픈 소스화하면서 V8 자바스크립트 엔진의 코드를 공개한 점도 굉장히 매력적인 상황으로 다가왔습니다.

TIP • 구글은 2008년 12월에 크롬 정식 버전을 발표했습니다.

이러한 상황에서 자바스크립트의 속도가 빨라지자 2009년 1월 이후 자바스크립트를 웹 브라우저가 아닌 곳에서도 사용할 수 있게 표준을 만들자는 의견이 점점 많아졌습니다. 현재는 CommonJS 프로젝트(http://www.commonjs.org/)로 알려진 ServerJS 프로젝트가 진행되기 시작했고, CommonJS 표준 발표 이후 곧바로 라이언 달Ryan Dahl은 CommonJS 표준과 V8 자바스크립트 엔진을 기반으로 Node.js를 개발합니다.

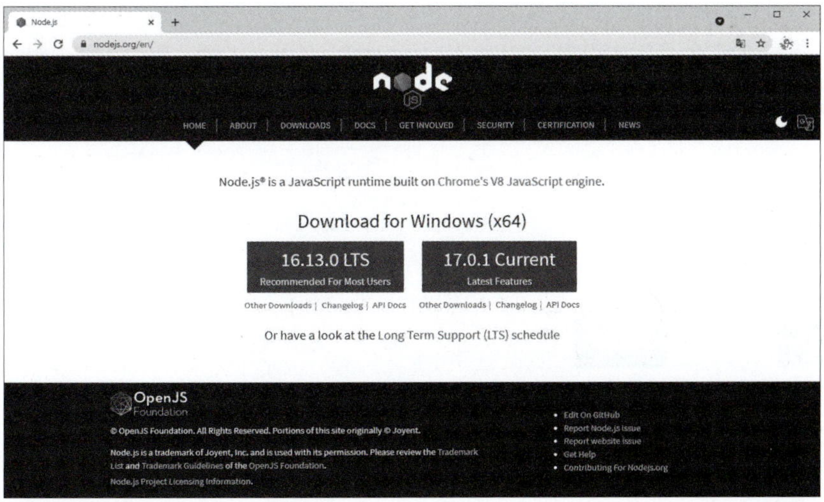

그림 1-2 Node.js

Node.js는 이벤트 기반 비동기 방식으로 작동하기에 대규모 네트워크 애플리케이션을 개발하는 데 적합합니다. 그럼 이벤트 기반의 의미를 살펴봅니다. 바로 코드를 제시하면 재미없을 것 같아 먼저 짧은 이야기를 하나 하겠습니다.

필자가 사는 동네에는 재래시장인 송화 시장이 있습니다. 여태 명절에는 항상 집에서 손수 음식을 만들었는데, 최근에는 송화 시장에서 음식을 구매합니다. 시장에서 사는 음식은 과일, 어전, 나물, 한과입니다. [그림 1-3]처럼 각 음식을 파는 가게가 있다고 합시다.

필자는 달리기가 빨라 평소에는 각 가게에 금방 달려가서 음식을 구매할 수 있습니다. 하지만 명절에는 이야기가 달라집니다. 명절에는 사람이 몰려 아무리 빨리 달려도 결국 [그림 1-3]처럼 기다려야 합니다.

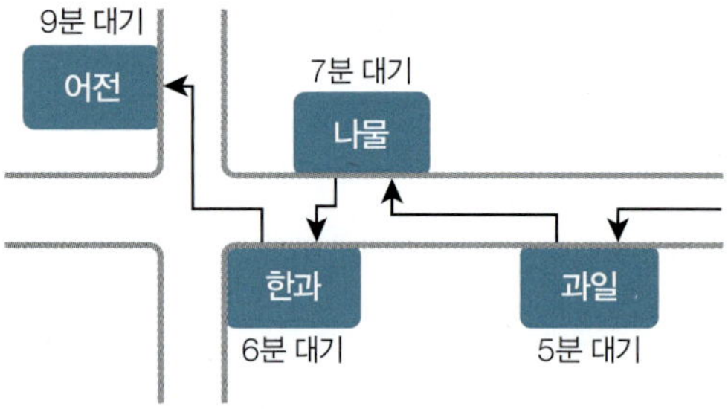

그림 1-3 동기 방식

각 가게의 대기시간을 더하면 약 27분인데요. 몸을 4개로 나누어서 동시에 4개의 가게로 달려갈 수 있다면 어떨까요? 어전을 받는 9분 동안 이미 나누어진 몸들이 나물, 한과, 과일을 모두 받아올 수 있을 것입니다. 따라서 음식을 기다리는 전체 시간이 9분밖에 안 됩니다. 프로그래밍 언어에서는 이렇게 나누어진 몸을 스레드Thread라고 부릅니다.

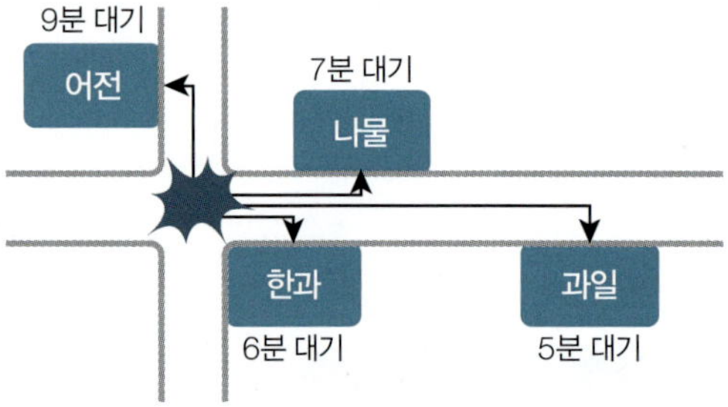

그림 1-4 비동기 방식

처리의 흐름이 순차적으로 진행되는 것을 '동기' 방식이라고 합니다. 반면 처리의 흐름이 순차적으로 진행되지 않고 섞이는 것을 '비동기' 방식이라고 합니다. [그림 1-3]과 [그림 1-4]를 보면 어떤 것이 더 효율적인지 알 수 있을 것입니다.

동기 기반으로 만든 프로그램과 비동기 기반으로 만든 프로그램은 입출력(네트워크 통신, 파일 읽고 쓰기 등)을 할 때 10~100배 이상의 속도 차이가 발생합니다. 하드웨어 성능이 나쁠수록 이러한 차이는 점점 더 벌어집니다.

모든 프로그래밍 언어가 '스레드' 개념을 사용해서 비동기 기반 프로그램을 만들면 되겠지만, 생각보다 쉽지가 않습니다. 숙련된 개발자도 스레드를 제대로 관리하지 못해 문제가 많이 발생합니다.

하지만 Node.js는 '함수를 변수에 저장할 수 있다'는 자바스크립트 프로그래밍 언어의 속성을 사용해 모든 모듈(라이브러리)이 처음부터 비동기 기반의 프로그램을 만들 수 있도록 설계되어 있습니다. 따라서 프로그래밍에 능숙하지 않은 초보자라도 쉽게 비동기 기반의 프로그램을 만들 수 있습니다.

NOTE ECMAScript

사실 모든 웹 브라우저에서 모두 같은 자바스크립트를 사용하지는 않습니다. 자바스크립트의 기본 문법에 맞춰 웹 브라우저 제조사별로 독자적으로 자바스크립트를 만들어서 사용하기 때문에 웹 브라우저마다 차이가 있습니다.

1990년대 중반까지는 이 차이가 굉장히 컸는데요. 차이를 줄이려고 유럽 컴퓨터 제조 협회European Computer Manufacturer's Association는 자바스크립트를 ECMAScript라는 이름으로 표준화했습니다.

유럽 컴퓨터 제조 협회가 정한 표준을 기준으로 하면 자바스크립트의 공식 명칭은 ECMAScript입니다. 하지만 자바스크립트를 더 오래 사용해 왔으므로 ECMAScript보다는 자바스크립트라는 용어를 더 많이 사용합니다.

02 자바스크립트로 할 수 있는 일

자바스크립트는 2010년까지만 해도 웹 클라이언트 개발 이외의 용도로는 사용할 수 없었습니다. 2010년부터 서버, 게임, 스마트폰 애플리케이션, 데스크톱 애플리케이션 개발 등에 사용하면서 굉장히 다양한 일을 할 수 있게 되었습니다. 어떤 개발을 할 수 있는지 하나씩 살펴봅시다.

1 웹 클라이언트 애플리케이션 개발

자바스크립트는 웹 브라우저에서 실행되는 웹 클라이언트 애플리케이션 개발을 목적으로 만들었습니다. 참고로 자바스크립트는 모든 웹 브라우저에서 실행할 수 있는 유일한 프로그래밍 언어입니다. 따라서 다른 대안 없이 자바스크립트만 사용해야 합니다.

이와 관련된 내용은 이전 절에서 언급했으므로 추가적인 설명은 생략합니다.

2 웹 서버 개발

기존에는 웹 클라이언트를 자바스크립트로 개발하고, 웹 서버는 C#, 자바, 루비, 파이썬 등 프로그래밍 언어로 개발했습니다. 그래서 웹 개발을 하는 데 두 가지 이상의 프로그래밍 언어가 필요했습니다.

하지만 Node.js가 등장하면서 자바스크립트로도 웹 서버를 개발할 수 있게 되었습니다. 자바스크립트 프로그래밍 언어만 알아도 웹 개발을 모두 할 수 있게 된 것입니다.

그림 1-5 링크드 인(Linked in)

웹 페이지를 직접적으로 출력하지 않아도 웹 프로토콜(HTTP 또는 HTTPS 등)을 활용하면 웹 서버로 칭합니다. 페이팔 같은 결제 시스템에도 Node.js를 활용하고 있습니다.

TIP • 프로토콜이란 '규칙' 또는 '규약'을 의미합니다. 웹 프로토콜이란 '웹 서버와 클라이언트 등이 통신을 할 때 맞춰야 하는 규칙'을 의미합니다.

물론 모든 것에는 장단점이 있습니다. 웹 서버를 개발할 때 Node.js는 웹 개발과 관련해서 매우 간단한 모듈들만 제공합니다. 그래서 다른 스크립트 언어와 프레임워크(Ruby와 Rails, Python과 Django)를 사용할 때보다 데이터 처리와 예외 처리 등이 조금 복잡할 수 있습니다.

하지만 Node.js는 빠릅니다. 다른 스크립트 언어와 프레임워크로 개발한 서버를 10대의 컴퓨터로 돌려야 접속을 감당할 수 있다면, Node.js로 개발한 서버는 1대로도 충분합니다. 서버 구매 비용과 유지 비용이 1/10로 줄어든다는 것은 기업 입장에서 굉장한 이득입니다.

TIP • 링크드 인에서 서버를 다시 개발할 때, 기존에 루비로 개발한 서버를 Node.js로 교체하면서 발표한 수치입니다. 서버는 1/10로 줄었지만 속도는 20배 더 빨라졌다고 발표했습니다.

NOTE Node.js를 일부에만 활용할 때도 있습니다. 트위터는 초기에 루비로 개발했지만, 속도가 느리다는 이유로 자바로 교체했습니다. 자바로 교체한 이후에도 검색 기능이 느려서 검색 기능 부분만 Node.js로 교체했습니다.

3 모바일 애플리케이션 개발

많은 사람이 사용하는 안드로이드와 아이폰은 각각 자바와 스위프트라는 프로그래밍 언어로 개발합니다. 이는 각 스마트폰에서 인식해서 실행할 수 있는 프로그래밍 언어가 제한적이기 때문입니다. 자바 또는 스위프트 등 스마트폰에서 기본적으로 인식하는 프로그래밍 언어로 만든 애플리케이션을 '네이티브 애플리케이션'이라고도 합니다.

따라서 어떤 기업에서 애플리케이션을 만들고자 한다면 자바와 스위프트 두 가지 프로그래밍 언어로 개발해서 출시해야 합니다. 2개의 애플리케이션을 만들어야 하므로 시간, 인력 등 비용도 모두 2배가 들어갑니다. 기업 입장에서는 굉장히 큰 손해라고 할 수 있습니다.

모든 스마트폰에는 내부적으로 기본 인식할 수 있는 공통된 프로그래밍 언어가 하나 있습니다. 바로 자바스크립트입니다. 자바스크립트를 사용하면 1개의 애플리케이션만 만들어도 모든 스마트폰에서 동작시킬 수 있습니다.

초기에는 이러한 이유로 '하이브리드 애플리케이션' 형태의 애플리케이션이 등장했는데요. 초기에는 인기가 많았지만 느리다는 이유로 점차 개발을 기피했습니다.

기업의 애플리케이션 제작 비용을 절반으로 줄일 수 있다는 것은 굉장히 매력적인 요소입니다.

그래서 페이스북에서는 자바스크립트로 네이티브 애플리케이션을 개발할 수 있는(내부적으로 프로그래밍 언어를 변환하는) React Native를 만들어 공개했습니다.

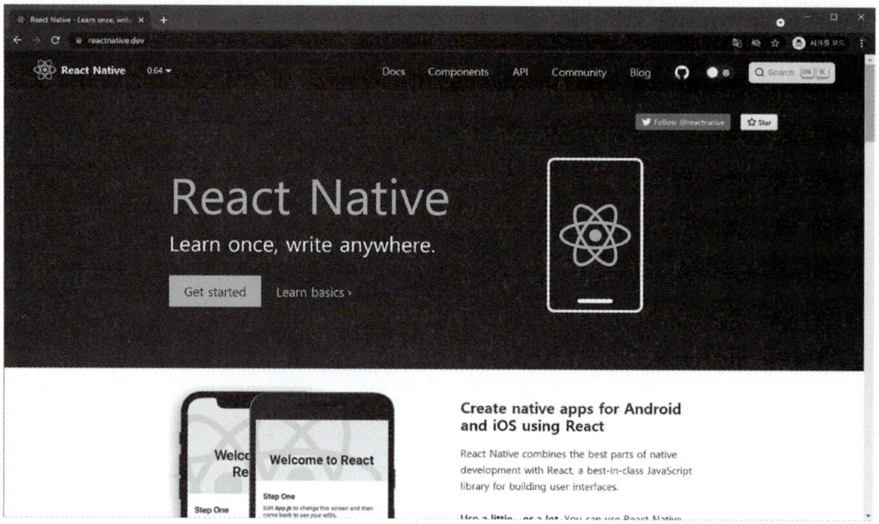

그림 1-6 React Native

이를 활용하면 자바스크립트만으로 모든 운영체제에서 빠르게 작동하는 네이티브 애플리케이션을 만들 수 있습니다. 안드로이드와 아이폰에 있는 페이스북, 인스타그램, 사운드 클라우드 애플리케이션이 모두 자바스크립트로 만든 애플리케이션입니다.

4 데스크톱 애플리케이션 개발

모바일 애플리케이션을 자바스크립트로 만드는 일이 일반화되자 '그럼 데스크톱 애플리케이션도 자바스크립트로 만들자!'는 의견이 분분했습니다. 초기에는 NW.js 모듈 등으로도 조금씩 활용하기 시작했습니다.

그러다가 GitHub이라는 개발자 그룹에 거대한 영향력을 행사하던 회사가 자바스크립트로 개발 전용 텍스트 에디터를 만들어 배포했습니다. 만들 때 활용한 일렉트론Electron 모듈도 공개하면서 본격적으로 많은 사람들이 자바스크립트로 데스크톱 애플리케이션들을 개발하기 시작했습니다.

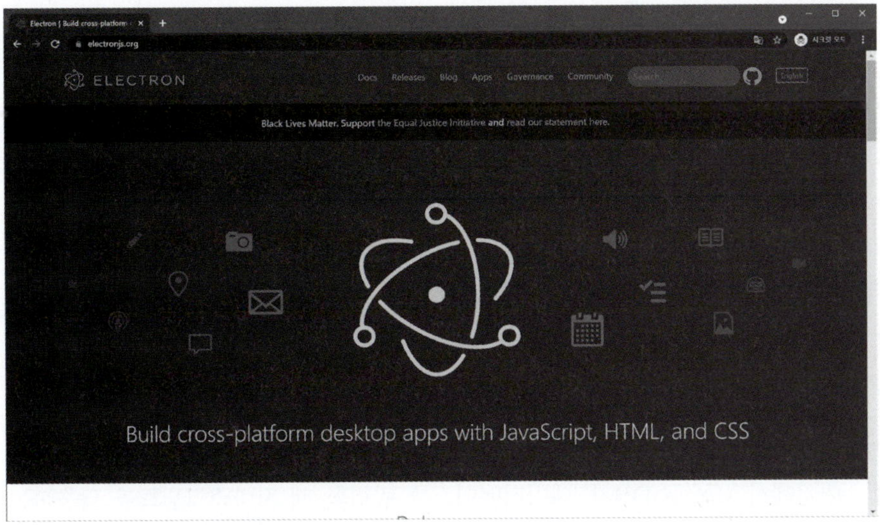

그림 1-7 일렉트론(https://www.electronjs.org/)

대표적으로 다음 유명한 IT 기업들의 애플리케이션이 일렉트론을 활용한 자바스크립트로 개발되었습니다. 일렉트론 사이드 상단의 메뉴에서 Apps를 선택하면, 일렉트론으로 만들어진 프로그램을 볼 수 있습니다. 마이크로소프트의 Visual Studio Code, 협업 프로그램으로 유명한 Slack, 음성과 화상 통화 등을 지원하는 인스턴트 메신저 Discord 등이 일렉트론으로 만들어진 대표적인 프로그램입니다.

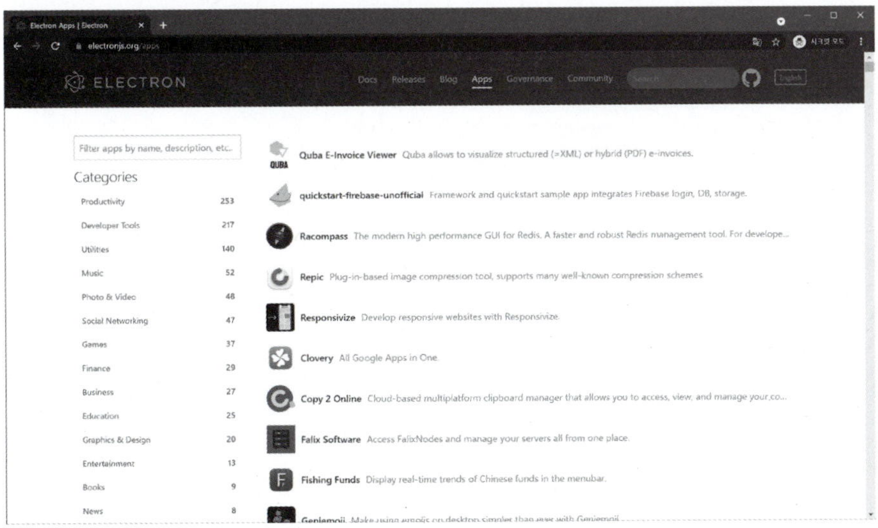

그림 1-8 일렉트론을 활용한 자바스크립트로 개발된 애플리케이션

5 데이터베이스 관리

데이터베이스는 간단하게 데이터를 저장할 때 사용하는 프로그램이라고 표현할 수 있습니다. 대부분의 애플리케이션은 데이터를 저장하므로 데이터베이스를 활용해야 합니다.

데이터베이스는 보통 SQL 프로그래밍 언어를 사용해 관리합니다. 일반적으로 알려진 Oracle, MySQL 데이터베이스 등이 모두 SQL 프로그래밍 언어를 사용합니다. 그런데 2010년부터 'SQL은 복잡하고 무겁다'는 이유로 간단하고 사용하기 쉬운 데이터베이스들이 등장했습니다. 이러한 데이터베이스를 NoSQL이라고 합니다.

2021년 9월을 기준으로 데이터베이스 엔진 순위를 살펴보면 Oracle, MySQL, Microsoft SQL Server, PostgreSQL, MongoDB 순으로 많이 사용합니다(http://db-engines.com/en/ranking 참고). 여기에서 MongoDB가 '데이터베이스를 관리할 때 자바스크립트를 활용하는 NoSQL'입니다.

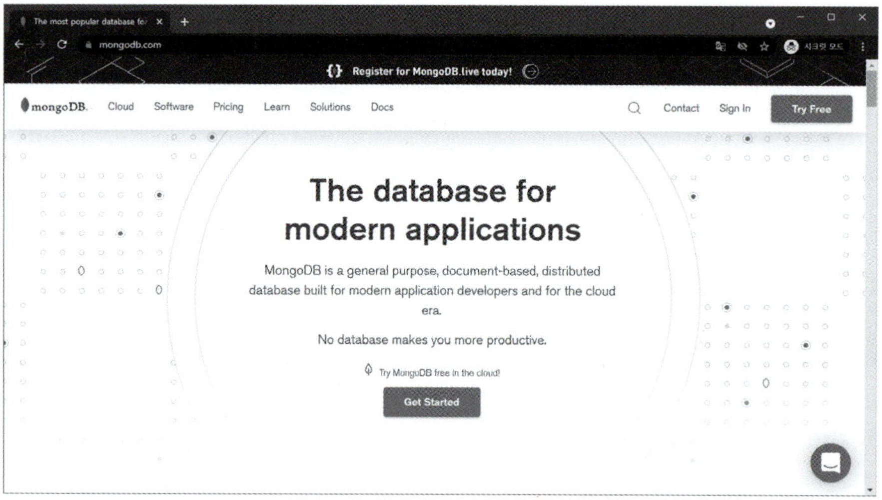

그림 1-9 MongoDB(https://www.mongodb.com/)

> **NOTE** 참고로 SQL 데이터베이스와 대부분의 NoSQL 데이터베이스는 서로 경쟁하는 존재가 아니라 함께 사용하며 서로를 보완하는 것들입니다. 일반적으로 메인 데이터베이스는 복잡한 처리를 해야 하므로 SQL 데이터베이스를 사용하고, 이 외의 가벼운 처리(캐시 등)를 할 때는 보조 데이터베이스로 NoSQL 데이터베이스를 사용합니다.
>
> 앞서 설명한 MongoDB는 조금 특이한 NoSQL 데이터베이스인데요. 메인 데이터베이스로 사용할 목적으로 만들었습니다. 그래서 Oracle, MySQL, Microsoft SQL Server, PostgreSQL 등을 대체해서 사용할 수 있습니다. 물론 다른 SQL 데이터베이스와 함께 사용할 때도 많습니다.

지금까지 살펴본 것처럼 자바스크립트로 정말 다양하게 개발을 할 수 있습니다. 소개하지는 않았지만 자바스크립트를 활용하면 아두이노와 같은 마이크로 컨트롤러 보드도 조작할 수 있습니다. 따라서 IoT Internet of Things 관련 개발도 가능합니다.

이 책을 공부한 이후에 자신이 원하는 분야의 자바스크립트를 추가적으로 공부해 보기 바랍니다.

03 실습 환경 구축

다음 장부터 본격적으로 자바스크립트를 살펴볼 텐데요. 그 전에 자바스크립트를 공부할 수 있는 환경을 준비해 봅시다.

1 Visual Studio Code 설치

일단 모든 프로그래밍 언어를 공부할 때는 해당 언어를 사용해 파일을 작성할 수 있게 도와주는 '텍스트 에디터'가 필요합니다. 메모장도 텍스트 에디터이므로 사용해도 되지만, 보통은 코드를 작성할 때 미세한 도움(색상 표시 등)을 주는 개발 전용 텍스트 에디터 또는 통합 개발 환경에 포함되어 있는 텍스트 에디터를 사용합니다.

이 책에서는 Microsoft에서 만든 Visual Studio Code를 에디터로 사용하겠습니다. Visual Studio Code는 현재 개발 분야에서 가장 널리 사용되는 텍스트 에디터로 자바스크립트로 만들어졌습니다. Visual Studio Code는 [그림 1-10]처럼 https://code.visualstudio.com/에서 다운로드할 수 있습니다.

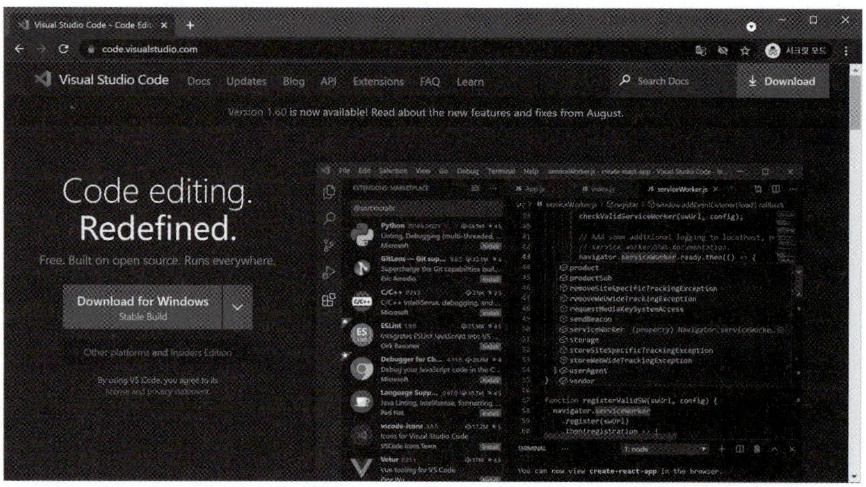

그림 1-10 Visual Studio Code 에디터

Visual Studio Code 웹 사이트에 접속하면 첫 화면에 다운로드 버튼이 있습니다. 다운로드 버튼을 누르면 자동으로 자신의 운영체제에 맞는 설치 프로그램을 다운로드합니다. 이를 실행해서 설치를 진행해 주세요. 설치 파일만 누르면 곧바로 설치가 완료되므로 추가적인 설명은 하지 않겠습니다.

2 Visual Studio Code 한국어 언어 패키지 설치

Visual Studio Code는 한국어 언어 패키지를 지원합니다. 한국어 언어 패키지를 설치하면, 메뉴 등이 한국어로 표시됩니다. Visual Studio Code 왼쪽에 있는 5개의 아이콘 중에서 가장 아래에 있는 아이콘(확장)을 선택하고, 검색창에 'Korean Language Pack for Visual Studio Code'를 검색합니다('Korean'만 검색해도 나옵니다). 이어서 [설치] 버튼을 눌러서 한국어 언어 패키지를 설치합니다. 한국어 언어 패키지를 설치한 뒤에 Visual Studio Code를 재시작하면 메뉴가 한국어로 출력됩니다.

그림 1-11 Korean Language Pack for Visual Studio Code 설치

3 Node.js 설치

텍스트 에디터로 자바스크립트 코드를 작성하면, 해당 코드를 실행할 수 있는 플랫폼이 필요합니다. 자바스크립트는 굉장히 다양한 플랫폼에서 동작할 수 있는데요. 그중 가장 널리 활용되는 Node.js 플랫폼을 사용하겠습니다.

Node.js 플랫폼은 https://nodejs.org/en/에서 다운로드할 수 있습니다.

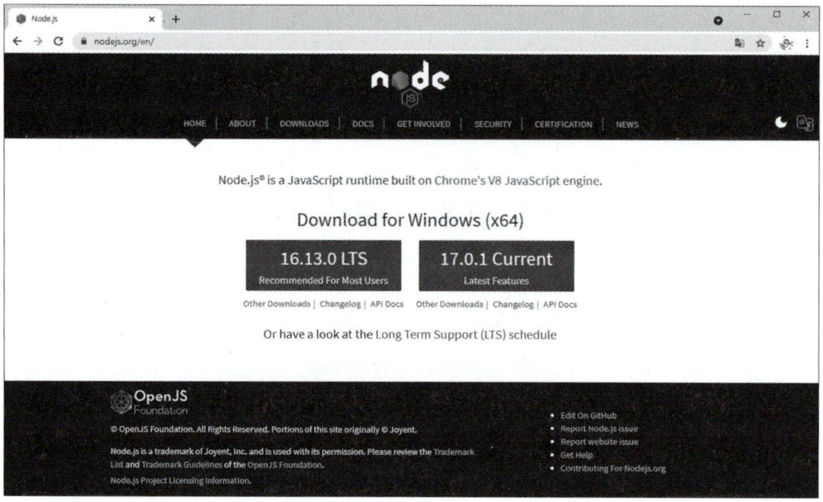

그림 1-12 Node.js

Node.js를 설치할 때는 짝수 버전을 설치하는 것이 좋습니다. Node.js는 홀수 버전과 짝수 버전의 의미가 다른데요. 홀수 버전은 '새로운 기능을 지속적으로 추가하는 개발 버전', 짝수 버전은 '30개월 이상의 장기 지원Long Time Support, LTS을 하는 안정 버전'입니다. 물론 공부할 때는 홀수 버전을 사용해도 되지만, 안정적으로 공부할 수 있게 짝수 버전을 사용합시다. 짝수 버전의 최신 버전을 사용해 주세요.

[Next] 버튼만 누르면 설치가 완료되므로 추가적인 설명은 하지 않겠습니다. 설치를 완료한 이후에는 Windows Powershell 또는 명령 프롬프트를 실행해서 다음 명령어를 입력해 보세요.

```
> node -v        ← 〉 뒤의 부분은 직접 입력하는 부분입니다.
v14.18.0         ← 출력되는 내용입니다.
```

NOTE 앞에 표시된 '〉' 기호는 명령 프롬프트를 나타내는 기호입니다. 그다음에 있는 'node -v'만 입력해 주세요.

현재 컴퓨터에 설치된 Node.js 버전을 출력하는 명령어인데요. 다음과 같이 출력된다면 Node.js가 정상적으로 설치된 것입니다.

그림 1-13 Node.js 버전 출력

이 책에서는 앞으로 [그림 1-13]과 같은 Powershell 또는 명령 프롬프트 출력을 다음과 같이 간단하게 표시하도록 하겠습니다.

4 크롬 설치

이 책의 Part 3에서는 웹 브라우저에서 사용하는 자바스크립트를 배웁니다. 자바스크립트 코드를 실행할 수 있는 플랫폼으로 웹 브라우저를 사용하는 것인데요. 이 책에서는 오류 확인이 쉬운 크롬 웹 브라우저를 사용하겠습니다.

크롬 웹 브라우저는 https://www.google.com/chrome/browser/desktop/index.html에서 다운로드할 수 있습니다.

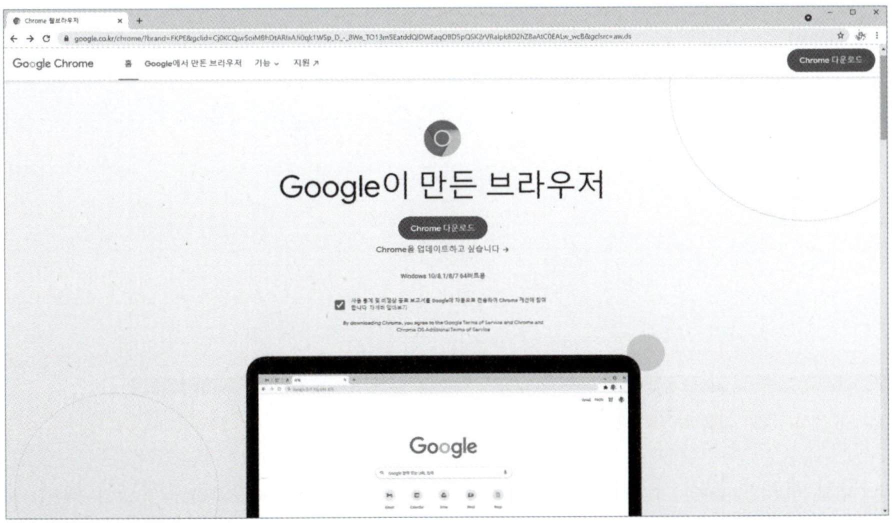

그림 1-14 크롬 웹 브라우저

다운로드한 이후에는 지시에 따라 설치하면 되므로 추가 설명은 하지 않겠습니다.

04 기본 실습 방법

일단 이 책의 내용을 실습할 때 사용하는 방법을 살펴보겠습니다.

1 파일 생성

그럼 Visual Studio Code로 파일을 생성하는 방법부터 알아보겠습니다. 설치한 Visual Studio Code를 실행합니다.

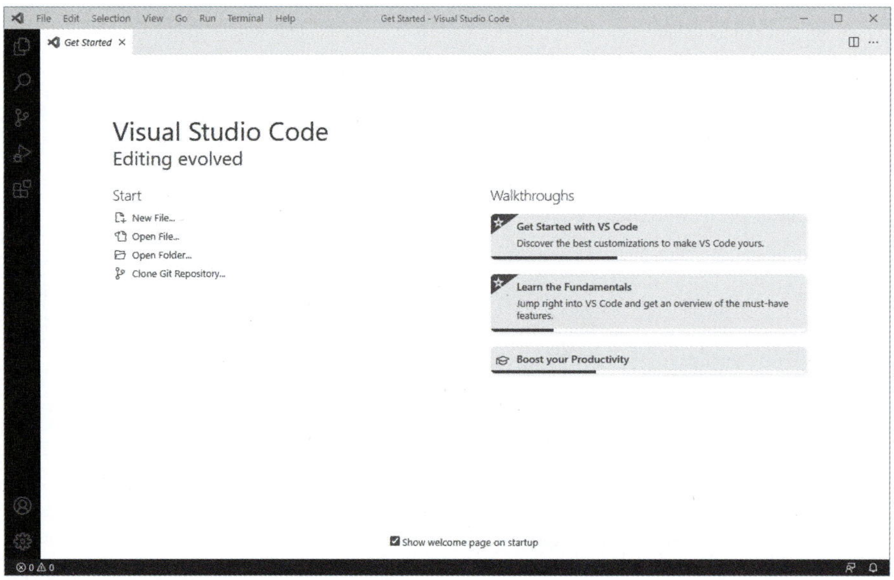

그림 1-15 Visual Studio Code 실행 화면

[File]-[New File] 메뉴를 눌러 새로운 파일을 생성하고, 곧바로 [File]-[Save] 메뉴를 눌러 적당한 위치에 '원하는_이름.js'로 저장합니다. 필자는 hello.js 이름으로 저장하겠습니다. 반드시 '.js' 확장자 이름을 붙여 저장하세요. 이를 지정해야 자동으로 자바스크립트 문법 보조 도구가 작동합니다.

이어서 [코드 1-1]처럼 입력합니다.

코드 1-1 **Hello World**

```
console.log('Hello World...!');
```

2 PowerShell

Powershell 또는 명령 프롬프트에서 node 명령어를 사용해서 생성한 파일을 실행합니다. 최신 버전의 윈도우라면 Powershell을, 구버전의 윈도우라면 명령 프롬프트를 사용합니다. 이는 다양한 방법으로 실행할 수 있는데요. 모든 윈도우 버전에서 공통으로 ⊞+R을 눌러 실행 프로그램을 띄운 후 'powershell'을 입력하면 실행할 수 있습니다(Powershell이 없는 구버전의 경우 'cmd'를 입력해 주세요).

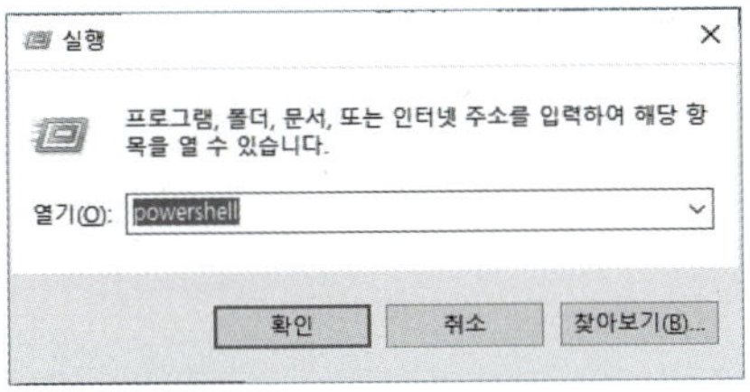

그림 1-16 명령 프롬프트 실행

NOTE 이후 부분에서는 Powershell과 명령 프롬프트를 따로 구분하지 않고, 모두 '명령 프롬프트'라고 부르겠습니다.

2.1 명령 프롬프트 기본 명령어

명령 프롬프트를 처음 사용하는 학생을 위해 간단하게 현재 폴더의 내용을 출력하는 명령어와 폴더를 이동하는 명령어를 살펴보겠습니다. 현재 폴더의 내용을 출력할 때는 `dir` 명령어, 특정 폴더로 이동할 때는 `cd` 명령어를 사용합니다.

표 1-1 명령 프롬프트 기본 명령어

명령어	설명
dir	현재 폴더의 내용을 출력합니다.
cd 폴더_이름	폴더_이름으로 이동합니다.

처음 명령 프롬프트를 실행하면 사용자 폴더(C:₩Users₩사용자_이름)에서 실행됩니다. 이 상태에서 바탕화면 폴더(desktop 폴더)로 이동할 때는 다음 명령어를 입력합니다.

```
> cd desktop
```

상위 폴더로 이동하고 싶을 때는 상위 폴더를 나타내는 경로 '..'을 입력합니다.

```
> cd ..
```

간단하게 폴더를 이동해 보기 바랍니다.

2.2 특정 폴더에서 명령 프롬프트를 실행하는 방법

스크립트 개발자라면 명령 프롬프트를 잘 활용하는 것이 좋습니다. 하지만 처음에는 손에 익숙하지 않을 것입니다. 이때 사용하면 좋은 특정 폴더에서 명령 프롬프트를 실행하는 방법을 소개하겠습니다.

앞서 생성한 hello.js 파일이 있는 폴더로 이동한 후 Shift 를 누른 상태로 폴더의 빈 공간을 마우스 오른쪽 버튼으로 클릭합니다. 그러면 [그림 1-17]처럼 [여기에 PowerShell 창 열기] 또는 [여기서 명령 창 열기] 메뉴가 나타납니다.

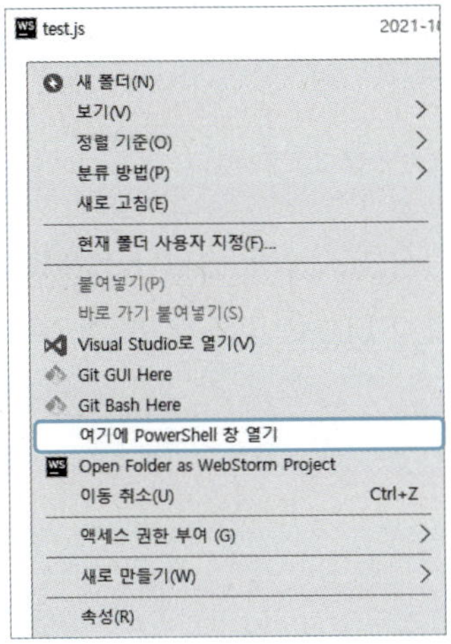

그림 1-17 [여기서 명령 창 열기] 메뉴

이를 클릭하면 해당 폴더 경로에서 명령 프롬프트를 실행할 수 있습니다.

3 파일 실행

이전에 만든 자바스크립트 파일이 있는 폴더로 이동했다면, 이제 Node.js로 자바스크립트 파일을 실행해 봅시다. 다음 명령어를 입력합니다.

```
> node 파일_이름
```

파일 이름을 hello.js로 저장했으므로 'node hello.js'를 입력해 실행합니다. 이때 확장자가 '.js'라면 확장자 없이 'node hello'만 입력해도 됩니다.

실행 결과

```
Hello World...!
```

NOTE 파일 이름이나 폴더 이름을 일일이 입력하기가 귀찮다면 앞의 몇 글자만 입력하고 Tab을 누르세요. 자동으로 파일 이름이나 폴더 이름을 완성해 줍니다.

간단하게 첫 번째 자바스크립트 애플리케이션을 만들고 실행해 보았습니다.

4 REPL

굉장히 간단한 코드를 살펴볼 때는 일일이 파일을 만드는 것이 귀찮을 수도 있습니다. 이때는 Node.js 내부에 탑재된 REPLRead-Eval-Print Loop을 사용하면 좋습니다. REPL은 코드를 한 줄 입력할 때마다 곧바로 결과를 보여 주는 프로그램입니다.

다음과 같이 'node' 명령어를 입력하면 REPL이 실행됩니다.

```
> node
```

REPL이 실행되면 다음 화면이 나타납니다. 여기에 무엇을 입력할 수 있는지는 다음 장부터 차근차근 알아보겠습니다.

실행 결과

```
> node
>
```

05 웹 브라우저 실습 방법

이 책의 Part 3에서는 자바스크립트 프로그래밍 언어를 실행하는 플랫폼으로 웹 브라우저를 사용합니다. 이때 따라 할 실습 방법도 미리 짚고 넘어가겠습니다.

1 파일 생성과 실행

Visual Studio Code에서 [File]-[New File] 메뉴를 눌러 새로운 파일을 생성합니다. 곧바로 [File]-[Save] 메뉴를 눌러 적당한 위치에 '원하는_이름.html'로 저장합니다. 필자는 hello.html 이름으로 저장하겠습니다. 반드시 '.html' 확장자를 붙여 저장하세요. 확장자를 지정해야 자동으로 HTML 문법 보조 도구가 작동합니다.

이어서 다음 코드를 입력합니다.

코드 1-2 **hello.html**

```
<!DOCTYPE html>
<html>
<head>
    <title></title>
    <!-- script 태그 내부에 자바스크립트 코드를 입력합니다. -->
    <script>
        alert('Hello World...!');
    </script>
</head>
<body>

</body>
</html>
```

이어서 저장한 파일을 크롬 웹 브라우저에 드래그해서 놓으면 다음과 같이 실행됩니다.

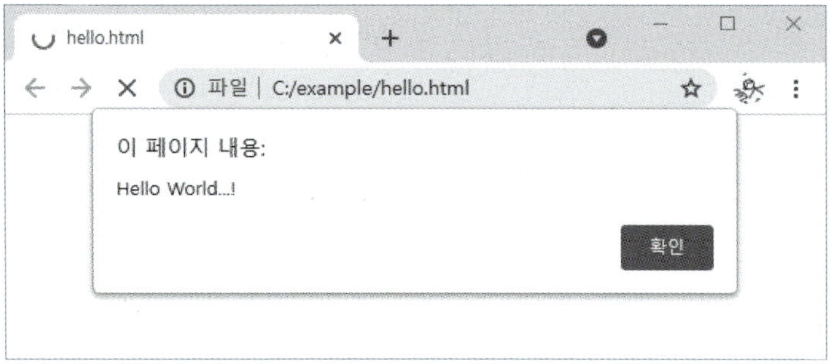

그림 1-18 웹 브라우저에서 자바스크립트 실행

2 오류 확인 방법

웹 브라우저에서 코드를 입력했는데 아무것도 뜨지 않는다면 오류가 발생한 것입니다.

크롬을 사용한다면 웹 브라우저에서 마우스 오른쪽 버튼을 클릭한 후 [요소 검사] 또는 [검사] 메뉴를 누릅니다. 단축키는 윈도우와 리눅스에서는 Ctrl+Shift+i이며, 맥에서는 ⌥+⌘+i입니다.

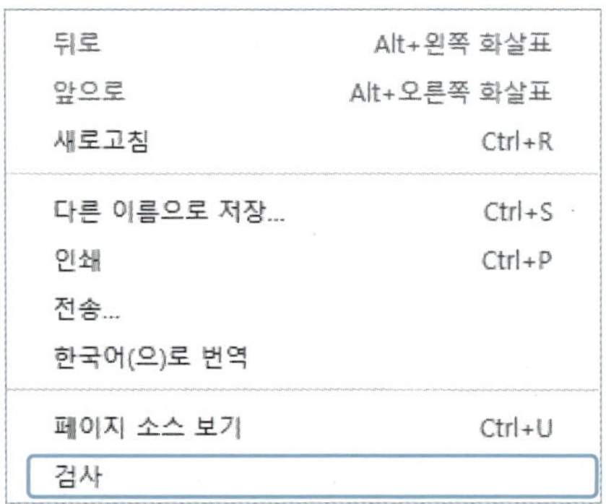

그림 1-19 검사

클릭하면 다음과 같이 개발자 도구Developer Tools가 실행됩니다. 오류가 있을 때는 Console 탭에 오류 내용이 출력됩니다. 오류 내용을 확인하고 오탈자 등을 살펴보세요.

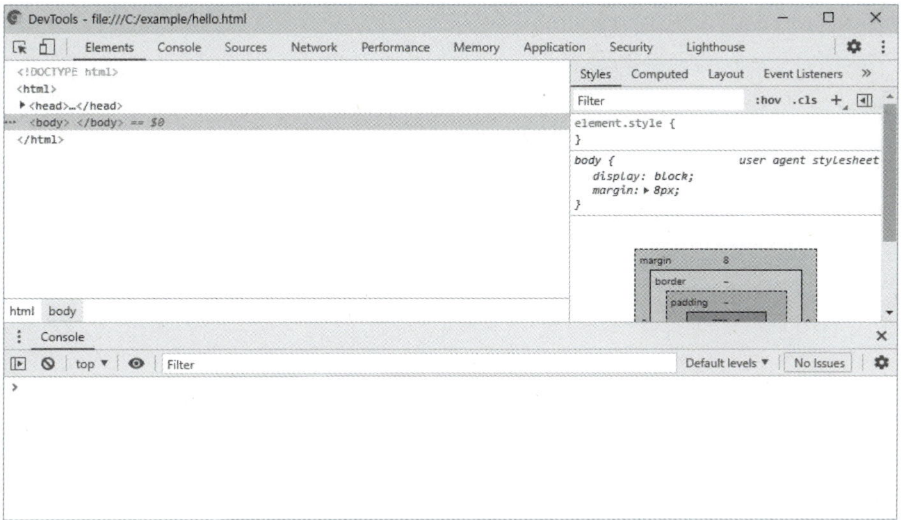

그림 1-20 개발자 도구

기본적인 실습 준비가 끝났습니다. 그럼 다음 장부터 본격적으로 자바스크립트를 살펴봅시다.

PART 01

자바스크립트 기본

CHAPTER 02 기본
CHAPTER 03 조건문
CHAPTER 04 반복문
CHAPTER 05 함수
CHAPTER 06 객체
CHAPTER 07 표준 내장 객체
CHAPTER 08 예외 처리

PREVIEW

지금부터 본격적으로 자바스크립트를 살펴보겠습니다. 이 장에서는 자바스크립트의 핵심 부분을 살펴봅니다. 이 장의 내용을 확실하게 알아야 이후의 내용을 진행할 수 있고, 자신이 원하는 애플리케이션도 만들 수 있습니다.

굉장히 많은 내용을 담고 있는데요. 굉장히 중요한 부분이므로 하나하나 꼼꼼하게 살펴보고 넘어갑시다. 조금 딱딱하고 지루하게 느껴질 수도 있지만 힘내도록 합시다.

CHAPTER 02
기본

01 기본 용어
02 출력
03 기본 자료형
04 변수
05 복합 대입 연산자
06 증감 연산자
07 자료형 검사
08 undefined 자료형
09 강제 자료형 변환
10 자동 자료형 변환
11 일치 연산자
12 상수
요약
연습문제

학습목표

- 자바스크립트에서 사용하는 기본 용어를 이해합니다.
- 기본적인 출력 방법을 익힙니다.
- 기본 자료형, 변수, 상수를 배우고 관련된 연산자의 사용 방법을 익힙니다.
- 자료형 변환 방법을 익힙니다.

PREVIEW

언어는 사회적인 약속입니다. 우리가 사과를 '사과'라고 하는 것은 모든 사람이 그렇게 부르기로 약속했기 때문이지요. 프로그래밍 언어도 마찬가지입니다. 이 장에서는 자바스크립트라는 세계에 어떤 것이 존재하고, 이를 무엇이라고 부르는지 알아보겠습니다.

01 기본 용어

실습 환경 구축까지 모두 마쳤다면 본격적으로 자바스크립트를 시작하겠습니다. 이전 장의 실습 환경 구축 부분과 실행 방법을 살펴보지 않았다면 반드시 읽고 나서 이번 장을 시작합니다.

그럼 자바스크립트에서 사용하는 기본 용어부터 알아보겠습니다. 앞으로 계속 나올 용어이므로 주의 깊게 살펴보세요.

1 표현식과 문장

자바스크립트에서는 다음과 같이 값을 만들어 내는 간단한 코드를 표현식이라고 합니다.

```
273
10 + 20 + 30 * 2
"JavaScript Programming"
```

표현식이 하나 이상 모이면 문장statement이 됩니다. 한국어도 문장 끝에 마침표 등을 찍듯이 자바스크립트도 코드 문장 마지막에 종결한다는 의미로 세미콜론을 찍습니다. 표현식 하나도 세미콜론을 찍으면 문장이 됩니다. 그리고 문장이 모이면 프로그램이 됩니다. 즉, 표현식이 모여 문장, 문장이 모여 프로그램이 되는 것입니다.

```
273;
10 + 20 + 30 + 2;
let name = "윤" + "인" + "성"
console.log("Hello World...!")
```

NOTE 문장Statement과 문장Sentence

일반적으로 문장을 영어로 sentence라고 표현하지만, 프로그래밍에서의 '문장'은 statement라고 표현합니다. 프로그래밍에서 '문장'이라고 부르는 statement는 '실행할 수 있는 최소 단위'를 의미합니다. REPL에 어떤 코드를 입력한 뒤에 실행(Enter를 눌러서)했을 때, 정상적으로 실행된다면 해당 코드는 '문장Statement'입니다.

2 키워드

키워드는 특별한 의미가 부여된 단어로 자바스크립트를 처음 만들 때 정했습니다. 현재 자바스크립트에서 지원하는 키워드는 [표 2-1]과 같습니다.

표 2-1 키워드

break	else	instanceof	true
case	false	new	try
catch	finally	null	typeof
continue	for	return	var
default	function	switch	void
delete	if	this	while
do	in	throw	with
let	const		

자바스크립트는 발전하면서 키워드를 계속 추가했습니다.

자바스크립트를 시작하자마자 낯선 단어가 많이 튀어나와서 당황스러웠나요? 앞으로의 내용을 공부하다 보면 저절로 익힐 수 있으므로 지금은 키워드만 알고 넘어갑시다.

3 식별자

식별자는 이름을 붙일 때 사용하는 단어입니다. 변수와 함수 이름 등으로 사용되며, 다음 규칙을 지켜서 만들어야 합니다.

- 키워드를 사용하지 않습니다.

- 특수 문자는 _와 $만 허용합니다.
- 숫자로 시작하지 않습니다.
- 공백은 입력하지 않습니다.

이 규칙에 부합하는 단어는 식별자로 사용할 수 있습니다. 예를 들어 왼쪽 단어는 모두 식별자로 사용할 수 있지만, 오른쪽 단어는 모두 식별자로 사용할 수 없습니다.

```
alpha
alpha10
_alpha
$alpha
AlPha
ALPHA
```

```
break
273alpha
has space
```

그림 2-1 식별자로 사용할 수 있는 단어와 사용할 수 없는 단어

식별자를 만들 때는 한글, 한자 등 전 세계 언어를 모두 사용할 수 있습니다. 하지만 알파벳을 사용하는 것이 관례입니다. 또 a, b처럼 의미 없는 단어보다는 input, output처럼 의미 있는 단어를 사용하면 좋습니다.

알파벳 사용 외에 대부분의 자바스크립트 개발자가 식별자를 만들 때 지키는 관례를 정리하면 다음과 같습니다. 이는 식별자의 의미를 더 명확하게 하려고 사용하는 규칙입니다.

❶ 클래스의 이름은 항상 대문자로 시작합니다.

❷ 변수, 함수, 속성, 메소드의 이름은 항상 소문자로 시작합니다.

❸ 여러 단어로 된 식별자는 각 단어의 첫 글자를 대문자로 합니다.

식별자를 만드는 규칙에서 ❶과 ❷는 앞으로 알아 갈 것입니다. ❸은 식별자의 의미를 쉽게 파악하려고 만든 규칙입니다. 식별자에 공백을 넣으면 안 되기에 이런 규칙을 사용합니다. 다음 예에서 오른쪽 식별자는 글자가 모두 붙어 있지만 대소문자로 구분해 쉽게 끊어 읽을 수 있습니다.

```
will out       // willOut
will return    // willReturn
i am a boy     // iAmABoy
```

식별자는 굉장히 많은 곳에 사용합니다. 자세한 내용은 책을 진행하면서 차근차근 알아볼 텐데, 먼저 간단하게 식별자를 구분하는 방법을 살펴보겠습니다.

자바스크립트의 식별자는 크게 네 종류로 나눌 수 있습니다. 더 많은 종류로 나누기도 하지만 이 책에서는 네 가지로만 구분합니다.

표 2-2 자바스크립트 식별자의 종류

구분	단독으로 사용	다른 식별자와 사용
식별자 뒤에 괄호 없음	변수 또는 상수	속성
식별자 뒤에 괄호 있음	함수	메소드

아직 배우지 않았어도 이러한 특징으로 네 가지를 구분할 수 있습니다. 다음 코드에서 굵은 표시로 된 식별자를 변수, 속성, 함수, 메소드로 구분해 보세요.

```
alert('Hello World')          // 함수
Array.length                  // 속성
input                         // 변수 또는 상수
propmt('Message', 'Defstr')   // 함수
Math.PI                       // 속성
Math.abs(-273)                // 메소드
```

4 주석

주석은 프로그램의 진행에 전혀 영향을 주지 않는 코드로 프로그램을 설명할 때 사용합니다. 자바스크립트는 두 가지 주석 처리 방법을 지원합니다. 첫째, //을 사용해 한 줄만 주석으로 처리하는 방법입니다. // 뒤의 문장은 실행되지 않습니다. 둘째, /*와 */를 사용해 여러 줄을 주석으로 처리하는 방법입니다. /*와 */ 사이의 문장이 모두 실행되지 않습니다.

표 2-3 주석 처리 방법

방법	표현
한 줄 주석 처리	// 주석
여러 줄 주석 처리	/* 주석 주석 */

다음은 주석을 사용한 예입니다. `console.log()` 메소드를 실행했지만 주석으로 처리했으므로 모두 무시됩니다.

코드 2-1 **주석**

```
// 주석은 코드의 실행에 영향을 주지 않습니다.
/*
console.log("JavaScript Programming")
console.log("JavaScript Programming")
console.log("JavaScript Programming")
*/
```

자바스크립트에서 사용하는 용어를 간단하게 살펴보았습니다. 여기서 설명한 용어를 얼마나 잘 이해하고 있는가에 따라서 앞으로 공부할 내용을 습득하는 속도가 다릅니다. 꼭 정리하고 넘어가기 바랍니다.

02 출력

현재 무엇을 하는지 알 수 있도록 메시지를 출력하는 기본 방법을 알아보겠습니다.

1 출력 메소드

자바스크립트의 가장 기본적인 출력 방법은 console 객체의 log() 메소드를 사용하는 것입니다. console.log() 메소드는 다음과 같이 메소드의 괄호 안에 문자열 또는 다양한 자료형을 입력해서 사용합니다.

```
console.log("문자열")
```

그림 2-2 console.log( ) 메소드의 형태

예제 2-1 자바스크립트 기본 출력 익히기

console.log() 메소드를 활용해 콘솔 화면에 문자열 'JavaScript Programming'을 출력해 봅시다. 코드를 실행하면 괄호 내부에 입력한 문자열을 확인할 수 있습니다.

코드 2-2 기본 출력 예제 output.js

```
console.log("JavaScript Programming");
```

실행 결과

```
JavaScript Programming
```

2 REPL을 사용한 출력

console.log() 메소드를 사용해야 문자열을 출력할 수 있습니다. 그런데 간단한 덧셈 확인 결과 등을 살펴볼 때도 파일을 만들어 코드를 입력하고 실행하는 것은 조금 귀찮을 수 있습니다. 이때는 REPL에 곧바로 문장을 입력해서 출력을 확인할 수 있습니다.

TIP • REPL 실행과 관련된 내용은 1장 04절을 참고해 주세요.

```
> "안녕" + "하세요"
'안녕하세요'
> 52 + 273
325
>
```

이 책에서도 간단한 문장의 결과를 확인할 때는 다음 형태로 REPL 출력을 제공합니다.

```
> 문장
출력_결과
```

03 기본 자료형

프로그래밍 언어는 자료를 손쉽게 다루려고 만들었습니다. 어떤 프로그래밍 언어를 공부하든 해당 프로그래밍 언어에서 사용하는 자료형을 먼저 알아보아야 합니다. 자바스크립트에는 많은 자료형이 있는데요. 이 절에서는 가장 기본적인 자료형Primitive Type을 알아보겠습니다.

1 숫자

가장 기본적인 자료형은 숫자입니다. 숫자는 이름 그대로 273, 52, 103.12, 0과 같은 것을 의미합니다. 자바스크립트는 숫자를 다음 방법으로 생성합니다.

코드 2-3 숫자 생성

```
console.log(52);
console.log(52.271);
```

엄청나게 간단하죠? 이렇게 만든 정수는 다음 연산자로 연산할 수 있습니다.

표 2-4 기본적인 사칙 연산자

연산자	설명
+	덧셈 연산자
-	뺄셈 연산자
*	곱셈 연산자
/	나눗셈 연산자

사칙 연산은 모두 초등학교 때 배웠으므로 어렵지 않게 사용할 수 있을 것입니다.

```
> 52 + 273
325
```

연산을 할 때는 연산자 우선순위를 고려합니다. 우선 다음 표현식의 결과를 예측해 봅시다.

코드 2-4 **연산자 우선순위**

```
console.log(5 + 3 * 2);
```

16이라고 답했다면 연산자의 우선순위를 적용하지 않은 것입니다. 곱셈이 덧셈보다 우선순위가 높으므로 곱셈을 먼저 계산해야 합니다. 앞의 두 수를 먼저 더하고 싶으면 (5 + 3) * 2처럼 괄호를 사용해야 합니다. 연산자 우선순위가 헷갈린다면 괄호를 꼭 사용하기 바랍니다.

숫자를 사용하면 나머지 연산도 할 수 있습니다. 나머지 연산자는 익숙하지 않을 텐데, 좌변을 우변으로 나눈 나머지를 표시합니다.

표 2-5 나머지 연산자

연산자	설명
%	나머지 연산자

나머지 연산자가 무엇인지 모르겠다면 REPL에 코드를 입력하면서 살펴봅시다. 10을 5로 나눈 나머지는 0입니다. 또 7을 3으로 나눈 나머지는 1입니다. 쉽게 이해할 수 있겠죠?

```
> 10 % 5
0
> 7 % 3
1
```

예제 2-2 숫자와 연산자

다음 코드는 1과 2를 연산합니다. 복잡한 예제는 아니지만 간단하게 실행 결과를 예측하고 넘어갑시다.

코드 2-5 숫자와 연산자 numberOperator.js

```
console.log(1 + 2);
console.log(1 - 2);
console.log(1 * 2);
console.log(1 / 2);
console.log(1 % 2);
```

실행 결과

```
3
-1
2
0.5
1
```

NOTE 나머지 연산자와 부호

나머지 연산자를 사용하면 부호가 어떻게 될까요? 다음과 같이 나올 수 있는 모든 경우를 코드로 작성하고 실행해 봅시다. 틀려도 좋으니 무엇을 출력할지 예측해 보세요.

코드 2-6 음수와 나머지 연산자 negativeRemainder.js

```
console.log(4 % 3);
console.log(-4 % 3);
console.log(4 % -3);
console.log(-4 % -3);
```

코드를 실행하면 다음과 같이 출력합니다. 나머지 연산자의 부호는 왼쪽 피연산자의 부호를 따릅니다. 오른쪽 피연산자의 부호는 전혀 상관없으므로 주의하기 바랍니다.

실행 결과

```
1
-1
1
-1
```

나머지 연산자의 피연산자로 음수가 올 때 사실 프로그래밍 언어마다 처리하는 방식이 다릅니다. 나중에 여러 개의 프로그래밍 언어를 다룰 때 혼동을 피하려면, 두 가지 모두 양수로 변환해서 사용하기 바랍니다.

NOTE 소수점이 있는 숫자와 나머지 연산자

자바스크립트는 소수점이 있는 숫자에도 나머지 연산자를 적용할 수 있습니다. 하지만 소수점이 있는 숫자에 나머지 연산자를 사용하면 어떤 결과가 나올지 쉽게 예측하기가 어려우므로 사용하지 않는 것이 좋습니다.

코드 2-7 소수점이 있는 숫자와 나머지 연산자 realRemainder.js

```
console.log(5.0 % 2.2);
```

결과는 아래와 같습니다. 실행 결과가 이해되지 않을 수 있습니다.

실행 결과

```
0.5999999999999996
```

`5.0`을 `2.2`로 나누면 몫이 2가 됩니다. `5.0 - (2.2 * 2)`가 되어 `5.0 - 4.4`로 `0.6`을 출력합니다. 그런데 소수점이 있는 숫자 연산에 제한이 있기 때문에 `0.6`을 제대로 구하지 못하고 `0.5999999999999996`을 출력합니다. 이러한 현상은 대부분의 프로그래밍 언어에서 발생하는 문제입니다.

문제가 될 수 있는 부분은 '이러한 문제가 있을 수 있으니 사용하지 말아야지' 하고 꼭 기억해 주세요. 이번 NOTE에서는 '소수점이 있는 숫자에 나머지 연산자를 적용하지 말자'라고 기억하면 좋겠군요.

2 문자열

문자의 집합을 문자열이라고 합니다. 예를 들어 `'abcdefg'`, `'Hello World'`, `'안녕하세요'`가 문자열에 해당합니다. 참고로 문자의 집합이라고 하지만 한 문자로 구성된 것(예를 들어 `'a'`)도 문자열로 취급합니다.

2.1 기본 문자열

자바스크립트는 기본적인 문자열을 생성할 때 큰따옴표나 작은따옴표를 사용합니다.

```
> "안녕하세요"
'안녕하세요'
> '안녕하세요'
'안녕하세요'
```

어떤 방법으로 문자열을 만들어도 상관없지만, 따옴표는 항상 일관되게 사용하는 것이 좋습니다. 다만 문자열 내부에서 따옴표를 사용해야 한다면, 예외적으로 두 가지 따옴표를 모두 씁니다.

```
> console.log("This is 'String'")
This is 'String'
undefined
> console.log('This is "String"')
This is "String"
undefined
```

내부에 작은따옴표를 사용하고 싶다면 외부에는 큰따옴표를 사용합니다. 반대로 내부에 큰따옴표를 사용하고 싶다면 외부에는 작은따옴표를 사용합니다. 한 가지 따옴표로 일관되게 쓰고 싶다면 이스케이프 문자를 사용합니다.

이스케이프 문자는 특수한 기능을 수행하는 문자를 의미합니다. 따옴표는 원래 문자열을 만들 때 사용하지만, 따옴표 앞에 \를 붙이면 따옴표를 문자 그대로 사용할 수 있습니다.

```
> console.log("This is \"String\"")
This is "String"
undefined
> console.log('This is \'String\'')
This is 'String'
undefined
```

이스케이프 문자는 이 외에도 여러 가지 특수한 기능이 있습니다. 다음과 같이 문자열 중간에 이스케이프 문자 \n을 사용했습니다. 이스케이프 문자 \n은 문자열을 줄바꿈 할 때 사용합니다.

```
> console.log("동해물과 백두산이\n마르고 닳도록")
동해물과 백두산이
마르고 닳도록
undefined
```

자주 사용하는 이스케이프 문자는 [표 2-6]과 같습니다.

표 2-6 자주 사용하는 이스케이프 문자

이스케이프 문자	설명
\t	수평 탭
\n	줄바꿈
\'	작은따옴표
\"	큰따옴표
\\	역슬래시

예제 2-3 이스케이프 문자

[표 2-6]에서 정리한 이스케이프 문자 중 \t, \n, \\를 사용해 봅시다.

코드 2-8 이스케이프 문자 escape.js

```
console.log("이름\t나이");
console.log("안녕\n하세요");
console.log("\\\\");
```

실행 결과

```
이름	나이
안녕
하세요
\\
```

자바스크립트는 [표 2-7]의 문자열 연결 연산자를 사용해 문자열을 합칠 수도 있습니다.

표 2-7 문자열 연결 연산자

연산자	설명
+	문자열 연결 연산자

예제 2-4 문자열 연결 연산자

문자열 연결 연산자(+)로 문자열을 서로 연결합니다.

코드 2-9 문자열 연결 연산자 stringConcat.js

```
console.log("가나다" + "라마" + "바사아" + "자차카타" + "파하");
```

실행 결과

```
가나다라마바사아자차카타파하
```

또 문자열은 [표 2-8]의 괄호로 특정한 문자도 선택할 수 있습니다. 이때 괄호 안에 넣는 숫자는 0부터 계산합니다.

표 2-8 문자 선택 연산자

연산자	설명
문자열[숫자]	문자 선택 연산자

예제 2-5 **문자 선택**

다음 코드는 '안녕하세요' 문자열의 0번째, 1번째, 3번째에 있는 문자를 선택합니다.

코드 2-10 **문자 선택** characterSelctor.js

```
console.log("안녕하세요"[0]);
console.log("안녕하세요"[1]);
console.log("안녕하세요"[3]);
```

실행 결과

```
안
녕
세
```

2.2 템플릿 문자열

최신 버전의 자바스크립트에서는 템플릿 문자열 기능이 추가되었습니다. 템플릿 문자열은 ` 기호로 생성합니다.

TIP • ` 키는 일반적인 한국어 키보드의 Esc 아래에 있습니다. 숫자 1 키의 왼쪽에 있는 기호입니다.

```
> `안녕하세요`
'안녕하세요'
```

` 기호로 문자열을 생성하면 출력으로 작은따옴표로 만든 문자열이 나오는 것을 확인할 수 있습니다. 템플릿 문자열은 생성 이후에는 일반 문자열과 똑같이 취급됩니다.

다만 템플릿 문자열은 생성할 때 내부에 **${표현식}**을 사용할 수 있습니다. 내부에 **${표현식}**을 입력하면 표현식이 계산되어 문자열에 들어갑니다.

```
> `52 + 273 = ${52 + 273}`
'52 + 273 = 325'

> `올해는 ${new Date().getFullYear()}년입니다.`
'올해는 2022년입니다.'
```

NOTE 템플릿 문자열과 문자 선택 연산자

'템플릿 문자열은 생성 이후에는 일반 문자열과 똑같이 취급됩니다'라고 말했습니다. 이를 잘 생각하면서 다음 코드의 실행 결과를 예측해 보세요.

```
> `올해는 ${new Date().getFullYear()}년입니다.`[4]
> `올해는 ${new Date().getFullYear()}년입니다.`[5]
> `올해는 ${new Date().getFullYear()}년입니다.`[6]
> `올해는 ${new Date().getFullYear()}년입니다.`[7]
```

아마 일부 학생은 **'${ne'**를 출력한다고 생각할 수도 있는데요. 실제로 코드를 실행하면 다음과 같이 출력됩니다.

```
> `올해는 ${new Date().getFullYear()}년입니다.`[4]
'2'
> `올해는 ${new Date().getFullYear()}년입니다.`[5]
'0'
> `올해는 ${new Date().getFullYear()}년입니다.`[6]
'2'
> `올해는 ${new Date().getFullYear()}년입니다.`[7]
'2'
```

템플릿 문자열 **`올해는 ${new Date().getFullYear()}년입니다.`**로 만든 일반 문자열 **'올해는 2022년입니다.'**에 문자 선택 연산자가 적용되는 것입니다. 초기에 오해할 수 있는 내용이므로 주의하기 바랍니다.

3 불

불은 참과 거짓으로 표현할 때 사용합니다. 지금까지 살펴보았던 숫자와 문자열은 만드는 방법에 따라 굉장히 다양한 값을 표현할 수 있었습니다. 하지만 불은 true와 false 두 가지 값밖에 없습니다.

```
> true
true
> false
false
```

이러한 참과 거짓을 나타내는 값을 만들 때는 어떻게 해야 할까요? 일단 우리가 초등학교를 제대로 다녔는지 잠시 확인하고 넘어갑시다. 다음 두 식의 참과 거짓을 구분할 수 있나요?

```
52 < 273
52 > 273
```

왼쪽이 더 큰지, 오른쪽이 더 큰지를 참과 거짓으로 쉽게 구별할 수 있을 것입니다. 이렇게 자바스크립트는 크기를 비교하는 연산자로 참과 거짓을 만듭니다. 이러한 연산자를 비교 연산자라고 합니다.

표 2-9 비교 연산자

연산자	설명
==	같습니다.
!=	다릅니다.
>	왼쪽 피연산자가 큽니다.
<	오른쪽 피연산자가 큽니다.
>=	왼쪽 피연산자가 크거나 같습니다.
<=	오른쪽 피연산자가 크거나 같습니다.

추가로 자바스크립트는 비교 연산자를 문자열에도 적용할 수 있습니다. 문자열은 사전 순서에서 앞에 있는 문자열이 작은 것이랍니다.

예제 2-6 불과 비교 연산자

코드를 직접 입력해서 비교 연산자를 사용해 봅시다.

코드 2-11 비교 연산자 relationalOperator.js

```
console.log(52 < 273);
console.log(52 > 273);
console.log("하마" < "가방");
```

실행 결과

```
true
false
false
```

비교 연산자를 사용하면 불을 만들 수 있습니다. 그리고 불끼리는 논리 연산자를 사용할 수 있습니다. 자바스크립트는 다음 세 가지 논리 연산자를 제공합니다.

표 2-10 논리 연산자

연산자	설명
!	논리 부정 연산자
||	논리합 연산자
&&	논리곱 연산자

논리 부정 연산자는 숫자 부호를 반대로 만드는 - 연산자처럼 피연산자를 하나만 갖는 단항 연산자 형태로 사용합니다.

예제 2-7 논리 부정 연산자

논리 부정 연산자를 사용해 보겠습니다.

코드 2-12 **비교 연산자** logicalNot.js

```
console.log(!true);
console.log(!false);
console.log(!(52 < 273))
console.log(!(52 > 273))
```

실행 결과

```
false
true
false
true
```

참고로 `-10` 또는 `!true`처럼 `-` 연산자와 `!` 연산자는 피연산자를 하나만 갖습니다. 이러한 연산자를 단항 연산자라고 합니다. 반대로 피연산자가 2개라면 이항 연산자, 3개라면 삼항 연산자라고 한답니다.

논리 부정 연산자(!)는 단항 연산자이지만, 논리합 연산자(||)와 논리곱 연산자(&&)는 이항 연산자입니다. 논리합 연산자는 다음과 같은 처리를 하는 연산자입니다.

표 2-11 논리합 연산자

왼쪽 피연산자	오른쪽 피연산자	결과
true	true	true
true	false	true
false	true	true
false	false	false

논리합 연산자는 2개의 피연산자 중에 하나만 `true`이면, 전체가 `true`가 되는 연산자입니다. 일반적으로 논리합 연산자는 '또는(or)'이라고 하는데요. 다음과 같이 이해하면 쉬울 것 같습니다.

"치킨 또는 배 먹을래?" → "응 치킨 먹을게."
"치킨 또는 흙 먹을래?" → "응 치킨 먹을게."
"흙 또는 흙 먹을래?" → "안 먹으면 안 되겠니……."

논리곱 연산자는 다음과 같은 처리를 하는 연산자입니다.

표 2-12 논리곱 연산자

왼쪽 피연산자	오른쪽 피연산자	결과
true	true	true
true	false	false
false	true	false
false	false	false

논리곱 연산자는 2개의 피연산자 모두 true여야 전체가 true가 되는 연산자입니다. 일반적으로 논리곱 연산자는 '그리고(and)'라고 합니다. 마찬가지로 다음과 같이 이해하면 쉬울 것 같습니다.

"치킨 배 둘 다 먹을래?" → "응 모두 먹을래."
"치킨과 흙 둘 다 먹을래?" → "안 먹으면 안 되겠니……."
"흙과 흙 둘 다 먹을래?" → "안 먹으면 안 되겠니……."

이러한 논리 연산자는 굉장히 많이 사용됩니다. 예를 들어 게임에서 아이템을 장착한다면 '직업이 검사 and 레벨이 30 이상'과 같은 조건을 확인할 수 있을 것입니다. 인터넷에서 해당 국가 한정 물건을 시간에 맞춰 팔 때도 '사용자의 국가가 한국 and 지금 시각이 3시와 8시 사이'라는 조건을 확인할 것입니다.

무엇보다도 논리 연산자가 가장 많이 사용되는 부분은 '범위 판단'과 관련된 부분입니다. 예를 들어 방금 언급했던 3시와 8시 사이라는 조건은 어떻게 표현할까요?

"3 < 현재 시간 < 8라고 쓰면 되지 않을까요?"

간단하게 다음 코드의 실행 결과를 예측해 봅시다.

```
30 > 20 > 10
```

숫자 20이 10과 30 사이에 있으므로 대부분의 독자가 true라고 예측했을 것입니다. 하지만 결과는 false입니다. 비교 연산자가 여러 개 있을 때 왼쪽부터 차례대로 연산하면서 발생하는 문제입니다. 자바스크립트는 표현식 30 > 20 > 10을 아래와 같은 과정으로 연산합니다.

```
30 > 20 > 10
(30 > 20) > 10
true > 10
1 > 10
false
```

TIP • true가 왜 1이 되는지는 86페이지의 불 자료형 변환 부분에서 다루겠습니다.

이러한 문제를 해결하려면 비교 연산자와 논리 연산자를 함께 사용해야 합니다.

중학교 때 다음 그림을 본 적이 있나요? 이러한 범위를 표현할 때 어떤 문장을 사용했었나요? 일반적으로 다음 범위는 'x < 3 또는 8 < x'라고 표현합니다. 논리 연산자는 이렇게 나눈 두 가지 범위를 모두 선택할 때 사용합니다.

그림 2-3 'x < 3 또는 8 < x'의 범위

논리곱 연산자는 다음 두 가지 범위로 한꺼번에 선택되는 부분을 찾을 때 사용합니다.

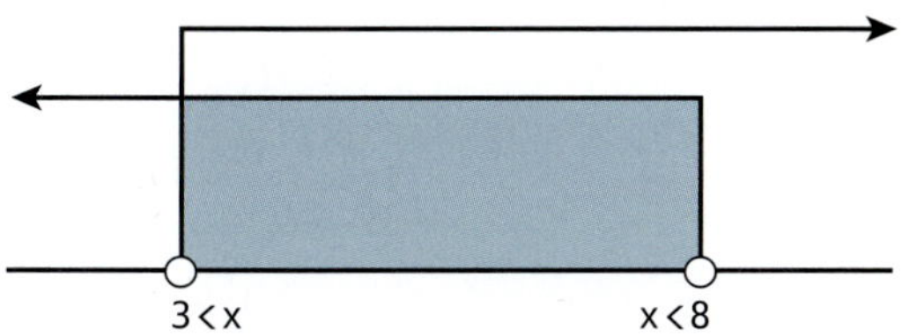

그림 2-4 '3 < x 그리고 x < 8'의 범위

예제로 결과를 살펴봅시다.

예제 2-8 불과 논리 연산자

[그림 2-3]과 [그림 2-4]의 범위를 비교 연산자와 논리 연산자를 사용하여 다음과 같이 나타낼 수 있습니다. 아직 다른 코드는 배우지 않았지만, 현재 시간을 구하는 방법이라는 것만 생각하고 코드를 읽어 주세요!

코드 2-13 비교 연산자 logicalOperator.js

```
let hours = (new Date()).getHours();  // 현재 시간을 구하는 코드입니다.

console.log(hours < 3 || 8 < hours);
console.log(3 <= hours && hours <= 8);
```

필자가 코드를 실행한 시각은 오전 3시입니다. 이때는 다음과 같은 결과가 나옵니다.

실행 결과

```
false
true
```

04 변수

변수는 값을 저장할 때 사용하는 식별자입니다. 이름은 변수이지만 숫자뿐만 아니라 모든 자료형을 저장할 수 있습니다. 수학자가 3.14159265… 원주율 값을 파이(π)라고 간략히 표기하는 것과 비슷합니다. 변수는 다음 두 단계를 거쳐 사용할 수 있습니다.

❶ 변수를 선언합니다.

❷ 변수에 값을 할당합니다.

변수를 만드는 것을 '변수를 선언한다'고 표현합니다. 변수는 다음 형태로 선언합니다.

let 식별자;

다음은 변수 pi를 선언한 것입니다.

```
> let pi;
undefined
```

변수에 값을 저장하는 것을 '변수에 값을 할당한다'고 표현합니다. 다음과 같이 변수 pi에 값을 할당해 봅시다.

```
> let pi;
undefined
> pi = 3.14159265;
undefined
```

변수를 선언한 후 처음 값을 할당하는 것을 '변수를 초기화한다'고 표현합니다. 일반적으로 변수의 선언과 초기화는 다음과 같이 한 번에 처리합니다.

```
> let pi = 3.14159265;
undefined
```

NOTE 앞의 REPL 코드를 따라서 입력하다 보면 'TypeError: Identifier 'pi' has already been declared' 오류가 발생합니다. 변수는 특정한 범위(스코프) 내부에서 이름이 중복될 수 없기 때문에 발생하는 오류입니다. 따라서 REPL을 껐다가 다시 켜면서 따라해 주세요.

변수에 값을 저장하면 변수를 사용해 저장된 값을 활용할 수 있습니다. 예를 들어 다음 방법으로 변수의 값을 출력할 수 있습니다.

```
> let pi = 3.14159265;
undefined
> console.log(pi);
3.14159265
undefined
```

숫자가 들어간 변수는 숫자 관련 연산자를 사용하고, 문자열이 들어간 변수는 문자열 관련 연산자를 사용합니다.

예제 2-9 변수 기본 사용 방법

다음 코드는 변수를 사용해 반지름과 파이 값을 저장하고, 이를 활용해 원의 둘레와 넓이를 계산합니다.

코드 2-14 변수 기본 사용 방법 variable.js

```
let pi = 3.14159265;
let radius = 10;

console.log(`둘레: ${2 * pi * radius}`);
console.log(`넓이: ${pi * radius * radius}`);
```

실행 결과

```
둘레: 62.831853
넓이: 314.159265
```

NOTE 유연성

자바스크립트는 C, C++, 자바, C#, 스위프트 등 프로그래밍 언어와 다르게 변수에 자료형을 지정하지 않습니다. 그래서 동일한 변수에도 여러 종류의 자료형을 넣을 수 있습니다.

```
let a = 10
a = "문자열"
a = true
a = {}
```

유연해서 좋다고 할 수도 있겠지만, 대부분의 프로그래밍 언어가 지원하지 않는다는 것은 '이 기능은 사실 없어도 프로그래밍을 하는 데는 큰 지장이 없다'는 말과 같습니다.

오히려 이러한 유연성 때문에 변수에 어떤 자료형이 들어 있는지 몰라 실수가 잦아 실행 중 오류Runtime Error가 발생할 확률이 높습니다. 따라서 하나의 변수에는 최대한 하나의 자료형을 넣어 활용해 주세요.

05 복합 대입 연산자

자바스크립트에는 변수에 사용할 수 있는 몇 개의 특별한 연산자가 있습니다. 일단 복합 대입 연산자를 알아봅시다. 복합 대입 연산자는 자료형에 적용하는 기본 연산자와 = 연산자를 함께 사용해 다음과 같이 구성하는 연산자입니다.

a += 10

이렇게 `a += 10`으로 사용하면 `a = a + 10`과 결과가 같습니다. 숫자에 적용할 수 있는 다른 연산자도 동일한 방법으로 사용할 수 있습니다.

표 2-13 숫자에 적용하는 복합 대입 연산자

연산자	설명
+=	숫자 덧셈 후 대입 연산자
-=	숫자 뺄셈 후 대입 연산자
*=	숫자 곱셈 후 대입 연산자
/=	숫자 나눗셈 후 대입 연산자

마찬가지로 문자열도 문자열 연결 연산자인 + 연산자와 = 연산자를 합쳐 [표 2-14]의 복합 대입 연산자를 사용할 수 있습니다.

표 2-14 문자열에 적용하는 복합 대입 연산자

연산자	설명
+=	문자열 연결 후 대입 연산자

예제 2-10 숫자와 관련된 복합 대입 연산자

간단하게 숫자를 저장하는 변수 output을 만들어 복합 대입 연산자를 적용해 봅시다.

코드 2-15 숫자 관련 복합 대입 연산자 assignmentOperator1.js

```
let output = 0;
output += 52;
output += 273;
output += 103;

console.log(output);
```

실행 결과

```
428
```

참고로 이 코드는 [코드 2-16]과 결과가 같습니다. 복합 대입 연산자를 이런 식으로 풀어서 써 보면 쉽게 이해할 수 있을 것입니다.

코드 2-16 숫자와 관련된 복합 대입 연산자 풀어쓰기 assignmentOperator2.js

```
let output = 0;
output = output + 52;
output = output + 273;
output = output + 103;

console.log(output);
```

예제 2-11 문자열과 관련된 복합 대입 연산자

이번에는 문자열을 저장하는 변수 output을 만들어 복합 대입 연산자를 사용해 봅시다.

코드 2-17 **문자열과 관련된 복합 대입 연산자** stringAssignmentOperator.js

```
let output = "hello ";
output += "world ";
output += "!";

console.log(output);
```

실행 결과

```
hello world !
```

이것도 다음 형태로 풀어서 적을 수 있습니다.

```
let output = "hello ";
output = output + "world ";
output = output + "!";

console.log(output);
```

06 증감 연산자

변수에 적용할 수 있는 연산자로 증감 연산자가 있습니다. 증감 연산자는 단항 연산자로 변수 앞과 뒤에 ++ 기호와 -- 기호를 붙여 만듭니다.

표 2-15 증감 연산자

연산자	설명
변수++	기존 변수 값에 1을 더합니다(후위).
++변수	기존 변수 값에 1을 더합니다(전위).
변수--	기존 변수 값에서 1을 뺍니다(후위).
--변수	기존 변수 값에서 1을 뺍니다(전위).

전위와 후위라는 말은 이후에 살펴보고, 증감 연산자를 사용하는 예제부터 살펴보겠습니다.

예제 2-12 증감 연산자

다음 코드에서는 변수 number를 초기화하고, ++ 연산자와 -- 연산자를 사용해 봅니다. 각 연산자에서 변수 값이 1만큼 변경된다는 것을 살펴봐 주세요.

코드 2-18 증감 연산자 incrementOperator.js

```
let number = 10;

number++;
console.log(number);
number--;
console.log(number);
```

실행 결과

```
11
10
```

예제에 있는 내용을 `++number` 또는 `--number`로 변경해 보세요. 큰 차이가 없을 것입니다. 이렇게 한 줄에 독립적으로 증감 연산자를 사용할 때는 전위와 후위의 차이를 알 수 없답니다. 증감 연산자 전위와 후위의 차이는 다른 연산자나 메소드와 함께 사용할 때 알 수 있습니다.

예제 2-13 증감 연산자의 전위와 후위

다음 코드에서는 증감 연산자의 전위 형태와 후위 형태를 사용해 봅니다. 틀리더라도 실행 결과를 한번 예상해 보세요.

코드 2-19 증감 연산자의 전위와 후위 incrementFront.js

```
// incrementBack.js
let number = 10;

console.log(number);
console.log(number++);
console.log(number--);
console.log(number);
```

```
// incrementFront.js
let number = 10;

console.log(number);
console.log(++number);
console.log(--number);
console.log(number);
```

실행 결과

```
10
10
11
10
```

실행 결과

```
10
11
10
10
```

후위는 문장을 실행한 이후에 값을 변경하라는 의미입니다. 따라서 `console.log(number++)` 코드는 `console.log(number)`를 실행하고 변수 `number`에 1을 더합니다. [예제 2-13]의 왼쪽 코드를 풀어서 쓴다면 [코드 2-20]과 같습니다.

코드 2-20 **후위 증감 연산자**

```
let number = 10;

console.log(number);
console.log(number); number += 1;
console.log(number); number -= 1;
console.log(number);
```

후위가 문장을 실행한 이후에 값을 변경하는 것이라면 전위는 반대겠죠? 해당 문장을 실행하기 전에 값을 더하는 것이 전위입니다. [예제 2-13]에서 오른쪽 코드를 풀어 쓴다면 어떻게 쓸 수 있을지 직접 생각해 보기 바랍니다.

전위와 후위가 무엇인지 감을 잡았다면 [코드 2-21]의 실행 결과를 예측해 보세요. 이 정도를 예측할 수 있다면 증감 연산자를 완벽하게 이해했다고 할 수 있습니다.

코드 2-21 **증감 연산자 이해도 확인**

```
let number = 10;

console.log(number++);
console.log(++number);
console.log(number--);
console.log(--number);
```

코드를 실행하면 차례대로 `10`, `12`, `12`, `10`을 출력합니다.

증감 연산자를 섞어서 사용한 문장을 한 번에 이해하는 것은 쉽지 않습니다. 그러므로 특별한 이유가 아니라면 한 줄에 하나의 증감 연산자만 독립해서 사용하기 바랍니다. 예를 들어 [코드 2-22]는 [코드 2-21]을 풀어서 쓴 것입니다.

코드 2-22 여러 줄로 나누어 적은 증감 연산자

```
let number = 10;

console.log(number);
number++;
number++;
console.log(number);
console.log(number);
number--;
number--;
console.log(number);
```

프로그래밍을 처음 공부할 때는 이해하기가 쉽지 않은 연산자이므로 조금 길게 다루었습니다.

07 자료형 검사

이전에 설명했던 것처럼 자바스크립트는 하나의 변수에 여러 자료형을 넣을 수 있습니다. 그래서 원하지 않는 자료형이 변수에 들어갈 수도 있기에 자료형을 검사해야 할 때가 많습니다. 이 절에서는 변수의 자료형을 확인하는 방법을 알아보겠습니다.

변수의 자료형을 확인할 때는 `typeof` 연산자를 사용합니다.

표 2-16 자료형 확인 연산자

연산자	설명
typeof	해당 변수의 자료형을 추출합니다.

참고로 많은 사람이 `typeof`를 식별자이면서 함수라고 오해하는데요. 이것은 키워드이면서 연산자입니다. 주의하기 바랍니다. 단항 연산자이므로 빼기 연산자(-)처럼 앞에 붙여서 사용합니다.

```
> typeof 10
'number'
> typeof "문자열"
'string'
```

하지만 보통은 연산자 뒤에 괄호를 붙여 사용합니다.

```
> typeof(10)
'number'
> typeof("문자열")
'string'
```

NOTE 일반적으로 다음 코드가 있을 때 연산자의 범위를 쉽게 이해하려고 괄호를 붙여서 사용하는 것입니다. 이는 이후에 코드로 살펴보겠습니다.

```
> typeof 10 == "number"
true
> typeof(10) == "number"
true
```

자바스크립트에는 여러 가지 자료형이 있습니다. 그중에서 자주 사용되는 것을 정리해 보면 다음과 같습니다.

```
> // 문자열
> typeof('String')
'string'

> // 숫자
> typeof(273)
'number'

> // 불
> typeof(true)
'boolean'

> // 함수
> typeof(function () { })
'function'

> // 객체
> typeof({})
'object'

> // undefined
> let alpha
> typeof(alpha)
'undefined'
```

숫자, 문자열, 불은 이미 어느 정도 살펴보았습니다. 함수와 배열은 이후에 알아보겠습니다. `undefined`는 값이 할당되지 않은 식별자를 의미하므로 선언하지 않은 식별자를 사용했습니다. `undefined` 자료형과 관련된 내용은 다음 절에서 살펴봅니다.

08 undefined 자료형

자바스크립트에는 '초기화되지 않은 것'과 '선언하지 않은 것'을 나타내는 특별한 자료형이 있습니다. 바로 `undefined` 자료형입니다.

예를 들어서 다음 코드를 살펴봅시다. 다음 코드에서 변수 `a`는 선언했으나 초기화하지 않았습니다. 그리고 식별자 b는 변수로서 선언하지 않은 식별자입니다. 이러한 두 대상을 `undefined` 자료형이라고 표현합니다.

```
> let a          초기화하지 않은 변수입니다.
undefined
> typeof(a)
"undefined"

> typeof(b)      선언하지 않았던 식별자입니다.
"undefined"
```

09 강제 자료형 변환

어떤 자료형을 특정 자료형으로 강제 변환하고 싶을 때는 [표 2-17]의 함수를 사용합니다.

표 2-17 강제 자료형 변환 함수

함수	설명
Number()	숫자로 자료형 변환합니다.
String()	문자열로 자료형 변환합니다.
Boolean()	불로 자료형 변환합니다.

String() 함수는 굉장히 간단합니다. 매개 변수로 52, 273 등 숫자를 넣으면 '52', '273'이라는 문자열로 변환합니다. 또 true, false라는 불을 넣으면 'true', 'false'라는 문자열로 변환합니다.

```
> String(52)
"52"
> String(273)
"273"
```

숫자는 그대로 문자열로 바뀝니다.

```
> String(true)
"true"
> String(false)
"false"
```

불도 그대로 문자열로 바뀝니다.

다만 Number() 함수와 Boolean() 함수는 '어떤 결과가 나올지'와 '어떤 경우에 true 또는 false'로 변환되는지 등 의문과 주의점이 생기므로 자세히 살펴보겠습니다.

1 Number() 함수와 NaN

문자열이나 불을 숫자로 변환할 때는 `Number()` 함수를 사용합니다. 문자열에 `Number()` 함수를 적용하는 예제부터 살펴봅시다.

예제 2-14 **Number() 함수**

다음 코드의 실행 결과를 보기 전에 실행 결과를 미리 예측해 보세요. 틀려도, 어떻게 될지 아무것도 모르겠더라도 어떻게든 생각해 보는 것이 좋답니다.

코드 2-23 **Number() 함수** numberFunction.js

```
console.log(Number("52"));
console.log(Number("52.273"));
console.log(Number(true));
console.log(Number(false));
console.log(Number("안녕하세요"));
```

숫자로 변환할 수 없는 문자열

실행 결과

```
52
52.273
1
0
NaN
```

[예제 2-14]의 실행 결과를 살펴보면, 숫자로 구성된 문자열 `'52'`, `'52.273'`이 곧바로 숫자로 변환되는 것을 볼 수 있습니다. 그리고 불은 `true`는 `1`로, `false`는 `0`으로 변환됩니다.

여기서는 **'숫자로 변환할 수 없는 문자열'**을 `Number()` 함수로 변환했을 때 `'NaN'`이라고 출력한다는 것이 중요합니다. NaN은 'Not a Number'의 줄임말로 '숫자 자료형이지만 숫자가 아닌 것'을 의미합니다.

NaN의 몇 가지 특징을 정리해 보겠습니다.

- NaN은 어떠한 값과 비교해도 무조건적으로 다릅니다.

- NaN인지 확인할 때는 isNaN() 함수를 사용합니다.

무슨 말인지 예제로 살펴봅시다.

예제 2-15 **NaN(Not a Number)**

앞의 특징을 바탕으로 다음 코드의 결과를 예측하고 직접 확인해 보세요.

코드 2-24 **Not a Number** nan.js

```
// NaN 변수를 만듭니다.
let nan = Number("안녕하세요");

// nan끼리 비교합니다.
console.log(nan == nan);
console.log(nan != nan);

// isNaN() 함수로 NaN인지 확인합니다.
console.log(isNaN(nan));
```

실행 결과

```
false
true
true
```

숫자로 변환할 때는 이 내용에 꼭 주의하기 바랍니다.

2 Boolean() 함수

자바스크립트에서 Boolean() 함수를 사용하면 다음 5개의 요소는 false로 변환됩니다.

- 0
- NaN
- "" (빈 문자열)

- null
- undefined

이 외에는 모두 true로 변환되므로 이 5개의 요소는 꼭 외워 주세요.

예제 2-16 Boolean() 함수

다음 코드는 자바스크립트에서 false로 변환되는 5개의 요소를 정리한 것입니다. 마지막 줄은 초기화하지 않은 변수를 사용해 undefined를 만들었습니다.

코드 2-25 Boolean() 함수 booleanFunction.js

```
// 변수를 선언합니다.
let nan = Number("안녕하세요");
let undefinedVariable;

// Boolean() 함수를 사용합니다.
console.log(Boolean(0));
console.log(Boolean(nan));
console.log(Boolean(""));
console.log(Boolean(null));
console.log(Boolean(undefinedVariable));
```

실행 결과

```
false
false
false
false
false
```

10 자동 자료형 변환

자바스크립트는 일부 자료형 변환이 자동적으로 일어납니다.

1 숫자와 문자열 자료형 자동 변환

숫자와 문자열에 '+' 연산자를 적용하면 자동으로 숫자가 문자열로 변환됩니다. 이 외의 연산자를적용하면 문자열이 숫자로 변환합니다. 실제 예제를 살펴보면 무슨 의미인지 쉽게 알 수 있을 것입니다.

예제 2-17 숫자와 문자열 자료형 변환 – 덧셈 연산자

다음 코드의 실행 결과를 보기 전에 실행 결과를 미리 예측해 보세요. 틀려도 좋으니 생각해 보세요.

코드 2-26 숫자와 문자열 자료형 변환 (1) numberToString1.js

```
console.log(52 + 273);
console.log("52" + 273);
console.log(52 + "273");
console.log("52" + "273");
```

실행 결과

```
325
52273
52273
52273
```

문자열과 숫자를 더하면, 숫자가 문자열로 변환된 뒤에 연결됩니다.

예제 2-18 **숫자와 문자열 자료형 변환 – 다른 연산자**

마찬가지로 실행 결과를 보기 전에 예측해 보세요.

코드 2-27 **숫자와 문자열 자료형 변환 (2)** numberToString2.js

```
console.log("52" - 273)
console.log("52" * 273)
console.log("52" / 273)
console.log("52" % 273)
```

실행 결과

```
-221
14196
0.19047619047619047
52
```

덧셈을 제외한 연산자를 적용하면, 문자열이 숫자로 변환된 뒤에 숫자 연산이 이루어집니다.

2 불 자료형 자동 변환

이후에 살펴보는 조건문의 조건 표현식에 표현식을 넣을 때와 ! 연산자를 사용할 때는 불 자료형으로 자동 변환됩니다.

예제 2-19 **불 자료형 자동 변환**

다음 코드는 ! 연산자를 두 번 사용해 `Boolean()` 함수를 사용하는 것과 효과가 같습니다.

코드 2-28 **불 자료형 자동 변환** notnot.js

```
// 변수를 선언합니다.
let nan = Number("안녕하세요");
let undefinedVariable;
```

```
// 부정 연산자를 두 번 사용합니다.
console.log(!!0);
console.log(!!nan);
console.log(!!"");
console.log(!!null);
console.log(!!undefinedVariable);
```

실행 결과

```
false
false
false
false
false
```

11 일치 연산자

자료형 변환을 알아보았다면 이제 자바스크립트에만 있는 특수한 연산자인 '일치 연산자'를 살펴봅시다.

표 2-18 일치 연산자

연산자	설명
===	자료형과 값이 같은지 비교합니다.
!==	자료형과 값이 다른지 비교합니다.

기존에 살펴보았던 비교 연산자는 '최대한 자료형을 맞춰서 비교'를 수행합니다. 따라서 `0`과 `""`(빈 문자열)을 비교하면 '둘 다 불로 변환하면 `false`가 되니까 `true`'라는 결과가 나옵니다.

조금은 예측하기 힘들기 때문에 자바스크립트는 '자료형까지 검사하는' 일치 연산자를 제공하는 것입니다.

예제 2-20 비교 연산자와 일치 연산자의 차이

다음 코드에서는 동일한 대상에 비교 연산자와 일치 연산자를 적용해 봅니다.

코드 2-29 비교 연산자와 일치 연산자의 차이 equality.js

```
console.log(`52 == "52": ${52 == "52"}`);
console.log(`52 === "52": ${52 === "52"}`);
console.log();
console.log(`0 == "": ${0 == ""}`);
console.log(`0 === "": ${0 === ""}`);
```

실행 결과

```
52 == "52": true
52 === "52": false

0 == "": true
0 === "": false
```

참고로 == 연산자와 != 연산자는 예상하지 못한 결과가 나올 수 있으므로 대부분의 자바스크립트 개발 가이드라인은 === 연산자와 !== 연산자를 사용해 비교할 것을 추천합니다. 이 책에서는 == 연산자와 != 연산자만 사용하지만, 직접 코드에 사용된 비교 연산자를 일치 연산자로 사용할 수 없을지 고민해 보기 바랍니다. 좋은 공부가 될 것입니다.

12 상수

상수는 '항상 같은 수'라는 의미로 변수와 반대되는 개념입니다.

"그럼 언제 왜 쓰나요?"

일단 언제 쓰는지부터 설명하겠습니다. `pi` 값은 `3.14159265`로 고정된 숫자입니다. 이처럼 고정된 숫자와 같은 '변경하지 않을 대상'에 상수를 적용합니다.

상수는 다음과 같이 만듭니다.

const 이름 = 값;

상수는 '프로그램을 조금 더 빠르고 안정적으로 만들기 위해서' 사용합니다. 상수는 '변하지 않을 것'이라고 강제한 것이므로 자바스크립트가 내부적으로 간단한 형태로 저장합니다. 따라서 프로그램의 메모리 사용을 미세하게나마 줄일 수 있습니다. 또 프로그램을 개발하다 보면 '대체 왜 그런 짓을 하지?' 하고 생각할 때가 많습니다(그런 짓을 하는 사람이 우리가 될 수도 있습니다).

예를 들어 `pi`를 `3.14159265`로 지정했는데, 다른 누군가가 '나는 조금 더 정밀하게 쓰고 싶다'는 이유로 `3.14159265359`로 바꿀 수 있습니다. 이러한 정밀도에서 안정성은 테스트되지 않았으므로 함부로 바꾸는 것은 위험합니다. 따라서 이 값을 상수로 바꾸면 코드를 더 안전하게 만들 수 있습니다.

예제 2-21 상수와 오류 (1)

'상수는 변경할 수 없다'는 기본 내용을 다음 코드로 살펴봅시다.

코드 2-30 상수와 오류 (1) constant1.js

```
// 상수를 선언합니다.
```

```
const constant = "변경할 수 없어요";
constant = "";
// 출력합니다.
console.log(constant);
```

코드를 실행하면 'TypeError: Assignment to constant variable.' 오류가 발생합니다. 상수 값은 변경할 수 없기 때문에 발생하는 오류입니다.

실행 결과

```
C:\example\constant1.js:3
constant = "";
         ^

TypeError: Assignment to constant variable.
    at Object.<anonymous> (C:\example\constant1.js:3:10)
[90m    at Module._compile (internal/modules/cjs/loader.js:1085:14)[39m
[90m    at Object.Module._extensions..js (internal/modules/cjs/loader.js:1114:10)[39m
[90m    at Module.load (internal/modules/cjs/loader.js:950:32)[39m
[90m    at Function.Module._load (internal/modules/cjs/loader.js:790:14)[39m
[90m    at Function.executeUserEntryPoint [as runMain] (internal/modules/run_main.js:
76:12)[39m
[90m    at internal/main/run_main_module.js:17:47[39m
```

이후 아래 부분은 생략하겠습니다.

예제 2-22 상수와 오류 (2)

상수는 항상 같은 값을 갖고, 변할 수 없기 때문에 처음 선언할 때부터 값을 갖고 있어야 합니다. 따라서 다음과 같은 코드를 작성할 경우, 상수 a는 문제 없이 만들어지지만 상수 b를 만들 때 오류가 발생합니다.

코드 2-31 상수와 오류 (2)

```
const a = "처음 선언할 때 값을 할당해야 합니다";
const b;
```

실행 결과

```
C:\example\arrayLength.js:2
const b;
      ^
SyntaxError: Missing initializer in const declaration
```

변수와 상수를 언제 사용해야 할지 고민이 될 수 있는데요. 잘 모르겠다면 다음과 같이 해 보세요.

"일단 상수(const)를 사용하고 오류가 발생하면 변수(let)로 교체한다."

NOTE 현재 우리는 굉장히 기본적인 텍스트 에디터로 내용을 진행하는데요. Visual Studio 등의 통합 개발 환경을 활용하면 상수를 사용하면 안 되는 곳에 상수를 사용했을 때 문제가 있다고 알려 줍니다. 이것을 활용하면 '언제 상수를 사용해야 하고, 사용하면 안 되는지' 쉽게 알 수 있습니다.

이 책의 Part 1에서는 일단 상수를 활용하지 않습니다. 자바스크립트 초보자가 기능을 공부하면서 변수와 상수를 구분하는 것은 힘들다고 판단했기 때문입니다. 하지만 내용을 진행하면서 스스로 '상수로 바꿀 수 있지 않을까?'를 고민해 보고 직접 코드로도 만들어 보세요. 상수는 이 책의 Part 2부터 활용해 보겠습니다.

요약

01 자바스크립트 기본 용어

- **표현식, 문장, 프로그램** : 값을 만들어 내는 간단한 코드를 표현식이라고 하며, 표현식이 모여 문장, 문장이 모여 프로그램이 됩니다.
- **키워드** : 자바스크립트를 처음 만들 때 정한 특별한 의미가 있는 단어입니다.
- **식별자** : 이름을 붙일 때 사용하는 단어입니다.
- **주석** : 프로그램의 진행에 전혀 영향을 주지 않고 프로그램 코드를 설명하는 목적으로 사용하는 코드입니다.

02 기본적인 출력을 할 때는 console.log() 메소드를 사용합니다.

03 기본 자료형 : 자바스크립트에는 다음의 기본 자료형이 있습니다.

- **숫자** : 52, 273, 52.273과 같은 숫자를 나타냅니다. 기본적인 사칙 연산자와 나머지 연산자를 사용할 수 있습니다.
- **문자열** : 문자로 구성된 것을 의미합니다. 문자열 연결 연산자를 사용할 수 있습니다.
- **불** : 참(true) 또는 거짓(false)을 나타냅니다. 불을 생성할 때는 비교 연산자를 사용하며, 불끼리는 논리 연산자를 사용할 수 있습니다.

04 변수와 상수

- **변수** : 값을 저장할 목적으로 사용하며, 이후에 변경할 수 있는 값입니다. 변수를 선언할 때는 let 키워드를 사용합니다.

```
let 식별자 = 자료
```

- **상수** : 값을 저장할 목적으로 사용하며, 이후에 변경할 수 없는 값입니다. 상수를 선언할 때는 const 키워드를 사용합니다.

```
const 식별자 = 자료
```

05 자료형 변환

- 숫자로 변환할 때는 `Number()` 함수를 사용합니다. 숫자로 변환할 수 없는 값을 강제로 숫자로 변환하면 `NaN`Not a Number이 됩니다.
- 문자열로 변환할 때는 `String()` 함수를 사용합니다.
- 불로 변환할 때는 `Boolean()` 함수를 사용합니다.
- 불로 변환할 때 `false`로 변환되는 것은 `0`, `NaN`, `""`(빈 문자열), `null`, `undefined`입니다.

연습문제

01 다음 괄호 안을 채우시오.

(1) 값을 만들어 내는 간단한 코드를 (　　　)이라고 한다.

(2) 표현식이 하나 이상 모여서 실행할 수 있는 코드가 되면, 이를 (　　　)이라고 한다.

(3) 특별한 의미를 갖는 단어로 자바스크립트가 처음 만들어질 때 정해진 단어를 (　　　)라고 부른다.

(4) 이름을 붙일 때 사용하는 단어를 (　　　)라고 한다.

(5) 참(`true`)과 거짓(`false`)을 갖는 값을 (　　　)이라고 한다.

(6) `true || false`의 결과는 (　　　)이다.

(7) `true && false`의 결과는 (　　　)이다.

(8) `30 > 20 > 10`의 결과는 (　　　)이다.

(9) 값을 저장할 때 사용하는 식별자로, 생성 이후에 값을 변경할 수 있는 것은 (　　　)라고 한다.

(10) 값을 저장할 때 사용하는 식별자로, 생성 이후에 값을 변경할 수 없는 것은 (　　　)라고 한다.

(11) 상수를 만들 때는 (　　　) 키워드를 사용한다.

(12) 변수를 만들 때는 (　　　) 키워드를 사용한다.

(13) 자료형을 검사할 때는 (　　　) 키워드를 사용한다.

(14) 자바스크립트에는 '숫자 자료형이지만 숫자가 아닌 것'을 의미하는 (　　　)이라는 개념이 있다.

02 다음 질문에 ○×를 표시하시오.

(1) 자바스크립트는 문장 마지막에 문장을 종결한다는 의미로 반드시 세미콜론(;)을 찍어야 한다.

(2) 자바스크립트가 처음 만들어질 때 정해진 단어였던 키워드는 자바스크립트가 발전하면서 조금씩 추가된다.

(3) 식별자를 만들 때는 특수문자로 `_`와 `$`만 허용한다.

(4) 식별자는 공백을 포함할 수 있다.

(5) 식별자는 숫자로 시작하면 안 된다.

(6) 주석은 프로그램의 실행에 영향을 준다.

(7) 한 줄 주석을 만들 때는 `\\` 기호를 사용한다.

(8) 템플릿 문자열을 만들 때는 ``` `` ``` 기호와 `${}` 기호를 사용한다.

(9) 자바스크립트는 변수에 값을 넣어 자료형이 한번 결정되면, 이를 이후에 변경할 수 없다.

(10) `10 + '10'`의 결과는 `1010`이다.

(11) `10 * '10'`의 결과는 `NaN`이다.

03 다음 중 키워드가 아닌 것은?

① `for` ② `if`

③ `const` ④ `console`

04 다음 중 `false`로 변환되는 것은?

① `'0'` ② `'false'`

③ `''` ④ `20`

05 다음 굵은 글씨로 표시된 부분 중 함수나 메소드가 아닌 것은?

① **typeof**(value)　　② **alert**(value)

③ console.**log**(value)　　④ Number(**value**)

06 다음 이스케이프 문자 중 줄바꿈으로 사용되는 것은?

① \t　　② \n

③ \'　　④ \\

07 다음 코드의 실행 결과를 적으시오.

```
console.log(52 + 273);
console.log("52" + 273);
console.log(52 + "273");
console.log("52" + "273");
```

08 다음 코드의 실행 결과를 적으시오.

```
console.log(10 + 20 + '!!!!');
```

09 다음 코드의 실행 결과를 적으시오.

```
const number = 10;

console.log(number++);
console.log(++number);
console.log(number++);
console.log(++number);
```

CHAPTER 03
조건문

01 if 조건문
02 if else 조건문
03 중첩 조건문
04 if else if 조건문
05 switch 조건문
06 조건 연산자
07 조금 더 나아가기
요약
연습문제

학습목표

- if 조건문의 기본 사용 방법을 익힙니다.
- if 조건문과 논리 연산자를 함께 사용하는 방법을 익힙니다.
- switch 조건문을 이해합니다.

PREVIEW

세상을 살아가면서 우리는 다양한 선택을 합니다. 그때마다 우리는 선택의 기로에 서서 어떤 것을 선택할지 고민하지요. '이번 수업 끝나고 뭘 먹지?', '내일 아침에 자체 휴강을 하는 것은 어떨까?'처럼 말이죠. 어쨌거나 프로그램도 선택의 기로에 서는 순간이 있습니다. 바로 조건문을 만날 때입니다.

01 if 조건문

if 조건문은 가장 기본적인 조건문입니다. 다음 형태로 사용합니다.

```
if (불_표현식) {

}
```

불_표현식이 `true`이면 문장을 실행하고, `false`이면 문장을 무시합니다. 조건문을 만족해 실행되는 문장이 한 행이라면 중괄호를 생략할 수 있지만, 문장이 여러 행이라면 중괄호로 감싸야 합니다.

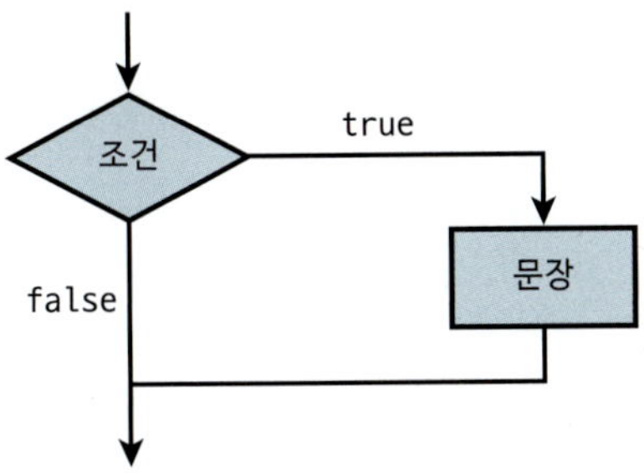

그림 3-1 if 조건문

예제를 바로 작성해 `if` 조건문을 어떻게 사용하는지 알아봅시다.

예제 3-1 **홀수 짝수 구분 (1)**

`if` 조건문을 사용하는 간단한 예제를 만들어 보겠습니다.

코드 3-1 **홀수와 짝수 구분 (1)** conditionBasicA.js

```
let input = 32;

if (input % 2 == 0) {
    console.log("짝수입니다!");
}

if (input % 2 == 1) {
    console.log("홀수입니다!");
}
```

실행 결과

```
짝수입니다!
```

예제 3-2 오전 오후 구분 (1)

❶ 현재 시간 구하기 우선 현재 시간을 구하는 방법을 알아야겠죠? 자바스크립트는 다음과 같은 코드를 사용해 현재 시간을 구합니다.

코드 3-2 **현재 시간 구하기**

```
let date = new Date();

console.log(date.getFullYear());
console.log(date.getMonth());
console.log(date.getDay());
console.log(date.getHours());
console.log(date.getMinutes());
console.log(date.getSeconds());
```

NOTE `getMonth()` 메소드는 0부터 11까지를 리턴합니다. 따라서 실제 우리가 사용하는 월 단위와 맞추려면 1을 더해야 합니다.

❷ 오전과 오후 구분하기 현재 시간을 구하는 방법만 알면 쉽게 오전과 오후를 구분할 수 있습니다. 앞의 방법으로 현재 시간을 구하고 오전과 오후를 판단해 출력합니다.

코드 3-3 오전과 오후 구분 (1) conditionBasicB.js

```
let date = new Date();

if (date.getHours() < 12) {
    console.log("오전입니다.");
}

if (12 <= date.getHours()) {
    console.log("오후입니다.");
}
```

실행 결과

```
오후입니다.
```

조건문은 굉장히 쉽지만 다양한 곳에 활용됩니다. 다른 시간 요소를 구하는 방법도 알아보았으니 어떻게 계절을 구분할지도 생각해 보세요!

02 if else 조건문

현실은 물론이고 컴퓨터에서도 앞에서 다룬 오전과 오후처럼 조건에 따라 두 가지 경우로 나뉘는 상황이 아주 많습니다. 예를 들어 모든 버튼은 '눌렀다'와 '누르지 않았다'는 두 가지 상황으로 나뉩니다. 또 무언가가 어딘가에 '있다'와 '있지 않다'는 상황도 두 가지로 나뉩니다.

자바스크립트는 이렇게 두 가지로 분명하게 나뉘는 상황에서 편리하게 사용할 수 있는 `if else` 조건문을 제공합니다. `if` 조건문처럼 실행되는 문장이 하나이면 중괄호를 생략할 수 있지만, 문장이 여러 행이라면 중괄호로 감싸야 합니다.

```
if (불_표현식) {
    // 불_표현식이 참일 때 실행할 문장
} else {
    // 불_표현식이 거짓일 때 실행할 문장
}
```

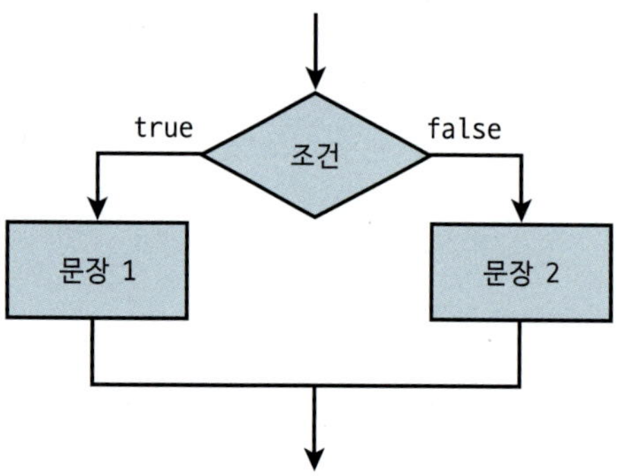

그림 3-2 if else 조건문

[코드 3-3]을 `if else` 조건문으로 변경해 봅니다. 실행 결과는 [코드 3-1]과 같습니다. 하지만 `if` 조건문을 두 번 사용하면 두 번의 조건 비교가 일어납니다. 반면 `if else` 조건문은 한 번만 비교하므로 효율적입니다.

예제 3-3 홀수 짝수 구분 (2)

홀수와 짝수도 두 가지 경우로만 나뉩니다. 이런 경우는 if else 조건문을 사용하기 딱 좋은 경우이지요. 다음과 같은 방법으로 홀수와 짝수를 구분할 수 있습니다.

코드 3-4 홀수와 짝수 구분 (2) conditionBasicC.js

```
let input = 32;

if (input % 2 == 0) {
    console.log("짝수입니다!");
} else {
    console.log("홀수입니다!");
}
```

실행 결과

```
짝수입니다!
```

예제 3-4 오전 오후 구분 (2)

마찬가지로 오전과 오후도 두 가지로밖에 나뉘지 않습니다. 다음 방법으로 if else 조건문을 사용하면 효율적으로 조건을 나눌 수 있습니다.

코드 3-5 오전과 오후 구분 (2) conditionBasicD.js

```
let date = new Date();

if (date.getHours() < 12) {
    console.log("오전입니다.");
} else {
    console.log("오후입니다.");
}
```

실행 결과

```
오후입니다.
```

03 중첩 조건문

조건문 안에 조건문을 중첩해 사용하는 것을 중첩 조건문이라고 합니다. 중첩 조건문의 형태는 다음과 같습니다. 물론 여러 번 중첩해도 상관없습니다.

```
if (불_표현식) {
    if (불_표현식) {
        문장;
    } else {
        문장;
    }
} else {
    if (불_표현식) {
        문장;
    } else {
        문장;
    }
}
```

예제 3-5 **중첩 조건문**

중첩 조건문으로 `DateTime.Now.Hour < 11` 조건을 비교합니다. 조건이 `true`라면 `'아침 먹을 시간입니다'`를 출력하고, `false`라면 `DateTime.Now.Hour < 15` 조건을 한 번 더 비교합니다. 이때 `true`라면 `'점심 먹을 시간입니다'`를 출력하고, `false`라면 `'저녁 먹을 시간입니다'`를 출력합니다.

코드 3-6 **중첩 조건문** nestedCondition.js

```
let date = new Date();
let hours = date.getHours();

if (hours < 11) {
    console.log("아침 먹을 시간입니다.");
} else {
    if (hours < 15) {
        console.log("점심 먹을 시간입니다.");
    }
    else {
        console.log("저녁 먹을 시간입니다.");
    }
}
```

실행 결과

```
점심 먹을 시간입니다.
```

04 if else if 조건문

앞에서 조건이 한 문장이라면 조건문의 중괄호를 생략해도 된다고 말했습니다. 방금 살펴본 중첩 조건문의 중괄호를 생략했을 때 만든 조건문은 `if else if` 조건문입니다. `if else if` 조건문은 중복되지 않는 세 가지 이상의 조건을 구분할 때 사용합니다. 형태는 다음과 같습니다.

```
if (불_표현식) {

} else if (불_표현식) {

} else if (불_표현식) {

} else {

}
```

예제 3-6 **if else if 조건문**

[예제 3-5]에서 중괄호를 제거해 `if else if` 조건문으로 변경합니다.

코드 3-7 **if else if 조건문** conditionBasicE.js

```
let date = new Date();
let hours = date.getHours();

if (hours < 11) {
    console.log("아침 먹을 시간입니다.");
} else if (hours < 15) {
```

```
    console.log("점심 먹을 시간입니다.");
} else {
    console.log("저녁 먹을 시간입니다.");
}
```

실행 결과

```
점심 먹을 시간입니다.
```

NOTE **논리 연산자와 조건문**

'학점이 4.0과 4.5 사이라면?'이라는 조건은 어떻게 표시할 수 있을까요? 일반적으로 학점을 변수 **score**라고 할 때 **4.0 < score < 4.5**라는 조건을 생각하기 쉽습니다. 하지만 실제로 이렇게 코드를 작성하면 원하는 값이 나오지 않습니다.

그렇다면 어떻게 해야 할까요? 이전에 배웠던 논리 연산자로 범위를 나타내는 코드를 사용하면 됩니다. [코드 3-8]처럼 논리 연산자를 사용하면 범위 내부에 들어 있는지 등의 조건을 만들 수 있습니다.

코드 3-8 **논리 연산자와 조건문**

```
// 학점 변수
let score = 3.6;

// 조건을 구분합니다.
if (score == 4.5)
    console.log("신");
else if (4.2 <= score && score < 4.5)
    console.log("교수님의 사랑");
else if (3.5 <= score && score < 4.2)
    console.log("현 체제의 수호자");
else if (2.8 <= score && score < 3.5)
    console.log("일반인");
else if (2.3 <= score && score < 2.8)
    console.log("일탈을 꿈꾸는 소시민");
else if (1.75 <= score && score < 2.3)
    console.log("오락문화의 선구자");
else if (1.0 <= score && score < 1.74)
    console.log("불가촉천민");
```

```
else if (0.5 <= score && score < 1.0)
    console.log("자벌레");
else if (0 < score && score < 0.5)
    console.log("플랑크톤");
else
    console.log("시대를 앞서가는 혁명의 씨앗");
```

그런데 이 예제는 [코드 3-7]처럼 변경할 수도 있답니다. **if else** 조건문은 이전에 비교한 것은 자동으로 거르므로, 이전에 비교했던 것은 다시 비교할 필요가 없습니다.

코드 3-9 조건문 간단 사용

```
// 학점 변수
let score = 3.6;

// 조건을 구분합니다.
if(score == 4.5)
    console.log("신");
else if (4.2 <= score)
    console.log("교수님의 사랑");
else if (3.5 <= score)
    console.log("현 체제의 수호자");
else if (2.8 <= score)
    console.log("일반인");
else if (2.3 <= score)
    console.log("일탈을 꿈꾸는 소시민");
else if (1.75 <= score)
    console.log("오락문화의 선구자");
else if (1.0 <= score)
    console.log("불가촉천민");
else if (0.5 <= score)
    console.log("자벌레");
else if (0 < score)
    console.log("플랑크톤");
else
    console.log("시대를 앞서가는 혁명의 씨앗");
```

05 switch 조건문

다음은 switch 조건문의 기본적인 형태입니다.

```
switch (비교할_값) {
    case 값:
        문장
        break;
    case 값:
        문장
        break;
    default:
        문장
        break;
}
```

처음 switch 조건문을 접할 때는 구조가 복잡해서 말로만 설명하면 어떤 내용인지 알기가 어렵습니다. 예제부터 살펴본 후 분석해 보도록 합시다.

예제 3-7 switch 조건문

다음 코드는 switch 조건문으로 홀수와 짝수를 구분하는 예제입니다.

코드 3-10 switch 조건문 conditionBasicF.js

```
let input = 32;

switch (input % 2) {
    case 0:
```

```
        console.log("짝수입니다.");
        break;
    case 1:
        console.log("홀수입니다.");
        break;
}
```

실행 결과

```
짝수입니다.
```

일단 `break` 키워드는 `switch` 조건문이나 반복문을 빠져나갈 때 사용하는 키워드입니다. 코드를 읽다가 `break` 키워드를 만나면 `break` 키워드를 감싸고 있는 `switch` 조건문이나 반복문을 벗어납니다.

`switch` 조건문의 괄호 안에는 비교할 값을 입력합니다. 이때 입력한 값을 기준으로 특정 코드를 실행합니다. 입력한 표현식과 `case` 키워드 옆에 있는 표현식이 같다면, `case` 키워드 바로 다음에 오는 문장을 차례대로 실행합니다. 별도의 중괄호는 사용하지 않아도 됩니다. 문장을 차례대로 실행하다가 `break` 키워드를 만나면, 이전에 설명했던 대로 `switch` 조건문을 빠져나갑니다. [그림 3-3]은 [예제 3-7]을 그림으로 나타낸 것입니다.

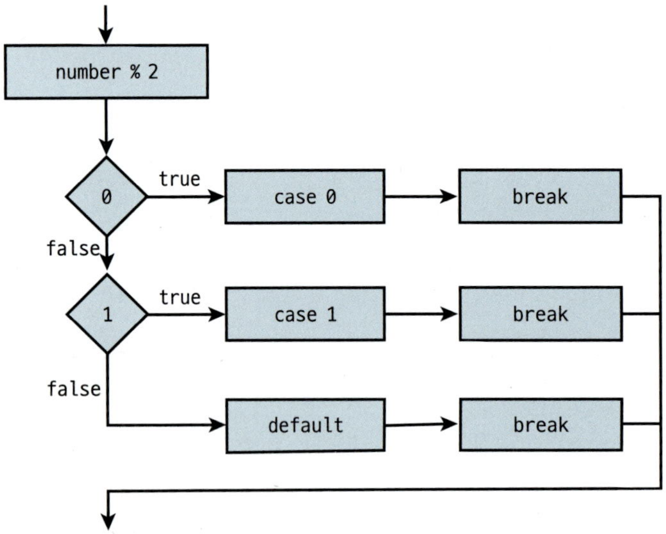

그림 3-3 switch 조건문

그렇다면 break 키워드를 사용하지 않는다면 어떻게 될까요? break 키워드를 사용하지 않으면 switch 조건문을 벗어나지 않은 채 문장을 계속 읽어 내려갑니다. 간단하게 예제를 하나 살펴 봅시다.

예제 3-8 break 키워드를 사용하지 않는 switch 조건문

다음 코드는 case 키워드에 break 키워드를 적용하지 않고 switch 조건문을 사용한 예제입니다.

코드 3-11 break 키워드를 사용하지 않는 switch 조건문 switchWithoutBreak.js

```
let date = new Date();

switch (date.getMonth() + 1) {
    case 12:
    case 1:
    case 2:
        console.log("겨울입니다.");
        break;
    case 3:
    case 4:
    case 5:
        console.log("봄입니다.");
        break;
    case 6:
    case 7:
    case 8:
        console.log("여름입니다.");
        break;
    case 9:
    case 10:
    case 11:
        console.log("가을입니다.");
        break;
    default:
        console.log("대체 어떤 행성에 살고 계신가요?");
        break;
}
```

실행 결과

```
가을입니다.
```

`switch` 조건문과 `if` 조건문 중 어떤 것을 사용하면 좋은지에 대해서는 의견이 분분합니다. 일단 범위를 표현해야 한다면 `if` 조건문을 사용해야 합니다. 하나의 값을 입력할 때는 어느 것을 사용해도 무방하나, 되도록이면 읽기 쉽게 코드를 작성하기 바랍니다.

06 조건 연산자

if 조건문과 switch 조건문 이외에도 조건을 구분할 때 사용할 수 있는 문법이 있습니다. 바로 조건 연산자입니다. 조건 연산자는 연산자이지만, 조건에 따라서 프로그램의 진행을 변화시킬 수 있습니다. 조건 연산자는 자바스크립트에서 유일하게 항(피연산자)을 3개 갖는 연산자라서 '삼항 연산자'라고 부르기도 합니다.

조건 연산자의 기본 형태는 다음과 같습니다.

```
불_표현식 ? 참일_때_실행하고_밖으로_낼_값 : 거짓일_때_실행하고_밖으로_낼_값
```

예를 들어 조건 연산자는 [코드 3-12]처럼 사용할 수 있습니다.

예제 3-9 조건 연산자를 활용한 변수 초기화

다음 코드는 조건 연산자를 활용해서 변수가 undefined일 때 새로운 값으로 초기화합니다.

코드 3-12 조건 연산자를 활용한 변수 초기화 ternaryOperator.js

```
// 변수를 선언합니다.
let test;

// 삼항 연산자로 해당 변수가 undefined인지 확인하고 초기화합니다.
test = typeof(test) != 'undefined' ? test : "초기화_1";
console.log(test)

// 삼항 연산자로 해당 변수가 undefined인지 확인하고 초기화합니다.
test = typeof(test) != 'undefined' ? test : "초기화_2";
console.log(test)
```

undefined인지 확인합니다.

test가 undefined가 아니라면 test를 할당하고, 이 외의 경우에는 새로운 값으로 초기화합니다. 따라서 다음과 같은 실행 결과가 나옵니다.

실행 결과

```
초기화_1
초기화_1
```

참고로 이를 조건문으로 변경한다면, [코드 3-13]과 같습니다. 조건 연산자를 활용하는 것이 더 간단하므로, 일반적으로 조건 연산자를 사용합니다.

코드 3-13

```
let test;

if (typeof(test) != 'undefined') {
  test = "초기화_1"
}
console.log(test)

if (typeof(test) != 'undefined') {
  test = "초기화_2"
}
console.log(test)
```

07 조금 더 나아가기

다른 프로그래밍 언어를 공부한 적이 있는 학생이라면 'C 언어의 `scanf()` 함수', 'Java 언어의 Scanner'처럼 자바스크립트에서는 입력을 어떻게 받는지 궁금할 수 있습니다.

웹 브라우저에서 작동하는 자바스크립트는 `prompt()` 이름의 함수를 이용하여 입력을 받으면 되지만, Node.js에서 작동하는 자바스크립트는 입력을 받을 수 없습니다.

"왜요?"

Node.js의 사상 때문입니다. '사용자의 응답을 기다리는 시간', '파일을 읽어 들이는 시간', '통신에 사용되는 시간'을 '기다리는 느린 코드를 절대 만들지 못하게 하겠다'는 것입니다. 이 덕분에 초보 개발자도 빠른 속도의 프로그램을 개발할 수는 있지만, 입력을 못 받는다는 것은 공부할 때 문제가 될 수 있습니다.

아직 배우지 않은 내용이 많지만, 입력을 어떻게 받는지 간략히 소개하고 넘어가겠습니다.

코드 3-14 기본적인 입력

```
// 모듈을 추출합니다.
const repl = require('repl');

// 입력을 시작합니다.
repl.start({
    prompt: "입력_때_앞에_출력할_문자열",
    eval: (command, context, filename, callback) => {
        // 입력(command)을 받았을 때 처리를 수행합니다.

        // 처리 완료
        callback();
    }
});
```

무슨 말인지 이해가 쉽지 않지요. 이제 간단하게 입력을 받은 대상이 숫자인지 아닌지 확인하는 예제를 소개하겠습니다. [코드 3-15]처럼 구성합니다.

코드 3-15 입력 방법 input.js

```
// 모듈을 추출합니다.
const repl = require('repl');

// 입력을 시작합니다.
repl.start({
    prompt: "숫자 입력> ",
    eval: (command, context, filename, callback) => {
        // 입력(command)을 받았을 때 처리를 수행합니다.
        let number = Number(command);

        // 입력이 숫자인지 확인합니다.
        if(isNaN(number)) {
            console.log("숫자가 아닙니다.");
        } else {
            console.log("숫자입니다.");
        }

        // 처리 완료
        callback();
    }
});
```

이를 실행하면 아래 실행 결과와 같습니다. **'숫자 입력>'**이라는 입력한 글자가 나오면서 사용자 입력을 기다립니다. 숫자를 입력하면 입력한 글자를 command 변수로 전달해 처리를 수행하고, callback() 함수를 호출해서 **'현재 처리를 종료합니다'**를 알린 후 다음 입력을 대기합니다.

실행 결과

```
숫자 입력> 10
숫자입니다.
숫자 입력> 20
```

```
숫자입니다.
숫자 입력> 30
숫자입니다.
숫자 입력> 안녕
숫자가 아닙니다.
숫자 입력> 하세요
숫자가 아닙니다.
숫자 입력>
```

계속해서 입력을 받는 과정을 반복하는데요. 종료하고 싶을 때는 Ctrl+C를 연속해서 두 번 누릅니다.

이는 모든 프로그래밍 언어를 다룬 기본서를 통틀어서 가장 복잡한 입력 방법일 것입니다. 따라서 일단 사용자에게 입력을 받아 무언가를 처리하는 내용은 설명하지 않겠습니다. 어차피 실무에서 사용자에게 이러한 방법으로 입력을 받을 이유가 전혀 없습니다. 명령 프롬프트에서 오래 놀지 말고, 빠르게 진도를 나가서 웹 페이지와 연동되는 재미있는 애플리케이션을 만들어 봅시다.

요약

01 if 조건문, if else 조건문, if else if 조건문의 기본 형태

- if 조건문 기본 형태

```
if (불_표현식) {

}
```

- if else 조건문 기본 형태

```
if (불_표현식) {
    // 불_표현식이 참일 때 실행할 문장
} else {
    // 불_표현식이 거짓일 때 실행할 문장
}
```

- if else if 조건문 기본 형태

```
if (불_표현식) {

} else if (불_표현식) {

} else if (불_표현식) {

} else {

}
```

02 switch 조건문의 기본 형태

```
switch (비교할_값) {
    case 값:
        문장
        break;
    case 값:
        문장
        break;
    default:
        문장
        break;
}
```

03 삼항 연산자의 기본 형태

```
불_표현식 ? 참 : 거짓
```

04 짧은 초기화 조건문의 기본 형태

```
변수 = 대상_변수 || 대상_변수가_undefined일_때_넣을_값
```

연습문제

01 다음 괄호 안을 채우시오.

(1) 오전을 hours < 12로 구분한다면, 오후는 (   )로 구분할 수 있다.

(2) 변수 number에 숫자가 들어 있다고 할 때, 이 값이 홀수인지 확인하려면 (   )을 사용한다(다양한 방법이 있겠지만, 나머지 연산자를 활용하는 코드를 넣어 주세요).

(3) 변수 number에 숫자가 들어 있다고 할 때, 이 값이 짝수인지 확인하려면 (   )을 사용한다(다양한 방법이 있겠지만, 나머지 연산자를 활용하는 코드를 넣어 주세요).

(4) 조건 표현식은 '**불_표현식 (   ) 참일_때_실행하고_밖으로_낼_값 (   ) 거짓일_때_실행하고_밖으로_낼_값**'이라는 형태의 문법을 사용한다.

02 다음 질문에 ○×를 표시하시오.

(1) if 조건문은 뒤에 배치하는 불 표현식의 값이 true일 때 문장을 실행한다.

(2) 현재 시간을 구할 때는 Date라는 객체를 사용한다.

(3) if else 조건문은 오전과 오후처럼 두 가지로 나뉘는 상황에 유용하다.

(4) 조건문은 중첩해서 사용할 수 없다.

(5) switch 조건문은 반드시 break 키워드를 함께 사용해야 한다.

03 다음 중 조건문과 관련된 키워드가 아닌 것은?

① if　② else　③ switch　④ const

04 학점을 나타내는 변수를 score라고 할 때, 학점 4.2~4.5(4.2와 4.5 포함)를 나타낼 수 있는 조건 표현식을 고르시오.

① 4.2 <= score <= 4.5

② 4.2 <= score || score <= 4.5

③ 4.2 <= score && score <= 4.5

④ 4.2 < score || score < 4.5

05 자바스크립트에서 Node.js 입력을 받을 때 사용하는 모듈을 고르시오.

① `input` ② `REPL`

③ `message` ④ `RIPL`

06 다음 중 `switch` 조건문의 기본 형태와 직접적으로 연관 없는 키워드를 고르시오.

① `case` ② `break`

③ `default` ④ `continue`

07 다음 코드의 주석 부분에서 변수 x와 y에 표와 같은 값을 할당할 때 나오는 출력 결과를 쓰시오.

```
let x, y;
// 값_할당_부분

if (x > 4) {
    if (y > 2) {
        console.log(x * y);
    }
} else {
    console.log();
}
```

입력 값	실행 결과
x = 2, y = 10 x = 1, y = 4 x = 10, y = 2	

08 다음 중첩 조건문을 논리 연산자를 사용해 하나의 `if` 조건문으로 작성하시오.

```
if (x > 10) {
    if (x < 20) {
        console.log("조건에 맞습니다.");
    }
}
```

09 다음 `if` 조건문으로 작성된 프로그램을 `switch` 조건문으로 옮기시오.

```
// 학년 변수를 생성합니다.
let level = 1;

// 출력합니다.
if (level == 1) {
    console.log("수강해야 하는 전공 학점: 12학점");
} else if (level == 2) {
    console.log("수강해야 하는 전공 학점: 18학점");
} else if (level == 3) {
    console.log("수강해야 하는 전공 학점: 10학점");
} else if (level == 4) {
    console.log("수강해야 하는 전공 학점: 18학점");
}
```

CHAPTER 04

반복문

01 반복문과 배열
02 while 반복문
03 for 반복문
04 역 for 반복문
05 for in 반복문과 for of 반복문
06 중첩 반복문
07 break 키워드
08 continue 키워드
09 조금 더 나아가기
요약
연습문제

학습목표

- 배열을 생성하는 방법과 사용하는 방법을 익힙니다.
- while 반복문과 for 반복문을 이해합니다.
- for in 반복문과 for of 반복문을 이해합니다.
- break와 continue 키워드를 이해합니다.

PREVIEW

기계는 인간과 다르게 지치지 않으며, 같은 일을 계속해서 똑같이 반복할 수 있습니다. 그렇다면 계속해서 반복하게 만들려면 어떤 문법을 사용해야 할까요? 기본적으로 '반복문'이라는 구문을 사용합니다. 처음 반복문을 공부하면 문법이 복잡해서 어렵게 느껴질 수도 있습니다(사실 프로그래밍의 시작이자 끝이라고 할 수 있는 어려운 부분은 맞습니다). 그래도 초급 단계에서 반복문은 고정적인 형태로 사용되므로, 그 고정적인 형태를 외워서 여러 번 사용해보면 몸에 익어 쉽게 사용할 수 있을 것입니다. 차근차근 살펴보도록 합시다.

01 반복문과 배열

컴퓨터는 인간보다 연산 능력이 월등히 뛰어나므로 작업을 빠르게 반복할 수 있습니다. 컴퓨터에 반복 명령을 내리는 방법은 아주 간단합니다. 프로그래머 최후의 무기라고 할 수 있는 복사해서 붙여 넣기 기술을 사용하면 됩니다. 예를 들어 [코드 4-1]은 '출력'을 다섯 번 출력합니다.

코드 4-1 복사해서 붙여 넣기를 사용한 반복

```
console.log("출력");
console.log("출력");
console.log("출력");
console.log("출력");
console.log("출력");
```

하지만 복사해서 붙여 넣기로 같은 내용을 1000번 출력하는 것은 무리입니다.

"저는 할 수 있어요!"

물론 할 수는 있지만, 반복문을 사용하면 훨씬 쉽게 출력할 수 있습니다. [코드 4-2]는 '**출력**'을 1000번 출력합니다.

코드 4-2 반복문을 사용한 반복

```
for (let i = 0; i < 1000; i++) {
    console.log("출력");
}
```

조건문처럼 반복문도 프로그램의 진행을 바꿉니다. 반복문을 사용하면 비슷한 형태의 작업을 손쉽게 반복할 수 있습니다. 반복문은 조건문에 비해 형태가 조금 복잡해서 어렵게 느껴질 수 있는데요. 여러 번 직접 입력해서 익숙해지도록 합시다.

1 배열 생성 방법

배열은 여러 개의 자료를 한꺼번에 다룰 수 있는 자료형입니다. 배열은 다음과 같은 형태로 생성합니다. 대괄호 내부의 각 자료는 쉼표로 구분합니다. 배열에는 여러 자료형이 섞여 있을 수 있습니다.

let 이름 = [자료, 자료, 자료, 자료, 자료]

그림 4-1 배열 선언 형태

간단하게 배열을 선언해 본다면 다음과 같습니다.

```
> let array = [52, 273, '아침밥', '점심밥', true, false]
undefined
> array
[ 52, 273, '아침밥', '점심밥', true, false ]
```

2 배열의 요소와 인덱스

배열 안에 들어 있는 각 자료를 요소Element라고 합니다. 배열의 요소에 접근할 때는 다음과 같이 대괄호를 사용합니다. 대괄호 안에 넣는 숫자는 인덱스Index라고 합니다.

배열[인덱스]

→ 요소

그림 4-2 배열의 요소

예제 4-1 배열 생성하고 요소에 접근

간단하게 배열을 만들고 배열의 요소에 접근하는 코드를 작성하겠습니다. 인덱스의 시작 숫자가 0이라는 것을 주의해서 살펴보세요.

코드 4-3 **배열 생성하고 요소에 접근** arrayBasic.js

```
// 배열을 생성합니다.
let array = [52, 273, '아침밥', '점심밥', true, false]

// 배열의 요소를 변경합니다.
array[0] = 0

// 요소를 출력합니다.
console.log(array[0]);
console.log(array[1]);
console.log(array[2]);
console.log(array[3]);
console.log(array[4]);
```

실행 결과

```
0
273
아침밥
점심밥
true
```

NOTE **배열과 undefined**

일반적인 프로그래밍 언어에서는 배열의 범위를 넘는 요소에 접근할 때 `Index out of range` 오류가 발생합니다. 하지만 자바스크립트에서 배열의 범위를 넘는 인덱스를 입력하면 `undefined`를 출력합니다.

```
> let array = [52, 273, '아침밥', '점심밥', true, false]
undefined
> array[1000]
undefined
```

NOTE **length 속성**

배열의 `length` 속성을 사용하면 배열에 몇 개의 요소가 있는지 확인할 수 있습니다. `length` 속성은 다음과 같은 방법으로 사용합니다.

코드 4-4 **배열의 length 속성** arrayLength.js

```
let array = [52, 273, 32, 65, 103];

console.log(array);
console.log(array.length);
```

코드를 실행하면 다음과 같은 결과가 나옵니다.

실행 결과

```
[ 52, 273, 32, 65, 103 ]
5
```

02 while 반복문

while 반복문은 가장 기본적인 반복문입니다. if 조건문과 형태가 비슷하지만 if 조건문과 달리 **불_표현식**이 참일 동안에는 중괄호 안의 문장을 계속 실행합니다.

```
while (불_표현식) {
    // 불 표현식이 참인 동안 실행할 문장
}
```

while 반복문은 다음과 같이 표현합니다.

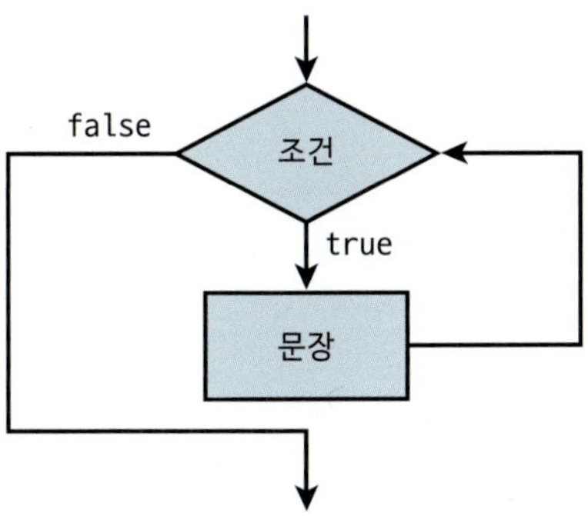

그림 4-3 while 반복문

조건이 변하지 않으면 무한 반복하므로 반드시 조건을 거짓으로 만들 수 있는 문장을 포함해야 합니다. [코드 4-5]처럼 코드를 작성해 실행하면 조건은 항상 참이 되므로 '무한 반복'을 무한하게 출력합니다. 일반적으로 이러한 반복문을 무한 반복문 또는 무한 루프라고 합니다.

코드 4-5 **무한 반복문**

```
while (true) {
    console.log("무한 반복");
}
```

예제 4-2 while 반복문 이용

다음 코드는 특정한 숫자를 증가시켜 불 표현식을 거짓으로 만들어 반복문을 벗어납니다.

코드 4-6 **while 반복문** whileLoop.js

```
// 변수를 선언합니다.
let i = 0;
let array = [52, 273, 32, 65, 103];

// 반복을 수행합니다.
while (i < array.length) {
    // 출력합니다.
    console.log(i + "번째 출력:" + array[i]);

    // 반복문을 탈출하기 위해 변수를 더합니다.
    i++;
}
```

실행 결과

```
0번째 출력:52
1번째 출력:273
2번째 출력:32
3번째 출력:65
4번째 출력:103
```

03 for 반복문

while이라는 글자가 들어가는 반복문 이외에도 for 반복문이 있습니다. for 반복문은 원하는 횟수만큼 반복하고 싶을 때 사용합니다. 처음 접한다면 굉장히 어려운 반복문이므로 그림으로 설명하겠습니다.

for 반복문은 맨 먼저 초기식을 실행하고 조건식을 확인합니다. 이때 조건식이 거짓이면 반복문을 빠져나가고, 참이면 문장과 종결식을 차례로 실행해 다시 조건식이 참인지 확인합니다. for 반복문은 이러한 일을 계속 반복합니다.

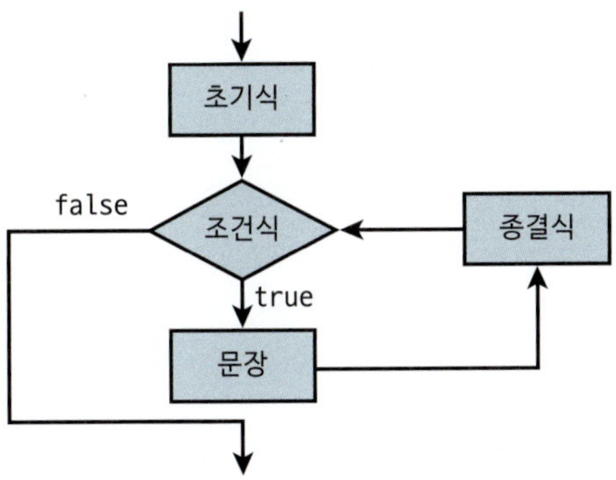

그림 4-4 for 반복문

for 반복문의 각 단계를 차근차근 설명하면 다음과 같습니다. 한두 번만 직접 사용해 보면 쉽게 이해할 수 있을 것입니다.

❶ 초기식을 비교합니다.

❷ 조건식을 비교합니다. 조건이 거짓이면 반복문을 종료합니다.

❸ 문장을 실행합니다.

❹ 종결식을 실행합니다.

❺ 2단계로 이동합니다.

굉장히 어렵게 설명했지만, for 반복문은 일반적으로 다음 형태를 사용하여 특정한 횟수만큼 반복합니다.

```
for (let i = 0; i < 반복_횟수; i++) {

}
```

예제 4-3 for 반복문을 이용한 덧셈

0부터 100까지 더하는 예제를 만들어 보겠습니다. 먼저 스스로 생각해 보고 코드를 살펴보세요. for 반복문을 처음 접한다면 직접 만들기가 굉장히 어려울 것입니다. 그래도 조금 생각해 보기 바랍니다.

코드 4-7 for 반복문으로 덧셈하기 forLoopExampleA.js

```
// 변수를 선언합니다.
let output = 0;

// 반복을 수행합니다.
for (let i = 0; i <= 100; i++) {
    output += i;
}

// 출력합니다.
console.log(output);
```

실행 결과

```
5050
```

예제 4-4 for 반복문을 이용한 곱셈

1부터 20까지 곱하는 예제를 만들어 보겠습니다. 이전과 비슷한 예제입니다. 역시나 먼저 생각한 후 코드를 살펴보세요.

코드 4-8 **for 반복문으로 곱셈하기** forLoopExampleB.js

```
// 변수를 선언합니다.
let output = 1;

// 반복을 수행합니다.
for (let i = 1; i <= 20; i++) {
    output *= i;
}

// 출력합니다.
console.log(output);
```

초깃값을 0으로 놓으면 무엇을 곱해도 0이 됩니다. 따라서 이번에는 1로 설정합니다.

실행 결과

```
2432902008176640000
```

NOTE 외부 요인으로 조건 변경

"언제 while 반복문을 사용하고, 언제 for 반복문을 사용해야 하나요?"

편한 대로 사용하면 됩니다. 다만 일반적으로 `for` 반복문을 많이 사용하고, `while` 반복문은 외부 요인으로 조건을 변경할 때 사용합니다.

외부 요인으로 조건이 변경된다는 것이 어떤 의미인지 예제로 살펴보겠습니다. [코드 4-9]처럼 `new Date().getTime()` 메소드를 사용하면 1970년 1월 1일 12:00:00 자정 이후 경과된 밀리초 간격 수를 구할 수 있습니다. 이를 사용하면 '시간(외부 요인)'으로 반복문을 벗어나게 만들 수 있습니다.

말이 좀 어렵지요? 다음과 같이 코드를 작성하면 웹 페이지를 실행하고 3초가 지난 이후의 반복 횟수를 출력합니다. 시간이 지나면서 외부 요인으로 조건이 변경되어 반복문을 빠져나간 것입니다.

코드 4-9 **시간을 사용한 반복문 이탈** loopExitByTime.js

```
// 변수를 선언합니다.
let start = new Date().getTime();
let count = 0;

// 반복을 수행합니다: 1000밀리초 * 3 = 3초
while (start + (1000 * 3) > new Date().getTime()) {
    count++;
```

```
}

// 출력합니다.
console.log(count + "만큼 반복했습니다.");
```

코드를 실행하면 3초 동안 정지했다가 다음과 같이 출력합니다.

실행 결과

```
20998476만큼 반복했습니다.
```

04 역 for 반복문

배열 반복을 앞에서부터 수행할 때도 있지만 뒤에서부터 실행해야 할 때도 있답니다. 이때는 for 반복문을 다음 형태로 사용합니다. 이 형태로 사용하는 for 반복문을 '역 for 반복문'이라고 합니다.

```
for (let i = length - 1; i >= 0; i--) {

}
```

예제 4-5 역 for 반복문

다음 코드는 배열을 생성하고 배열의 요소를 뒤쪽부터 출력합니다.

코드 4-10 역 for 반복문 forReverse.js

```
// 배열을 생성합니다.
let array = [1, 2, 3, 4, 5, 6];

// 요소의 길이를 출력합니다.
for (let i = array.length - 1; i >= 0; i--) {
    console.log(array[i]);
}
```

실행 결과

```
6
5
4
3
2
1
```

05 for in 반복문과 for of 반복문

for in 반복문과 for of 반복문은 객체에 쉽게 반복문을 적용할 때 사용하는 반복문입니다.

```
for(let 인덱스 in 배열) {

}
```

```
for(let 요소 of 배열) {

}
```

for in 반복문과 for of 반복문은 다음과 같은 for 반복문을 사용하는 것과 역할이 동일합니다.

```
for (let i = 0; i < 배열.길이; i++) {
    let 인덱스 = i;
    let 요소 = 배열[i];
}
```

NOTE 객체에 for in 반복문과 for of 반복문을 적용할 때는 다릅니다. 이와 관련된 내용은 이후에 arguments 객체를 살펴볼 때 설명하겠습니다.

예제 4-6 for in 반복문과 for of 반복문

다음 코드는 for in 반복문과 for of 반복문을 사용합니다.

코드 4-11 for in 반복문과 for of 반복문 forInOfLoop.js

```
// 변수를 선언합니다.
let array = ["사과", "배", "포도", "딸기", "바나나"];

// 반복을 수행합니다.
for (let i in array) {
    // 출력합니다.
    console.log(`${i}번째 요소: ${array[i]}`);
}

console.log("----- 구분선 -----");

// 반복을 수행합니다.
for (let item of array) {
    // 출력합니다.
    console.log(item);
}
```

실행 결과

```
0번째 요소: 사과
1번째 요소: 배
2번째 요소: 포도
3번째 요소: 딸기
4번째 요소: 바나나
----- 구분선 -----
사과
배
포도
딸기
바나나
```

06 중첩 반복문

중첩 조건문처럼 반복문을 여러 겹 중첩해서 사용하면 중첩 반복문이라고 합니다. 굉장히 간단하죠? 어쨌거나 중첩 반복문을 공부할 때 사용하는 고전적인 예제가 있습니다. 예제를 작성하면서 중첩 반복문을 살펴보겠습니다.

예제 4-7 **별 피라미드 (1)**

일단 다음 피라미드를 어떻게 만들지 생각하고 직접 코드를 입력해서 구현해 보세요. 현재 배우는 부분이 '중첩 반복문'이라는 것을 생각한다면, 아마 반복문을 중첩해서 사용해야 할 것입니다.

실행 결과

```
*
**
***
****
*****
******
*******
********
*********
**********
```

코드는 다음과 같습니다.

코드 4-12 **별 피라미드 (1)** pyramidA.js

```
let output = '';

for (let i = 0; i < 10; i++) {
    for (let j = 0; j < i + 1; j++) {
        output += '*';
    }
    output += '\n';
}

console.log(output);
```

예제 4-8 별 피라미드 (2)

[예제 4-7]을 만들어 보았나요? 사실 필자도 처음 프로그래밍을 공부할 때 이 예제를 해결하려고 3일 동안 고민했으나 결국은 만들지 못했습니다(일단 반복문을 중첩한다는 말에 컬처쇼크!). 이후 회사에서 사람들과 이야기하다 말이 나온 김에 심심풀이로 만들어 보려다 또 만들지 못했습니다. 따라서 못 만들었다고 실망하지 마세요.

그래도 대충 어떤 식으로 반복문을 중첩해서 사용하는지는 알았겠죠? 그럼 다음 피라미드를 만들어 봅시다.

실행 결과

```
         *
        **
       ***
      ****
     *****
    ******
   *******
  ********
 *********
**********
```

코드는 다음과 같습니다.

코드 4-13 **별 피라미드 (2)** pyramidB.js

```
let output = '';

for (let i = 0; i < 10; i++) {
    for (let j = 0; j < 10 - i; j++) {
        output += ' ';
    }
    for (let j = 0; j < i + 1; j++) {
        output += '*';
    }
    output += '\n';
}

console.log(output);
```

07 break 키워드

break 키워드는 switch 조건문을 살펴볼 때도 잠깐 나왔습니다. break 키워드는 switch 조건문이나 반복문을 벗어날 때 사용하는 키워드입니다. 다음 반복문은 조건이 항상 참이므로 무한 반복합니다. 이러한 무한 반복문은 내부에서 break 키워드를 사용해야 벗어날 수 있습니다.

```
while (true) {

}
```

예제 4-9 break 키워드

다음 코드는 짝수를 찾으면 break 키워드로 반복문을 벗어납니다.

코드 4-14 break 키워드 break.js

```
let i = 0;
let array = [1, 31, 273, 57, 8, 11, 32];
let output;

while (true) {
    if (array[i] % 2 == 0) {
        output = array[i];
        break;
    }

    i = i + 1;
}

console.log(`처음 발견한 짝수는 ${output}입니다.`)
```

실행 결과

```
처음 발견한 짝수는 8입니다.
```

08 continue 키워드

continue 키워드는 반복문 내부에서 현재 반복을 멈추고 다음 반복을 진행하게 만드는 키워드입니다. 말이 조금 어려우므로 예제부터 살펴봅시다.

예제 4-10 continue 키워드

다음 코드는 변수 i가 짝수일 때 continue 키워드로 현재 반복을 멈추고 다음 반복을 진행하게 합니다. 따라서 코드를 실행하면 홀수만 출력합니다.

코드 4-15 continue 키워드 continue.js

```
for (let i = 1; i < 10; i++) {
    if (i % 2 == 0) {
        continue;
    }

    console.log(i)
}
```

짝수라면 다음 반복으로 바로 넘어갑니다. 따라서 이 다음 코드는 실행되지 않습니다.

실행 결과

```
1
3
5
7
9
```

[예제 4-10]에서는 continue 키워드를 사용해서 해당 조건문 아래의 내용을 건너뛰게 만들었습니다. break 키워드와 continue 키워드를 사용해 보았는데요. 사실 조건문의 조건을 잘 이용

하면 break 키워드와 continue 키워드 사용을 줄일 수 있습니다.

두 키워드 모두 코드를 이리저리 날뛰게 하므로 너무 많이 사용하면 코드가 복잡해집니다. 따라서 조건을 변경해서 최대한 줄일 수 있는 내용이라면 줄이는 것이 좋습니다.

예를 들어 [예제 4-10]은 [코드 4-16]처럼 간략하게 바꿀 수 있습니다. 사실 [예제 4-10]을 보면서 '왜 이렇게 작성하지?'라고 생각한 학생도 있을 것입니다. 맞습니다. 저렇게 코드를 작성할 필요가 없답니다.

코드 4-16 **[예제 4-10]의 변경 형태**

```
for (let i = 1; i < 10; i++) {
    if (i % 2 != 0) {
        console.log(i);
    }
}
```

참고로 필자는 체계적이지 않게 프로그래밍을 배운 편인데요(그냥 만들어 보다가 회사에 들어간 경우). 5년 정도 개발하고 이후에 기본서를 한번 살펴보다가 continue 키워드의 존재를 처음으로 알았답니다(그만큼 사용할 일이 거의 없는 키워드라는 말입니다).

09 조금 더 나아가기

1 스코프

기본적인 제어문까지 살펴보았으니 이제 '변수를 사용할 수 있는 범위'를 나타내는 '스코프Scope'를 알아보겠습니다.

1.1 블록

변수는 선언 위치에 따라 사용할 수 있는 범위가 제한됩니다. 이를 스코프라고 하는데, 자바스크립트에서는 '스코프 == 블록'이라고 생각하면 됩니다.

블록Block이라는 용어는 처음 나오지만, 사실 계속해서 사용해 왔습니다. 블록의 예를 몇 가지 알아보도록 하겠습니다.

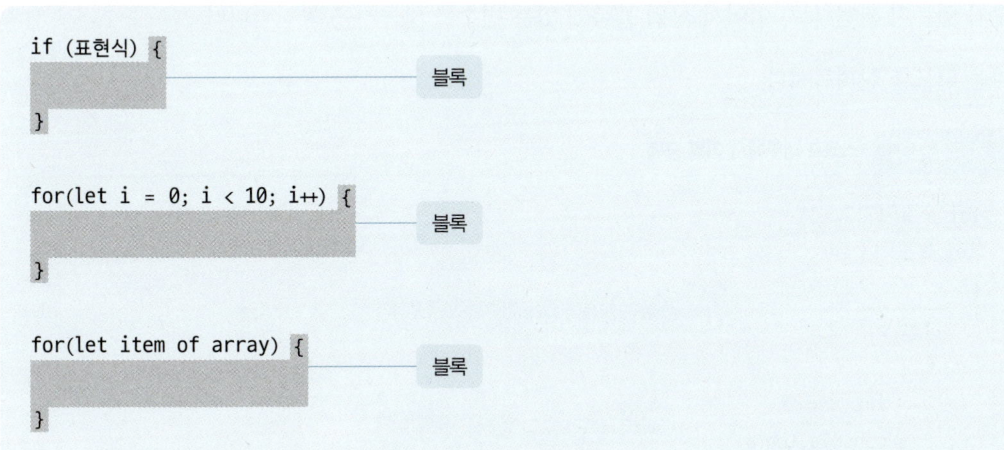

이처럼 자바스크립트는 중괄호로 둘러싸는 부분을 블록이라고 합니다. 간단하죠? 블록 내부에 선언된 변수는 해당 블록 내부에서만 사용할 수 있습니다. 따라서 [코드 4-17]에서는 오류가 발생합니다.

코드 4-17 괄호를 사용한 스코프

```
{
    let a = 10;
}

console.log(a);
```

또 반복문에 활용된 변수도 해당 블록에 있는 것으로 취급되어 외부에서 활용할 수 없습니다.

코드 4-18 반복문으로 만든 스코프

```
for (let i = 0; i < 3; i++) {
    console.log(i);
}

console.log(i);  // 변수 i는 해당 블록 외부에서 사용할 수 없습니다.
```

한 블록 내부에서 동일한 이름으로 변수를 선언하면 오류가 발생합니다. 하지만 서로 다른 블록에 선언하면 오류가 발생하지 않습니다. 이때 해당 변수 이름을 사용하면 자신이 있는 블록에 변수가 있는지 확인하고, 이어서 상위 블록에 있는 변수를 차근차근 확인합니다.

다음 코드를 살펴봅시다.

코드 4-19 스코프 내부에서 이름 중복

```
let a = 1;
let b = 1;
{
    let a = 2;
    {
        let a = 3;
        console.log(a);
        console.log(b);
    }
    console.log(a);
    console.log(b);
}
```

상위 블록에 있는 변수를 사용합니다.

같은 블록에 있는 변수를 사용합니다.

같은 블록에 있는 변수를 사용합니다.

같은 블록에 있는 변수를 사용합니다.

이름이 중복될 때 특정 블록에서 어떤 변수를 사용할지 구분하는 것은 굉장히 중요합니다. 사실 그렇게 어려운 내용은 아니므로 쉽게 이해할 수 있을 것입니다.

참고로 이렇게 블록 내부에서 이름이 같아서 상위 블록에 있는 변수의 이름을 가리는 것을 섀도잉Shadowing이라고 합니다. 모든 프로그래밍 언어에서 공통으로 사용하는 용어이므로 기억하면 좋습니다.

2 호이스팅

이 절에서 살펴본 코드들은 사실 상식적으로 이해할 수 있는 수준일 것입니다. 하지만 [코드 4-20]은 상식적으로 약간 이해하기가 어려울 수 있습니다. 결과를 예측할 수 있나요?

코드 4-20 **호이스팅 문제**

```
let a = 1;
{
    console.log(a);
    let a = 2;
}
```

실제로 코드를 실행해 보면 `'ReferenceError: a is not defined'` 오류가 발생합니다(웹 브라우저에서 실행할 때는 웹 브라우저마다 출력하는 오류가 다를 수 있습니다). 이는 호이스팅 때문입니다.

호이스팅Hoisting은 '해당 블록에서 사용할 변수를 미리 확인해서 정리하는 작업'이라고 간단하게 정의할 수 있습니다. 따라서 `console.log(a)`를 출력할 때 '곧 a를 사용할 것이니까 상위 블록에 있는 a는 취급하지 말자'고 생각해서 'a가 아직 정의되지 않았어요!'라고 출력하는 것입니다.

대다수 버그의 원인이 되는 부분이기 때문에 많은 회사에서 '해당 블록에서 사용할 변수는 미리 블록의 가장 위에 적어 둔다'는 가이드라인을 두고 있습니다.

요약

01 배열

• 배열을 선언하는 기본 방법

```
let 이름 = [자료, 자료, 자료, 자료 자료]
```

• 배열의 요소에 접근하는 방법

```
배열[인덱스]
```

02 while 반복문의 기본 형태

```
while (불_표현식) {
    // 불_표현식이 참인 동안 실행할 문장
}
```

03 for 반복문의 기본 형태

```
for (let i = 0; i < 반복 횟수; i++) {

}
```

04 for in 반복문과 for of 반복문의 기본 형태

```
for(let 인덱스 in 배열) {

}
```

```
for(let 요소 of 배열) {

}
```

05 break 키워드와 continue 키워드를 사용하면 반복문의 코드 진행을 변경할 수 있습니다.

연습문제

01 다음 괄호 안을 채우시오.

(1) 자바스크립트에서 여러 개의 자료를 한꺼번에 다루고 싶을 때는 (　　　) 자료형을 사용한다.

(2) 배열 안에 있는 각각의 자료를 (　　　)라고 부른다.

(3) 배열의 범위를 넘는 요소에 접근하면 (　　　) 자료가 나온다.

(4) 무한하게 반복하는 반복문을 (　　　)라고 부른다.

(5) 반복문을 강제로 벗어날 때는 (　　　) 키워드를 사용한다.

(6) 반복문에서 다음 단계로 넘어갈 때는 (　　　) 키워드를 사용한다.

(7) (　　　)는 '변수를 사용할 수 있는 범위'를 나타낸다.

(8) 과거의 자바스크립트에서는 변수를 만들 때 일반적으로 (　　　) 키워드를 사용했다.

(9) 스코프 내부에서 이름이 같아서, 상위 스코프에 있는 변수를 가리키는 것을 (　　　)이라고 부른다.

02 다음 질문에 ○×를 표시하시오.

(1) 배열을 만들 때는 `[]` 기호를 사용한다.

(2) 배열은 요소로 숫자, 문자열, 불 등 한 가지 자료형만 가질 수 있다.

(3) 배열을 만들 때는 어떤 자료형의 배열인지를 따로 지정해야 한다.

(4) 배열의 범위를 넘는 요소에 접근하면, `index out of range` 오류가 발생한다.

(5) 배열의 인덱스는 1부터 시작한다.

(6) `while (true) { }` 형태의 반복문은 무한하게 반복한다.

(7) `while` 반복문을 벗어나려면, 반복문의 불 표현식을 `false`로 만들 수 있는 조건이 필요하다.

(8) `for in` 반복문은 반복 변수에 요소가 들어간다.

(9) `for of` 반복문은 반복 변수에 인덱스가 들어간다.

(10) 반복문은 중첩해서 사용할 수 없다.

03 배열 안에 있는 요소 수를 확인할 때 사용하는 식별자를 고르시오.

① `size` ② `length` ③ `capacity` ④ `count`

04 다음 중 반복문과 관련되지 않은 키워드를 고르시오.

① `for` ② `while` ③ `break` ④ `continue`

05 다음 중 실행 때 오류가 발생할 수 있는 반복문의 기본 형태를 고르시오(실제로 코드를 입력하고 실행해 보는 것을 추천합니다).

① `while (조건_표현식) {}`

② `for (const 요소 of 배열) {}`

③ `for (const 인덱스 in 배열) {}`

④ `for (const i = 0; i < 반복_횟수; i++) {}`

06 다음 코드의 `for` 반복문을 `while` 반복문으로 바꿔 보시오.

```
for (let i = 0; i < 10; i++) {
    console.log("출력");
}
```

07 다음 코드의 실행 결과를 예측해 보시오.

```
for (let i = 0; i < 20; i = i + 2) {
    console.log("출력");
}
```

08 다음 출력을 생성하는 코드를 반복문으로 만들어 보시오.

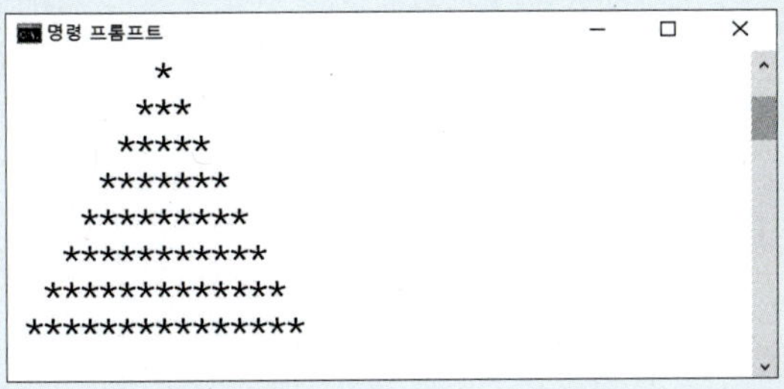

09 다음 for of 반복문을 결과가 같은 for in 반복문으로 변경하시오.

```
// 배열을 선언합니다.
let array = [52, 273, 32, 93, 103];

// for of 반복문을 적용합니다.
for (let element of array) {
    console.log(element);
}
```

10 다음 코드에서 빈 부분을 구성해 배열의 가장 작은 수와 큰 수를 출력하는 프로그램을 작성하시오.

```
// 배열을 선언합니다.
let array = [273, 52, 103, 57, 271];

// 최솟값과 최댓값을 계산합니다.
let min = Number.MAX_VALUE;
let max = Number.MIN_VALUE;

// 구성합니다.



// 출력합니다.
console.log(`가장 큰 수: ${max}`);
console.log(`가장 작은 수: ${min}`);
```

11 배열 [52, 71, 32, 103, 273, 93]을 반복문을 사용하여 역순으로 출력하는 코드를 작성하시오.

CHAPTER 05

함수

01 함수 생성 방법

02 함수의 기본 형태

03 함수의 기본 활용 형태

04 함수 매개 변수 초기화

05 콜백 함수

06 표준 내장 함수

07 조금 더 나아가기

요약

연습문제

학습목표

- 함수의 기본적인 형태를 이해합니다.
- 함수의 매개 변수와 반환을 이해합니다.
- 함수를 변수에 저장할 수 있다는 것과 콜백 함수 사용 방법을 이해합니다.
- 자바스크립트의 표준 내장 함수를 이해합니다.

PREVIEW

현대 프로그래밍에서는 '코드 재사용'이라는 특성이 굉장히 중요합니다. 코드를 재사용하려고 객체 지향 프로그래밍 등의 개념이 생겼는데요. 가장 기본적인 코드 재사용 방법이 바로 함수입니다. 어떻게 코드를 재사용할 수 있는지 살펴봅시다.

01 함수 생성 방법

함수는 코드의 집합입니다. 지금까지는 함수를 사용하는 방법만 살펴보았는데요. 이제 함수를 직접 만드는 방법을 알아보겠습니다.

자바스크립트에서는 함수를 세 가지 방법으로 생성할 수 있습니다. 이름을 붙이지 않고 함수를 생성하면 익명 함수라고 하며, 이름을 붙여 함수를 생성하면 선언적 함수라고 합니다. 그리고 익명 함수 중 => 기호로 만드는 함수를 화살표 함수라고 부릅니다.

1 익명 함수

익명 함수는 다음 방법으로 생성합니다.

```
let 함수_이름 = function () { };
```

함수가 코드의 집합이라는 것은 중괄호 내부에 코드를 넣으라는 의미입니다. 함수는 중괄호 내부에 코드를 넣어 코드를 하나의 덩어리로 만들 수 있습니다. 그렇게 만든 코드 덩어리는 함수 뒤에 괄호를 붙여 호출합니다.

코드 5-1 익명 함수

```
let 함수 = function () {
    console.log("함수의 첫 번째 줄");
    console.log("함수의 두 번째 줄");
};                                          // 함수를 생성합니다.

함수();                                     // 함수를 호출합니다.
console.log(함수);                          // 함수 자체를 출력합니다.
```

함수를 호출하면 함수 내부의 코드 덩어리가 모두 실행됩니다. 추가로 'console.log(함수)' 부분으로 '[Function: 함수]' 문자를 출력합니다. 참고적으로 function () {}이라는 함수 생성 코드에 이름이 없으므로, 익명 함수라고 부릅니다. 이름이 따로 없으므로, 변수에 할당해서 이름을 붙여 주는 과정이 반드시 필요합니다.

실행 결과

```
함수의 첫 번째 줄
함수의 두 번째 줄
[Function: 함수]
```

참고로 다른 프로그래밍 언어를 접한 학생은 익명 함수를 보고 '함수인데 변수에 넣네?' 하며 놀랄 수도 있는데요. 자바스크립트 함수는 자료형입니다. 따라서 숫자, 문자열, 불처럼 변수에 넣어서 사용하는 것입니다.

NOTE 리터럴

프로그래밍 언어에서 사용하는 조금 어려운 용어로 '리터럴Literal'이 있습니다. 사전에서 그 뜻을 찾아보면 '문자의, 문자에 관한, 사실 그대로인'인데요. 다음과 같은 형태를 리터럴이라고 합니다.

```
52
273
32
"문자열 리터럴"
function () { }
() => { }
{}
```

즉, '변수 안에 들어 있는 상태가 아니라, 문자 그대로 자료를 나타내는 것'을 리터럴이라고 합니다. 현재 'function () {}'는 이름이 없는 함수이므로 익명 함수라고 표현했는데요. 함수 리터럴이라고도 많이 표현합니다. 많이 사용하는 용어이므로 기억하기 바랍니다.

2 선언적 함수

선언적 함수는 다음 방법으로 생성합니다.

```
function 함수_이름() { }
```

익명 함수와 마찬가지로 중괄호 내부에 코드를 넣습니다. 이렇게 만들어진 코드 덩어리는 함수 뒤에 괄호를 붙여 호출합니다.

코드 5-2 선언적 함수

```
function 함수() {
    console.log("함수의 첫 번째 줄");
    console.log("함수의 두 번째 줄");
}

함수();
console.log(함수);
```

함수를 생성합니다.

함수를 호출합니다.

함수를 출력합니다.

함수를 호출하면 함수 내부의 코드 덩어리가 모두 실행됩니다.

실행 결과

```
함수의 첫 번째 줄
함수의 두 번째 줄
[Function: 함수]
```

이번에는 함수를 만들 때 `function 함수() {}` 형태로 '함수'라는 이름을 붙였습니다. 따라서 함수 자체에 이름이 있으므로, 이름이 있는 함수입니다.

무명 함수와 반대 의미로 '유명 함수'라고도 하는데요. '유명'은 '이름이 널리 알려져 있다'는 의미이므로 오해하기가 쉽습니다. 그래서 이 책에서는 선언적 함수로 칭합니다.

3 화살표 함수

익명 함수를 더 간단하게 생성할 수 있는 방법으로 '화살표 함수Arrow Function'가 있습니다. 화살표 함수는 다음 방법으로 생성합니다.

```
() => { }
```

'하나의 표현식을 리턴하는 함수'를 만들 때는 중괄호를 생략할 수 있습니다. 일단 익명 함수 예제를 화살표 함수로 어떻게 바꿀 수 있는지 알아보겠습니다.

코드 5-3 화살표 함수 arrowFunction.js

```
let 함수 = () => {
    console.log("함수의 첫 번째 줄");
    console.log("함수의 두 번째 줄");
};

함수();
console.log(함수);
```

- 함수를 생성합니다.
- 함수를 호출합니다.

코드를 실행하면 익명 함수 예제와 출력되는 결과가 같습니다.

실행 결과

```
함수의 첫 번째 줄
함수의 두 번째 줄
[Function: 함수]
```

대부분의 익명 함수 코드는 화살표 함수로 대체할 수 있습니다. Node.js와 관련된 수많은 모듈과 React, Vue.js 같은 유명한 자바스크립트 라이브러리의 문서에는 화살표 함수가 나옵니다. 따라서 이 문서들을 보면서 공부할 때는 화살표 함수를 알아야 하므로 기억하기 바랍니다.

일반적인 익명 함수와 화살표 함수의 차이점은 '조금 더 나아가기' 부분에서 알아보겠습니다.

02 함수의 기본 형태

함수의 기본 형태는 다음과 같습니다.

```
function 함수_이름(매개_변수) {
    함수_코드;
    return 리턴_값;
}
```

초등학교 때 배우는 함수 상자를 떠올리면 조금 더 쉽게 이해할 수 있을 것입니다. 이 코드는 [그림 5-1]처럼 함수 상자로 나타낼 수 있습니다.

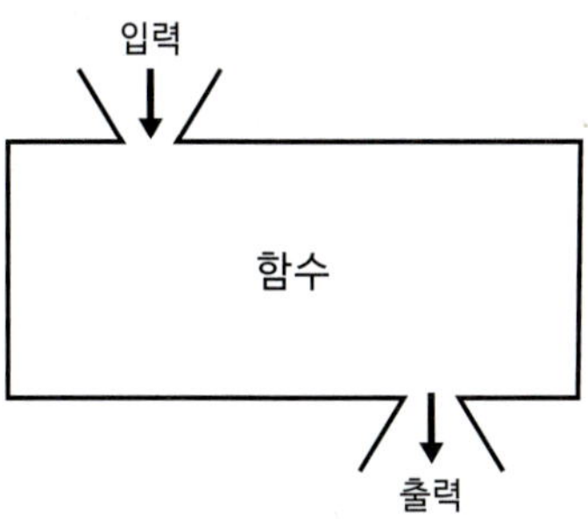

그림 5-1 함수 상자

매개 변수를 넣으면, 메소드 내부에서 특정한 처리를 수행하고 값을 반환하는 것입니다. 간단하게 매개 변수로 넣은 값을 제곱해서 반환하는 메소드를 만든다면 [그림 5-2]처럼 나타낼 수 있습니다.

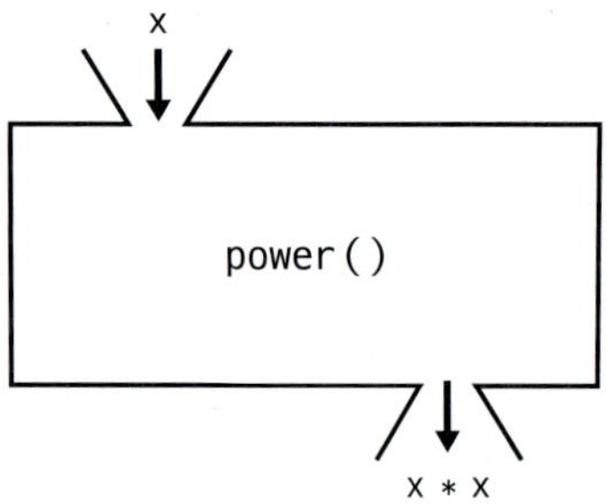

그림 5-2 power() 메소드

그럼 이를 직접 코드로 옮겨 봅시다.

예제 5-1 함수의 기본 형태

다음 코드는 매개 변수로 넣은 숫자를 제곱하는 power ( ) 함수를 생성합니다.

코드 5-4 함수의 기본 형태 power.js

```
function power(x) {
    return x * x;
}

console.log(power(10));
console.log(power(20));
```

실행 결과

```
100
400
```

TIP • 직접 코드의 선언적 함수를 익명 함수로 변경해 보세요!

함수를 생성하고 활용하는 기본 방법을 이해했나요? 실제로 개발을 할 때 함수 내부의 코드가 길어질 뿐이지 기본 형태에는 차이가 없습니다.

함수는 매개 변수를 여러 개 가질 수도 있습니다. 예를 들어 첫 번째 매개 변수와 두 번째 매개 변수를 곱해서 리턴하는 코드를 만든다면 [코드 5-5]처럼 만들 수 있을 것입니다. 추가 내용은 뒤에서 조금 더 자세하게 알아보겠습니다.

코드 5-5 매개 변수가 여러 개인 함수

```
function multiply(x, y) {
    return x * y;
}

console.log(multiply(52, 273));
console.log(multiply(103, 32));
```

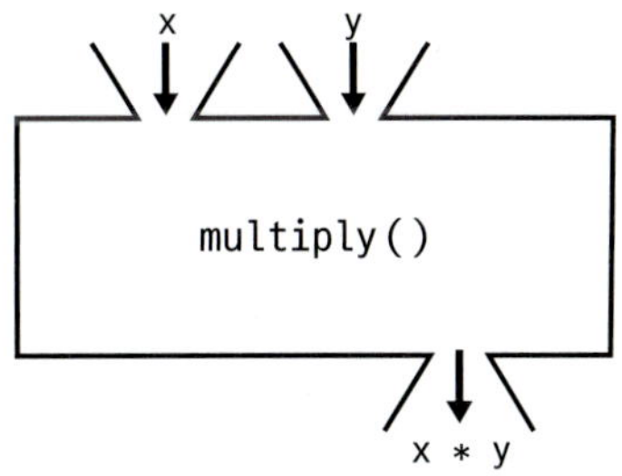

또 이전 절에서 본 것처럼 아무것도 리턴하지 않아도 됩니다. 함수 상자를 생각하다 보면 '아무것도 리턴하지 않는 함수 상자가 필요가 있을까?' 하고 생각을 할 수 있는데요. 아무것도 리턴하지 않는 함수는 '리턴'이라는 것에 목적을 두기보다는 '함수 내부에서 일어나는 처리'에 비중을 둔다고 생각하면 좋습니다.

코드 5-6 리턴 없는 함수

```
function print(message) {
    console.log(`"${message}"(이)라고 말했습니다!`);
}

print("안녕하세요");
print("자바스크립트 공부");
```

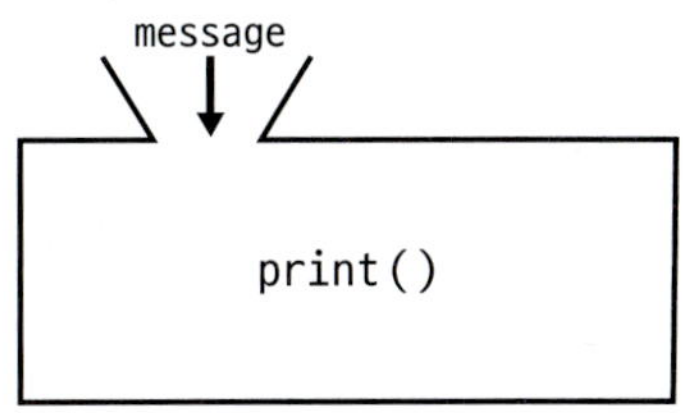

NOTE 화살표 함수와 리턴

화살표 함수를 사용할 때는 중괄호를 작성하지 않고, 뒤에 표현식 하나만 놓으면 해당 표현식을 리턴합니다. 예를 들어 제곱하는 함수를 화살표 함수로 만든다면 다음과 같이 구성할 수 있습니다.

코드 5-7 화살표 함수

```
let power = (x) => x * x

console.log(power(10));
console.log(power(20));
```

03 함수의 기본 활용 형태

보통 무언가를 리턴하는 함수는 다음 형태를 띱니다.

```
function (매개_변수, 매개_변수) {
    let output = 초깃값;
    // output 계산
    return output;
}
```

이러한 기본적인 형태를 사용해서 매개 변수 min부터 max까지 더하는 함수를 만들어 봅시다.

예제 5-2 **매개 변수와 리턴 (1)**

다음 코드는 min부터 max까지 숫자를 더해 리턴하는 함수를 생성하고 호출합니다.

코드 5-8 **매개 변수와 리턴 (1)** functionBasicA.js

```
function sum(min, max) {
    let output = 0;
    for (let i = min; i <= max; i++) {
        output += i;
    }
    return output;
}

console.log(sum(1, 100));
```

실행 결과

```
5050
```

그럼 방금 다룬 예제를 응용해서 이번에는 min부터 max까지 곱하는 메소드를 만들어 봅시다. 일단 직접 생각해서 만들어 보고, 코드를 보기 바랍니다.

예제 5-3 매개 변수와 리턴 (2)

다음 코드는 min부터 max까지 숫자를 곱해 리턴하는 함수를 생성하고 호출합니다.

코드 5-9 매개 변수와 리턴 (2) functionBasicB.js

```
function multiply(min, max) {
    let output = 1;
    for (let i = min; i <= max; i++) {
        output *= i;
    }
    return output;
}

console.log(multiply(1, 10));
```

실행 결과

```
3628800
```

여기까지 만들어 보았다면, 함수를 어느 정도 만들 수 있다고 이야기할 수 있습니다.

"이처럼 함수는 기본적인 기능을 만드는 것인가요?"

자주 사용하는 기능을 분리하는 것이 함수의 초점이라고 할 수 있습니다.

코드를 정리하고 알아보기 쉽게 만드는 목적도 있는데요. 이러한 것은 '리팩토링Refactoring' 방법론을 다룬 책을 참고하기 바랍니다. 리팩토링을 얼마나 잘하는지가 함수를 얼마나 잘 사용하며 코드를 얼마나 깔끔하고 모두가 이해하기 쉽게 작성하는지의 지표가 됩니다.

04 함수 매개 변수 초기화

자바스크립트는 매개 변수를 입력하지 않아도 함수가 호출됩니다.

코드 5-10 매개 변수를 입력하지 않고 함수 호출

```
// 함수를 선언합니다.
function print(name, count) {
    console.log(`${name}이/가 ${count}개 있습니다.`)
}

// 함수를 호출합니다.
print("사과", 10);
print("사과");
```

[코드 5-10]을 실행하면 undefined가 출력됩니다. 따라서 매개 변수가 undefined인지 확인하고 undefined일 때 문제가 발생한다면 따로 처리해야 합니다.

조건문을 활용해 이러한 문제를 처리할 수 있습니다.

예제 5-4 조건문을 활용한 매개 변수 초기화

다음 코드는 조건문으로 매개 변수를 확인하고 count가 undefined일 때 1로 초기화합니다.

코드 5-11 조건문을 활용한 매개 변수 초기화 initWithCondition.js

```
// 함수를 선언합니다.
function print(name, count) {
    // 함수 매개 변수 초기화
```

```
    if (typeof(count) == "undefined") {
        count = 1;
    }

    // 함수 본문
    console.log(`${name}이/가 ${count}개 있습니다.`)
}

// 함수를 호출합니다.
print("사과");
```

실행 결과

```
사과이/가 1개 있습니다.
```

처음 보면 조금 당황할 수 있는 코드인데요. 코드를 조금 더 자세히 살펴보면서 이해해 봅시다.

이러한 코드를 조금 더 쉽게 만들 수 있게 자바스크립트는 '디폴트 매개 변수'라는 기능을 제공합니다. 어떤 식으로 활용하는 문법인지 코드를 곧바로 살펴봅시다.

예제 5-5 디폴트 매개 변수를 활용한 매개 변수 초기화

디폴트 매개 변수는 함수 선언 부분에 '매개_변수 = 기본_값' 형태로 입력합니다. 이렇게 함수를 선언하면, 해당 매개 변수가 입력되지 않았을 때 기본 값으로 초기화됩니다.

코드 5-12 디폴트 매개 변수를 활용한 매개 변수 초기화

```
// 함수를 선언합니다.
function print(name, count = 1) {
    console.log(`${name}이/가 ${count}개 있습니다.`);
}

// 함수를 호출합니다.
print("사과");
```

실행 결과

```
사과이/가 1개 있습니다.
```

참고로 디폴트 매개 변수는 뒤쪽에 있는 매개 변수에만 적용할 수 있습니다. 예를 들어 현재 [코드 5-12]에서는 'name'에만 적용할 수는 없으며, 'count' 또는 'count'와 'name'에 적용할 수 있습니다.

NOTE 다양한 매개 변수 초기화 방법

[예제 5-5]에서 소개한 방법 이외에도 다양한 매개 변수 초기화 방법이 사용되고 있습니다. 몇 가지 소개하면 다음과 같습니다.

코드 5-13 다양한 매개 변수 초기화 방법

```
function print(name, count = 1) {
  // ❶ 짧은 조건문을 활용한 초기화
  count = count || 1;
  // ❷ 조건 연산자를 활용한 초기화
  count = typeof(count) != 'undefined' ? count : 1;

  console.log(`${name}이/가 ${count}개 있습니다.`);
}
```

05 콜백 함수

자바스크립트는 함수를 변수에 저장할 수 있어 함수를 함수의 매개 변수로 전달할 수 있습니다. 이때 함수의 매개 변수로 전달되는 함수를 '콜백Callback 함수'라고 합니다.

예제 5-6 콜백 함수 사용

다음 코드에서는 callTenTimes() 함수를 선언했습니다. callTenTimes()는 매개 변수로 전달된 함수를 열 번 호출하는 함수입니다. callTenTimes() 함수를 호출할 때 매개 변수로 '함수 호출' 문자열을 출력하는 함수를 넣었는데요. 코드의 실행 결과를 예측할 수 있나요?

코드 5-14 콜백 함수 callback.js

```
// 함수를 선언합니다.
function callTenTimes(callback) {
    // 10회 반복합니다.
    for (let i = 0; i < 10; i++) {
        // 매개 변수로 전달된 함수를 호출합니다.
        callback();
    }
}

// 변수를 선언합니다.
callTenTimes(function () {
    console.log('함수 호출');
});
```

실행 결과

```
함수 호출
함수 호출
함수 호출
함수 호출
함수 호출
함수 호출
함수 호출
함수 호출
함수 호출
함수 호출
```

콜백 함수와 관련된 내용은 다음 파트에서 계속 살펴봅니다. 일단 이 정도만 기억하고 넘어갑시다.

06 표준 내장 함수

자바스크립트는 기본적으로 필요한 몇 가지 함수를 지원합니다. 이러한 함수를 내장 함수라고 합니다.

1 숫자 변환 함수

이전에 문자열을 숫자로 변환할 때 Number() 함수를 사용한다고 했습니다. 이 외에도 문자를 숫자로 변환하는 함수로 parseInt() 함수와 parseFloat() 함수를 제공합니다.

표 5-1 숫자 변환 함수

함수	설명
parseInt()	문자열을 정수로 변환합니다.
parseFloat()	문자열을 실수로 변환합니다.

parseInt() 함수와 parseFloat() 함수는 뒤에 숫자로 변환할 수 없는 문자열이 있어도 문자열을 숫자로 변환할 수 있습니다.

예제 5-7 parseInt() 함수와 parseFloat() 함수

다음 코드는 parseInt() 함수와 parseFloat() 함수를 사용해 문자열을 숫자로 변환합니다.

코드 5-15 parseInt() 함수와 parseFloat() 함수 parseNumber.js

```
// 변수를 선언합니다.
let inputA = "52";
let inputB = "52.273";
```

```
let inputC = "1401동"

// parseInt() 함수의 기본적인 사용
console.log(parseInt(inputA))

// parseInt() 함수와 parseFloat() 함수의 차이
console.log(parseInt(inputB))
console.log(parseFloat(inputB))

// 문자열 뒤에 숫자가 아닌 문자가 포함되어 있을 때
console.log(parseInt(inputC));
```

실행 결과

```
52
52
52.273
1401
```

문자열을 숫자로 변환할 때 뒤에 다른 문자열이 거의 삽입되지 않으므로 최근에는 많은 회사가 Number() 함수만을 사용해 숫자로 변환할 것을 추천합니다. 그렇다고 아예 살펴보지 않으면 다른 사람이 만든 코드를 알아볼 수 없으므로 간단하게 기억해 주세요.

NOTE 진법 변환

parseInt() 함수는 진법 변환을 해서 문자열을 읽어 들일 수 있습니다.

```
// 2진법
> parseInt("0", 2);
0
> parseInt("10", 2);
2
> parseInt("100", 2);
4
> parseInt("1000", 2);
8
```

```
// 8진법
> parseInt("0", 8);
0
> parseInt("10", 8);
8
> parseInt("100", 8);
64
> parseInt("1000", 8);
512
```

NOTE **숫자 생성 방법과 진수**

진법과 관련된 내용은 현대 자바스크립트 프로그래밍에서는 거의 사용하지 않습니다. 하지만 잘 모르면 개발 중에 왜 이상한 값이 출력되는지 알 수 없으므로 조금 더 짚고 넘어가겠습니다.

자바스크립트는 숫자를 생성할 때 다음 방법으로 다른 진법의 숫자를 만들 수 있습니다.

표 5-2 숫자 생성 방법

숫자 생성 방법	설명
0숫자	8진수 숫자를 만듭니다.
숫자	10진수 숫자를 만듭니다.
0x숫자	16진수 숫자를 만듭니다.

무슨 말인지 이해하기가 어렵지요? 코드를 살펴봅시다.

```
> 010
8
> 0x10
16
```

이처럼 **010**은 8진수로 인식되어 8을 나타내고, **0x10**은 16진수로 인식되어 16을 나타냅니다. 따라서 숫자를 생성할 때 절대 앞에 다른 숫자를 붙이면 안 됩니다. 핸드폰 번호를 적을 때처럼 **01022223333** 등으로 입력하면 문제가 발생할 수 있습니다.

2 타이머 함수

'특정 시간 후에' 또는 '특정 시간마다' 어떤 일을 할 때는 타이머 함수를 사용합니다.

표 5-3 타이머 설정 함수

함수	설명
setTimeout(함수, 시간)	특정 시간 후에 함수를 실행합니다.
setInterval(함수, 시간)	특정 시간마다 함수를 실행합니다.

이때 시간은 밀리초로 지정합니다. 1초를 나타내려면 1000(밀리초)을 입력해야 합니다.

예제 5-8 타이머 함수

다음 코드는 타이머 함수를 사용해 1초 후에 '1초가 지났습니다', 1초마다 '1초 마다 호출됩니다'를 출력합니다.

코드 5-16 타이머 함수 timer.js

```
// 1초 후에
setTimeout(function () {
    console.log("1초가 지났습니다.");
}, 1000);

// 1초마다
setInterval(function () {
    console.log("1초 마다 호출됩니다.");
}, 1000);
```

실행 결과

```
1초가 지났습니다.
1초 마다 호출됩니다.
1초 마다 호출됩니다.
1초 마다 호출됩니다.
^C
```

참고로 종료하고 싶을 때는 Ctrl+C를 누릅니다(실행 화면에서 ^C는 Ctrl+C를 눌렀다는 것을 나타냅니다).

setInterval() 함수로 지정한 타이머는 clearInterval() 함수로 끌 수 있습니다.

표 5-4 타이머 제거 함수

함수	설명
clearInterval(아이디)	특정 시간마다 실행하던 함수 호출을 정지합니다.

사용 방법이 약간 특이하므로 바로 코드를 살펴보겠습니다.

예제 5-9 clearInterval() 함수

다음 코드는 setInterval() 함수로 지정한 타이머를 3초 후에 clearInterval() 함수로 끕니다.

코드 5-17 clearInterval() 함수 clearTimer.js

```
// 1초마다
let id = setInterval(function () {
    console.log("출력합니다.");
}, 1000);

// 3초 후에
setTimeout(function () {
    // 타이머를 제거합니다.
    clearInterval(id);
}, 3000);
```

실행 결과

```
출력합니다.
출력합니다.
```

07 조금 더 나아가기

1 익명 함수와 선언적 함수의 생성 순서

사실 이름이 있다와 없다는 큰 차이가 아닙니다. 익명 함수와 선언적 함수의 중요한 차이는 생성 순서입니다. 곧바로 익명 함수와 선언적 함수의 예를 살펴보면 어렵게 느낄 수 있으므로 간단한 코드를 먼저 살펴본 후 함수에 적용해 봅시다.

다음 코드를 실행하면 어떤 결과를 출력할까요?

코드 5-18 변수 덮어쓰기

```
let 변수;
변수 = 10;
변수 = 20;     // 기존의 값인 10 대신 20으로 덮어씀

console.log(변수)
```

동일한 이름으로 변수를 선언했으므로 뒤에 선언한 변수가 앞의 변수를 덮어써 20을 출력합니다.

실행 결과

```
20
```

함수도 마찬가지입니다. 다음과 같이 함수를 선언하면 덮어씁니다.

코드 5-19 **함수 덮어쓰기 (1)**

```
let 함수;
함수 = function () { console.log("첫 번째 함수"); };
함수 = function () { console.log("두 번째 함수"); };

함수();
```

실행 결과

```
두 번째 함수
```

위에서부터 한 줄 한 줄 읽어 내려가며 함수를 선언하고 변수에 할당하기 때문인데요. 선언적 함수는 조금 다릅니다. 선언적 함수는 '코드를 실행하기 전'에 생성됩니다.

코드 5-20 **함수 덮어쓰기 (2)**

```
함수 = function () { console.log("첫 번째 함수"); };
function 함수() { console.log("두 번째 함수"); };

함수();
```

이 코드도 선언적 함수가 먼저 생성되고, 이후에 익명 함수를 만듭니다. 따라서 '첫 번째 함수' 문자를 출력합니다.

실행 결과

```
첫 번째 함수
```

익명 함수는 선언적 함수를 '무조건적으로' 덮어씁니다. 직접 다음 코드의 실행 결과를 예측하고 확인해서 복습해 보세요. 좋은 공부가 될 것입니다.

예제 A

```
함수 = function () { console.log("1"); };
함수 = function () { console.log("2"); };

함수();
```

예제 B

```
함수 = function () { console.log("1"); };
function 함수() { console.log("2"); };

함수();
```

예제 C

```
function 함수() { console.log("1"); };
함수 = function () { console.log("2"); };

함수();
```

예제 D

```
function 함수() { console.log("1"); };
function 함수() { console.log("2"); };

함수();
```

참고로 let 키워드를 사용하면 선언적 함수와 동일한 이름의 변수를 생성할 수 없습니다. 순서가 헷갈리는 이러한 상황이 발생하지 않도록 억제해 주는 것입니다.

2 일반 함수와 화살표 함수의 차이

'function () {}' 형태로 선언하는 익명 함수와 '() => {}' 형태로 선언하는 화살표 함수는 거의 비슷한 기능을 수행합니다. 하지만 한 가지 차이가 있습니다. 바로 내부에서 this 키워드가 가지는 의미입니다.

코드 5-21 익명 함수와 화살표 함수의 차이

```
// 익명 함수 생성 후 곧바로 호출
(function () {
    console.log(this);
})();
```

```
// 화살표 함수 생성 후 곧바로 호출
(() => {
    console.log(this);
})();
```

'function () {}'인 함수는 다음과 같은 형태로 출력합니다. 이러한 함수 내부에서 this는 자바스크립트 최상위 객체 또는 외부에서 강제로 연결한 객체를 나타냅니다.

실행 결과

```
<ref *1> Object [global] {
  global: [Circular *1],
  clearInterval: [Function: clearInterval],
  clearTimeout: [Function: clearTimeout],
  setInterval: [Function: setInterval],
  setTimeout: [Function: setTimeout] {
    [Symbol(nodejs.util.promisify.custom)]: [Getter]
  },
  queueMicrotask: [Function: queueMicrotask],
  clearImmediate: [Function: clearImmediate],
  setImmediate: [Function: setImmediate] {
    [Symbol(nodejs.util.promisify.custom)]: [Getter]
  }
}
```

화살표 함수는 다음과 같은 형태로 출력합니다. 화살표 함수 내부에서 this는 '자기 자신과 관련된 것'만을 나타냅니다.

실행 결과

```
{}
```

설명이 조금 어려운데요. '무언가 차이가 있다'는 정도로만 기억해도 됩니다.

요약

01 익명 함수는 다음 방법으로 선언합니다.

```
function (매개_변수, 매개_변수, …) {
    // 함수_코드
    return 리턴_값;
}
```

02 선언적 함수는 다음 방법으로 선언합니다.

```
function 함수_이름(매개_변수, 매개_변수, …) {
    // 함수_코드
    return 리턴_값;
}
```

03 화살표 함수는 다음 방법으로 선언합니다.

```
(매개_변수, 매개_변수, …) => {
    // 함수 코드
    return 리턴_값;
};
```

04 매개 변수로 전달된 함수를 '콜백 함수'라고 합니다.

05 자바스크립트는 다음 내장 함수를 표준으로 제공합니다.

함수	설명
`parseInt()`	문자열을 정수로 변환합니다.
`parseFloat()`	문자열을 실수로 변환합니다.
`setTimeout(함수, 시간)`	특정 시간 후에 함수를 실행합니다.
`setInterval(함수, 시간)`	특정 시간마다 함수를 실행합니다.
`clearInterval(아이디)`	특정 시간마다 실행하던 함수 호출을 정지합니다.

연습문제

01 다음 괄호 안을 채우시오.

(1) 이름이 없는 함수를 (　　　)라고 부른다.

(2) 문자 그대로의 자료를 나타내는 것을 (　　　)이라고 부른다.

(3) 함수의 매개 변수로 전달하는 함수를 (　　　)라고 부른다.

(4) 함수 외부에서 함수 내부에 자료를 전달할 때는 (　　　)를 사용한다.

(5) 함수를 실행했을 때, 함수의 결과로 만들어지는 값을 (　　　)이라고 부른다.

(6) 함수 내부에서 어떤 값을 밖으로 전달하고 싶을 때는 (　　　) 키워드를 사용한다.

(7) `function () {}` 형태의 함수와 `() => {}` 형태의 함수는 내부에서 (　　　) 키워드의 의미가 다르다.

02 다음 질문에 ○×를 표시하시오.

(1) 화살표 함수를 만들 때는 `() => {}` 형태를 사용한다.

(2) 화살표 함수의 본문이 한 줄이라면, `() => {}` 형태에서 `{}` 괄호를 생략할 수 있다.

(3) 함수는 리턴 값을 넣어서 매개 변수를 만들어 낸다.

(4) 함수에 리턴 값을 만들었다면, 매개 변수도 반드시 만들어야 한다.

(5) `let x = 010`이라는 코드의 010은 16진수로 취급되어 `x`에 16이 들어간다.

(6) `setTimeout()` 함수와 `setInterval()` 함수의 두 번째 매개 변수에 지정하는 시간은 초 단위로 지정한다.

(7) 함수는 변수에 저장할 수 없다.

(8) 함수를 함수의 매개 변수로 전달할 수 있다.

(9) 익명 함수와 화살표 함수는 작성 방법만 다르고, 기능은 완전히 동일하다.

03 다음 중 함수의 선언 방법으로 옳지 않은 것은?

①
```
function test() {
    console.log("테스트 함수입니다.")
}
```

②
```
let test = function () {
    console.log("테스트 함수입니다.")
};
```

③
```
function test() => {
    console.log("테스트 함수입니다.")
}
```

④
```
let test = () => {
    console.log("테스트 함수입니다.")
};
```

04 다음 중 문자열 자료형을 숫자 자료형으로 바꾸는 함수가 아닌 것은?

① `Number()`

② `parseInt()`

③ `parseFloat()`

④ `parseDouble()`

05 다음 중 자바스크립트가 기본으로 제공하는 타이머 관련 함수가 아닌 것은?

① `Timer()`

② `setTimeout()`

③ `setInterval()`

④ `clearInterval()`

06 다음 코드의 실행 결과를 예측하시오.

```
function test(a, b, c) {
    console.log(a);
    console.log(a * b);
    console.log(a * b * c);
}

test(10, 100);
```

07 다음 중에서 `10`, `"문자열"`, `function () {}`처럼 있는 그대로의 자료를 나타내는 단어를 고르시오.

① 리터럴

② 프리미티브

③ 디폴트

④ 스탠다드

08 다음 중 16진수를 만들 때 앞에 붙이는 접두사를 고르시오.

① `0h`

② `0x`

③ `0`

④ `h`

09 다음 중 특정 시간마다 계속해서 동작하는 타이머를 만들 때 사용하는 함수를 고르시오.

① `setTimer`

② `setInterval`

③ `setLoop`

④ `setTimeTimer`

10 다음 중 특정 시간 이후 한 번만 동작하는 타이머를 만들 때 사용하는 함수를 고르시오.

① `setTimer`

② `setTimeout`

③ `timeAfter`

④ `callAfter`

11 다음 중에서 10을 출력하지 않는 코드를 모두 고르시오.

①
```
function 함수(매개변수) {
    if (매개변수) {
        매개변수 = 10
    }
    console.log(매개변수)
}
함수()
```

②
```
function 함수(매개변수 = 10) {
    console.log(매개변수)
}
함수()
```

③
```
function 함수(매개변수) {
    if (typeof(매개변수) == 'undefined') {
        매개변수 = 10
    }
    console.log(매개변수)
}
함수()
```

④
```
function 함수(매개변수) {
    매개변수 = 매개변수 || 10
    console.log(매개변수)
}
함수()
```

12 다음 함수를 만드시오.

- 함수 이름 : power
  - 매개 변수를 하나 넣으면 제곱해 준다(예 : power(2) = 4).
  - 매개 변수를 2개 넣으면 **첫_번째_매개_변수**를 **두_번째_매개_변수**만큼 제곱해 준다(예 : power(2, 3) = 8).
- 함수 이름 : multiply
  - 매개 변수로 넣은 값을 모두 곱해 준다(예 : multiply(1, 2, 3, 4, 5) = 120).

13 다음은 함수 내부와 외부에서 `this` 키워드의 의미가 같은지 다른지 확인하는 실험입니다. 직접 코드를 입력하고 실행해서, `true`를 출력하는 위치와 `false`를 출력하는 위치를 적어 보세요.

참고로 (() => {})()와 같은 코드는

❶ ()=>{}로 함수를 만들고,

❷ (만들어진_함수)()로 이를 곧바로 호출하는 형태입니다.

이상하게 보일 수 있지만, 많이 사용되는 형태이므로 익숙해지면 좋습니다.

```
let 외부 = this

// ❶
console.log(`❶번 위치: ${외부 == this}`);

// ❷
(() => {
  console.log(`❷번 위치: ${외부 == this}`);
})();

// ❸
(function () {
  console.log(`❸번 위치: ${외부 == this}`);
})();

// ❹
function 이름() {
  console.log(`❹번 위치: ${외부 == this}`);
}
이름();
```

CHAPTER 06

객체

01 객체 기본

02 객체와 반복문

03 속성과 메소드

04 클래스

05 조금 더 나아가기

요약

연습문제

학습목표

- 객체를 생성하는 방법과 사용하는 방법을 익힙니다.
- 객체의 속성과 메소드를 이해합니다.
- 클래스와 프로토타입을 이해합니다.

PREVIEW

앞서 자바스크립트에는 여섯 가지 자료형이 있다고 했습니다. 숫자, 문자열, 불, 객체, 함수, `undefined`가 그것인데요. 지금까지 숫자, 문자열, 불, 함수, `undefined`를 알아보았으니 마지막으로 객체를 살펴봅시다. 자바스크립트는 변수를 모아 다루기 위해 배열 기능과 객체 기능을 제공합니다. 배열과 객체는 사실상 동일하다고 봐도 되는데요. 이전에 배열을 살펴보았으니 객체도 쉽게 이해할 수 있을 것입니다.

01 객체 기본

객체는 여러 개의 자료형을 한 번에 저장하는 자료형입니다.

"배열과 같네요?"

거의 같습니다. 따라서 객체를 살펴보기 전에 배열과 관련된 기본 내용을 다시 정리해 보겠습니다. 배열은 다음 방법으로 생성합니다.

코드 6-1 배열

```
// 배열을 선언합니다.
let array = ['사과', '바나나', '망고', '딸기'];
```

배열에는 인덱스와 요소가 있습니다. 각 배열의 요소를 사용하려면 다음과 같이 배열 이름 뒤에 인덱스를 입력해 요소에 접근합니다.

array[0] → '사과'
array[1] → '망고'

배열의 인덱스와 요소는 다음 표처럼 나타낼 수 있습니다.

표 6-1 배열

인덱스	요소
0	사과
1	바나나
2	망고
3	딸기

배열은 객체를 기반으로 만들었습니다. 따라서 배열과 객체는 상당히 유사합니다. 다른 점이 있다면 배열은 요소에 접근할 때 인덱스를 사용하고, 객체는 키를 사용합니다. 우선 객체를 만드는 방법을 알아보고 다시 이야기하겠습니다.

코드 6-2 **객체 선언**

```
// 객체를 선언합니다.
let product = {
    제품명: '7D 건조 망고',
    유형: '당절임',
    성분: '망고, 설탕, 메타중아황산나트륨, 치자황색소',
    원산지: '필리핀'
};

// 출력합니다.
console.log(product);
```

그냥 출력하면 다음과 같이 출력됩니다.

실행 결과

```
{
  '제품명': '7D 건조 망고',
  '유형': '당절임',
  '성분': '망고, 설탕, 메타중아황산나트륨, 치자황색소',
  '원산지': '필리핀'
}
```

생성한 객체의 키와 속성은 다음 표처럼 나타낼 수 있습니다.

표 6-2 객체

키	속성
제품명	7D 건조 망고
유형	당절임
성분	망고, 설탕, 메타중아황산나트륨, 치자황색소
원산지	필리핀

[표 6-2]를 살펴보면 배열과 굉장히 유사하다는 것을 알 수 있습니다. 객체의 요소에 접근하는 방법도 배열과 굉장히 유사합니다. 다음과 같이 객체 뒤에 대괄호를 사용해 키를 입력하면 객체의 속성에 접근할 수 있습니다.

```
product['제품명']  // '7D 건조 망고'
product['유형']    // '당절임'
product['성분']    // '망고, 설탕, 메타중아황산나트륨, 치자황색소'
product['원산지']  // '필리핀'
```

다음 방법으로도 객체의 속성에 접근할 수 있습니다. 깔끔하고 입력하기가 쉽기 때문에 이 방법을 더 많이 사용합니다.

```
product.제품명  // '7D 건조 망고'
product.유형    // '당절임'
product.성분    // '망고, 설탕, 메타중아황산나트륨, 치자황색소'
product.원산지  // '필리핀'
```

NOTE 식별자로 사용할 수 없는 키

다음 코드처럼 식별자 생성 규칙에 어긋나는 문자를 키로 사용할 때는 반드시 대괄호를 사용해야 객체의 요소에 접근할 수 있습니다. 대괄호가 아니라 점을 찍어 사용하면 자바스크립트 문법 오류가 발생합니다.

코드 6-3 식별자로 사용할 수 없는 키

```
// 객체를 선언합니다.
let object = {
    'with space': 273,
    'with ~!@#$%^&*()/*-+': 52
};

// 출력합니다.
console.log(object['with space']);
console.log(object['with ~!@#$%^&*()/*-+']);
```

TIP • 식별자 생성 규칙은 50페이지를 참고하세요.

그럼 간단하게 문제를 풀어 봅시다.

표 6-3 예제

속성 이름(키)	값
name	'바나나'
price	1200

[표 6-3]을 객체로 직접 만들어 보세요. 그리고 객체도 출력해 보세요. 간단하게 할 수 있겠죠?

예제 6-1 객체 생성

다음 코드는 [표 6-3]의 내용을 객체로 만든 것입니다.

코드 6-4 객체 생성 object.js

```
// 객체를 선언합니다.
let object = {
    name: '바나나',
    price: 1200
};

// 출력합니다.
console.log(object.name);
console.log(object.price);
```

실행 결과

```
바나나
1200
```

02 객체와 반복문

생성한 객체에는 for in 반복문으로 반복을 적용할 수 있습니다. 배열에 for in 반복문을 적용할 때 앞에 선언한 변수에 인덱스가 들어갔던 것처럼, 객체에 for in 반복문을 적용하면 키가 들어갑니다. 바로 예제를 살펴봅시다.

예제 6-2 객체와 반복문

for in 반복문을 사용해 객체에 반복문을 적용합니다.

코드 6-5 객체와 반복문 objectLoop.js

```
// 객체를 선언합니다.
let object = {
    name: '바나나',
    price: 1200
};

// 출력합니다.
for (let key in object) {
    console.log(`${key}: ${object[key]}`);
}
```

실행 결과

```
name: 바나나
price: 1200
```

참고로 for of 반복문도 적용할 수 있지만, 일반적인 개발에서 객체와 for of 반복문을 함께 사용하는 경우는 거의 없으므로 생략합니다. 직접 입력해 보기 바랍니다.

03 속성과 메소드

이전에 언급한 것처럼 배열 내부에 있는 값 하나하나를 요소Element라고 합니다. 하지만 객체 내부에 있는 값 하나하나는 속성Property이라고 합니다.

> **NOTE** 다른 프로그래밍 언어는 요소와 속성이 다르므로 구분합니다. 자바스크립트는 요소와 속성이 같으므로 두 용어의 구분이 사실 의미가 없습니다. 하지만 다른 프로그래밍 언어에서 사용하던 용어 습관이 자바스크립트로 넘어왔기 때문에 요소와 속성을 구분해서 부르는 것입니다.

배열의 요소처럼 객체의 속성에도 다음 코드처럼 다양한 자료형을 입력할 수 있습니다.

코드 6-6 다양한 자료형의 객체

```
let object = {
    number: 273,
    string: 'RintIanTta',
    boolean: true,
    array: [52, 273, 103, 32],
    method: function () {

    }
};
```

객체의 속성 중 자료형이 함수인 속성을 특별히 메소드Method라고 합니다. 다음 코드에서 객체 object에는 name, price, print 속성이 있습니다. 이 중에서 print 속성은 자료형이 함수이므로 특별히 print() 메소드라고 합니다.

코드 6-7 **속성과 메소드**

```
let object = {
    name: '바나나',
    price: 1200,
    print: function () {
        console.log(`${this.name}의 가격은 ${this.price}원입니다.`)
    }
};
```

객체에 있는 속성을 메소드에서 사용하고 싶을 때는 자신이 가지고 있는 속성임을 분명하게 표시해야 합니다. 자신이 가지고 있는 속성이라는 것을 표시할 때는 this 키워드를 사용합니다.

지금까지 살펴본 내용을 정리하면 다음 코드와 같습니다.

코드 6-8 **메소드 내부에서 this 키워드**

```
// 객체를 선언합니다.
let object = {
    name: '바나나',
    price: 1200,
    print: function () {
        console.log(`${this.name}의 가격은 ${this.price}원입니다.`)
    }
};

// 메소드를 호출합니다.
object.print();
```

실행 결과

```
바나나의 가격은 1200원입니다.
```

print() 메소드와 name, price 속성 모두 object 객체 안에 있습니다. 같은 객체에 있는 속성이므로 this 키워드를 사용했습니다.

NOTE 5장 '조금 더 나아가기'에서 설명한 것처럼 '`function () {}`' 형태의 함수 내부에서 `this`는 자바스크립트 최상위 객체 또는 외부에서 강제로 연결한 객체를 나타냅니다. 현재 코드에서 메소드 내부의 `this`는 외부에서 강제로 연결된 객체입니다. 따라서 반대로 화살표 함수를 사용해 메소드를 만들면 '`undefined`'가 나옵니다. 주의하기 바랍니다.

NOTE C++, 자바, C# 등 프로그래밍 언어에서는 `this` 키워드를 생략할 수 있습니다. 하지만 자바스크립트에서는 `this` 키워드를 사용하지 않으면 오류가 발생합니다. 반드시 `this` 키워드를 사용해야 한다는 점을 기억해 주세요.

04 클래스

일반적으로 현대 프로그래밍은 자료를 다루는 것이 목적입니다. 현실의 객체를 모방해서 프로그래밍하는 '객체 지향 프로그래밍'의 이념으로 만든 프로그래밍 언어들이 주류를 이룹니다. 자바스크립트도 객체 지향 프로그래밍 언어의 일종입니다.

1 개요

배열과 객체를 사용하면 여러 개의 데이터를 쉽게 다룰 수 있습니다. 예를 들어 상품 목록을 만든다면 다음 코드처럼 작성할 수 있습니다.

코드 6-9 객체 배열

```
// 상품 목록을 선언합니다.
let products = [
    { name: '바나나', price: 1200 },
    { name: '사과', price: 2000 },
    { name: '배', price: 3000 },
    { name: '고구마', price: 700 },
    { name: '감자', price: 600 },
    { name: '수박', price: 5000 }
];
```

NOTE 자바스크립트를 사용하면 이처럼 데이터를 문자로 쉽게 표현할 수 있기 때문에 많은 프로그래밍 언어에서 데이터 통신을 할 때 활용합니다. 이렇게 자바스크립트의 객체 형태로 데이터를 표현하는 것을 JSON JavaScript Object Notation이라고 합니다.

굉장히 간단하게 현실의 객체를 모방해서 표현할 수 있습니다. 그런데 이러한 객체에 메소드를 추가한다면 어떻게 될까요? 지금까지 배운 방법으로는 다음 코드처럼 객체마다 메소드를 만들어야 할 것입니다.

코드 6-10 메소드를 가진 객체의 배열

```
// 상품 목록을 선언합니다.
let products = [{
    name: '바나나',
    price: 1200,
    print: function () {
        console.log(`${this.name}의 가격은 ${this.price}원입니다.`)
    }
}, {
    name: '사과',
    price: 2000,
    print: function () {
        console.log(`${this.name}의 가격은 ${this.price}원입니다.`)
    }
}, {
    name: '배',
    price: 3000,
    print: function () {
        console.log(`${this.name}의 가격은 ${this.price}원입니다.`)
    }
}, {
    name: '고구마',
    price: 700,
    print: function () {
        console.log(`${this.name}의 가격은 ${this.price}원입니다.`)
    }
}, {
    name: '감자',
    price: 600,
    print: function () {
        console.log(`${this.name}의 가격은 ${this.price}원입니다.`)
    }
}, {
```

```
    name: '수박',
    price: 5000,
    print: function () {
        console.log(`${this.name}의 가격은 ${this.price}원입니다.`)
    }
}];

// 반복해서 출력합니다.
for (let product of products) {
    product.print();
}
```

아마 코드를 보고 '그냥 [코드 6-11]처럼 만들면 되지 않나요?' 하고 생각하는 학생도 있을 것입니다. 이렇게 함수로 빼서 만들면 간단하니까요.

코드 6-11 **함수를 외부로 내보낸 형태**

```
// 상품 목록을 선언합니다.
let products = [
    { name: '바나나', price: 1200 },
    { name: '사과', price: 2000 },
    { name: '배', price: 3000 },
    { name: '고구마', price: 700 },
    { name: '감자', price: 600 },
    { name: '수박', price: 5000 }
];

// 함수를 선언합니다.
function printProduct(product) {
    console.log(`${product.name}의 가격은 ${product.price}원입니다.`);
}

// 반복해서 출력합니다.
for (let product of products) {
    printProduct(product);
}
```

하지만 객체 지향 프로그래밍의 관점에서는 product.print() 형태로 코드를 작성해야 합니다. print() 메소드는 product 객체의 '기능'이기 때문이지요. 이렇게 말하면 다음과 같이 생각하는 학생도 있을 것입니다.

"[코드 6-11]처럼 해도 간단한데 꼭 그렇게 해야 하나요?"

하는 것이 좋습니다. 이것이 '객체 지향 프로그래밍'이라는 '이념'이기 때문입니다. 쓸데없다고 해도 '한 객체의 속성과 기능은 한 객체를 기준으로 처리할 수 있게 한다'는 규칙성을 지켜야 다른 개발자도 쉽게 이해하고 활용할 수 있습니다.

이러한 '객체 지향 프로그래밍'이라는 이념을 쉽게 지켜서 코드를 작성할 수 있게, 자바스크립트는 '클래스'라는 기능을 제공합니다.

클래스Class는 '동일한 형태의 객체를 쉽게 만들 수 있게 해 주는 문법'입니다. 클래스를 잘 활용하는 것과 관련된 내용은 객체 지향 프로그래밍이라는 과목으로서 한 학기 이상의 시간을 할애해야 하므로, 이 책에서는 클래스에 대해서 간단하게만 알아보겠습니다.

2 클래스 선언과 인스턴스

다음과 같은 방법으로 클래스를 만들 수 있습니다. 일반적으로 어떤 식별자가 클래스라는 것을 확실하게 구별할 수 있게, 클래스의 이름은 대문자로 시작하게 만듭니다.

코드 6-12 클래스 선언

```
class Product {

}
```

이렇게 만들어진 클래스는 다음과 같은 형태로 객체를 만들어 낼 수 있습니다.

```
new 클래스_이름()
```

다음 코드에서 product 변수처럼 '클래스를 기반으로 만들어지는 객체'를 '인스턴스Instance'라고 부르기도 합니다.

코드 6-13 **클래스 선언**

```
class Product {

}

let product = new Product();
```
클래스를 기반으로 객체를 만들어 냅니다.

'new 클래스_이름()'이라는 형태는 일종의 함수처럼 보입니다. 이를 클래스의 '생성자'라고 부릅니다.

3 생성자

생성자Constructor는 클래스 내부에 constructor라는 이름의 함수를 만들어서 활용합니다. 클래스 내부에 함수(메소드)를 만들 때는 앞에 function 키워드를 따로 붙이지 않습니다.

코드 6-14 **클래스의 생성자**

```
class Product {
    constructor (name, price) {

    }
}

let product = new Product("바나나", 1200);
```
앞에 function 키워드를 붙이지 않으며, constructor라는 이름으로 만듭니다.

생성자가 매개 변수로 name과 price를 받으므로 집어넣어 주었습니다.

4 속성

클래스의 메소드 내부에서 this 키워드는 '클래스를 기반으로 만들어지는 객체'를 의미합니다. this 키워드 내부에 값을 집어넣으면, 객체의 속성을 만들 수 있습니다. 예를 들어서 객체에 name 속성과 price 속성을 집어넣고 싶은 경우에는 다음과 같은 코드를 작성합니다.

코드 6-15 **클래스의 속성 (1)**

```
class Product {
    constructor (name, price) {
      this.name = name
      this.price = price
    }
}

let product = new Product("바나나", 1200);
console.log(product.name)
console.log(product.price)
```

매개 변수로 받은 값을 기반으로 name 속성과 price 속성을 만듭니다.

인스턴스의 속성에 접근합니다.

5 메소드

이전에 작성했던 [코드 6-10]과 [코드 6-11]을 클래스를 활용하는 형태로 변경해 보면, 다음과 같습니다.

코드 6-16 **클래스의 속성 (2)**

```
class Product {
    constructor(name, price) {
      this.name = name
      this.price = price
    }

    print() {
        console.log(`${this.name}의 가격은 ${this.price}원입니다.`)
    }
}

let products = [
    new Product('바나나', 1200),
    new Product('사과', 2000),
    new Product('배', 3000),
```

```
    new Product('고구마', 700),
    new Product('감자', 600),
    new Product('수박', 500),
];

// 반복해서 출력합니다.
for (let product of products) {
    product.print();
}
```

클래스의 기본적인 사용 방법에 대해서 알아보았습니다. 클래스와 관련된 자세한 내용을 공부하고 싶다면, 이후에 대규모 자바스크립트 라이브러리(React.js, Vue.js 등)를 공부해 보며 살펴보기 바랍니다.

05 조금 더 나아가기

2장에서 Boolean() 함수를 배울 때 false로 변환되는 것은 0, NaN, ""(빈 문자열), null, undefined라고 했습니다. 지금까지 null을 제외한 모든 요소를 알아보았는데요. 이제 null을 알아봅시다.

자바스크립트에는 null 키워드가 있습니다. 이 키워드는 변수처럼 활용할 수 있는데요. 일단 null 키워드의 자료형을 확인해 보고, 간단하게 출력도 해 봅시다.

코드 6-17 **null의 값과 자료형**

```
console.log(null);
console.log(typeof(null));
```

출력 결과를 보면 null은 null 값을 가진 객체Object인 것을 알 수 있습니다.

실행 결과

```
null
object
```

변수를 선언하고 값을 넣지 않으면 undefined가 된다고 했는데요. undefined를 인위적으로 만들 때 사용합니다. undefined 상태를 인위적으로 만들 일이 사실은 많지 않습니다.

추가로 값이 없는 상태를 구분할 때도 사용합니다. 0, NaN, ""(빈 문자열), null, undefined는 false로 변환된다고 했습니다. 이 중에서 0, NaN, ""(빈 문자열)은 '값이 false로 변환될 뿐이지 실제로는 값이 들어 있는 것'이라고 할 수 있습니다. '아예 값이 없는 상태'를 구분할 때는 다음 코드처럼 null을 활용합니다.

코드 6-18 **존재하지 않는 값 확인**

```
// 변수를 선언합니다.
let zeroNumber = 0;
let falseBoolean = '';
let emptyString = '';
let undefinedValue;
let nullValue = null;

// 값이 있는지 확인합니다.
if (zeroNumber == null)
    console.log('0은 존재하지 않는 값입니다');
if (falseBoolean == null)
    console.log('false는 존재하지 않는 값입니다');
if (emptyString == null)
    console.log('빈 문자열은 존재하지 않는 값입니다');
if (undefinedValue == null)
    console.log('undefined는 존재하지 않는 값입니다');
if (nullValue == null)
    console.log('null은 존재하지 않는 값입니다');
```

실행 결과와 같이 자바스크립트에서 아예 존재하지 않는다고 인식하는 값은 undefined와 null 뿐입니다.

실행 결과

```
undefined는 존재하지 않는 값입니다
null은 존재하지 않는 값입니다
```

요약

01 객체는 다음 방법으로 생성합니다. 객체 내부에 있는 값을 '속성'이라고 하며, 속성 중에 함수 자료형을 '메소드'라고 합니다.

```
let 객체 = {
    속성A: 값,
    속성B: 값,
    메소드A: () => { }
};
```

02 객체는 다음 방법으로 내부 값에 접근합니다.

```
객체.키
객체['키']
```

03 클래스는 기본적으로 다음과 같은 형태를 갖습니다.

```
// 클래스를 선언합니다.
class 클래스 {
    constructor(매개_변수) {
      this.속성 = 매개_변수
    }

    메소드() {
        // 메소드의 내용
    }
}

// 클래스로 인스턴스(객체)를 생성합니다.
let 인스턴스 = new 클래스(매개_변수)
인스턴스.속성
인스턴스.메소드()
```

연습문제

01 다음 괄호 안을 채우시오.

(1) 배열은 요소에 인덱스로 접근하고, 객체는 속성에 (   )로 접근한다.

(2) 객체의 속성 중에 함수 자료형인 속성을 (   )라고 부른다.

(3) (   )는 '동일한 형태의 객체를 쉽게 만들 수 있게 해 주는 문법'이다.

(4) 클래스를 기반으로 객체를 만들 때는 (   ) 키워드를 사용한다.

02 다음 질문에 ○×를 표시하시오.

(1) 객체는 대괄호([])로 만든다.

(2) 객체는 키와 값을 쌍으로 저장한다.

(3) 객체는 배열과 마찬가지로 여러 자료형을 한꺼번에 저장하는 자료형이다.

(4) 객체의 요소에 접근할 때는 `객체[키]` 또는 `객체.키`와 같은 코드를 사용한다.

(5) 식별자로 사용할 수 있는 문자열만 키로 사용할 수 있다.

(6) 객체의 메소드에서 자기 자신의 속성에 접근할 때는 `this` 키워드를 생략할 수 있다.

(7) 객체는 속성으로 단순한 자료형만 가질 수 있으며, 객체 또는 배열과 같은 복잡한 자료형은 속성으로 가질 수 없다.

(8) 객체에는 `for in` 반복문과 `for of` 반복문을 모두 적용할 수 있다.

03 다음 중 생성자를 만들 때 사용하는 메서드의 이름은?

① `construct` ② `constructor`

③ `init` ④ 클래스 이름과 같은 이름

04 클래스를 기반으로 만들어진 객체를 부르는 용어를 고르시오.

① 인터리스트 ② new 객체

③ 메소드 객체 ④ 인스턴스

05 자바스크립트에서 존재하지 않는다는 것을 나타내는 값을 모두 고르시오.

① `undefined` ② `nothing`

③ `null` ④ `nil`

06 다음 표를 자바스크립트 객체로 나타내시오(키 이름과 자료형은 적절하다고 생각하는 것으로 사용합니다).

속성	값
이름	Nature of Code
가격	30000원
저자	다니엘 쉬프만
ISBN	9788968481901
페이지 수	620페이지

07 다음 표의 객체를 생성할 수 있는 클래스를 만드시오(클래스 이름은 Product, 키 이름과 자료형은 적절하다고 생각하는 것으로 사용합니다).

속성	값
이름	돼지삼겹살
무게	100g
가격	1690원

메소드	설명
calculate(〈무게〉)	무게를 기반으로 가격을 계산합니다.

예 : `product.calculate(200)`을 입력하면, 100g * 2 = 200g이므로 '3380원'을 출력합니다.

08 다음 코드의 실행 결과를 예측하시오.

```
let object = {
    "+": 1,
    "-": 2,
    "*": 3,
    "/": 4
};

console.log(object.+);
console.log(object.-);
console.log(object.*);
console.log(object./);
```

CHAPTER 07

표준 내장 객체

01 내장 객체 기본
02 기본 자료형과 객체 자료형의 차이
03 Number 객체
04 String 객체
05 Date 객체
06 Array 객체
07 조금 더 나아가기
요약
연습문제

학습목표

- 기본 자료형과 객체 자료형의 차이를 이해합니다.
- 자바스크립트의 표준 내장 객체를 이해합니다.

PREVIEW

지금까지 자바스크립트라는 프로그래밍 언어의 기본 문법을 배웠습니다. 이러한 문법을 조합하면 원하는 것을 모두 만들 수 있습니다. 그런데 전 세계 개발자가 '자주 사용하는 것'이 있습니다. 문자열에 특정한 문자열이 포함되어 있는지, 문자열을 특정한 규칙으로 잘라 배열을 만든다든지, 배열을 정렬한다든지 등이 그것인데요. '자주 사용하는 것'이므로 자바스크립트가 기본적으로 내장 객체에 메소드를 제공한답니다. 이러한 것을 알아봅시다.

01 내장 객체 기본

자바스크립트는 기본적으로 다양한 객체를 제공합니다. 너무 많아 이 책에서 모두 소개할 수 없는데요. 다음 링크를 참고하면 모두 확인할 수 있습니다.

모질라 레퍼런스 – 표준 내장 객체

https://developer.mozilla.org/ko/docs/Web/JavaScript/Reference/Global_Objects

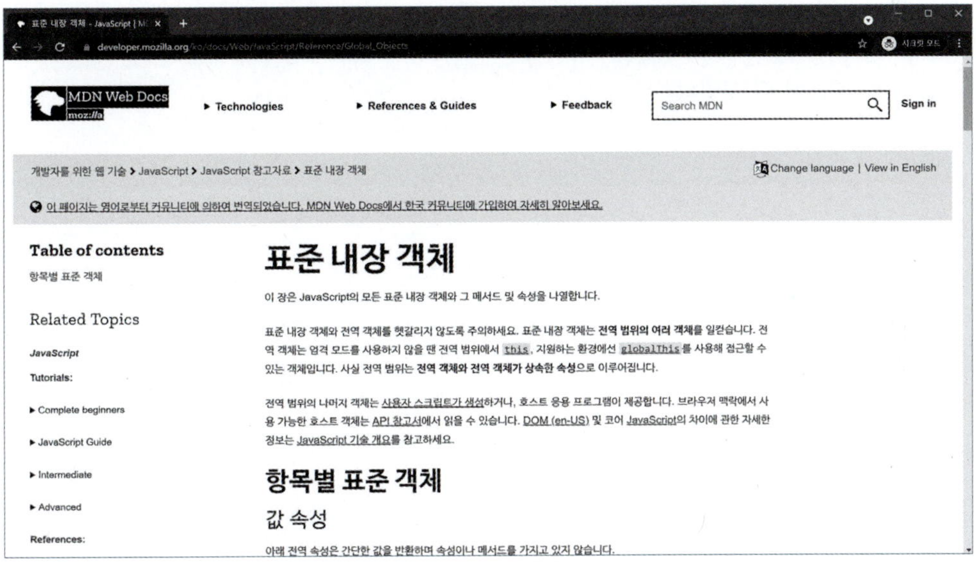

그림 7-1 모질라 레퍼런스 – 표준 내장 객체

해당 웹 페이지에 방문하면 수백 개가 넘는 속성과 메소드를 볼 수 있습니다. '이것을 어떻게 외우고 사용하지?' 하고 생각할 수 있을 텐데요. 실무에서는 비주얼 스튜디오나 웹 스톰 등 통합 개발 환경을 사용합니다. 이러한 통합 개발 환경을 사용하면 [그림 7-2]처럼 자동 완성 기능이 작동합니다. 대충 메소드 이름을 보면 '이런 이름은 이런 기능이겠지?' 하고 알 수 있습니다.

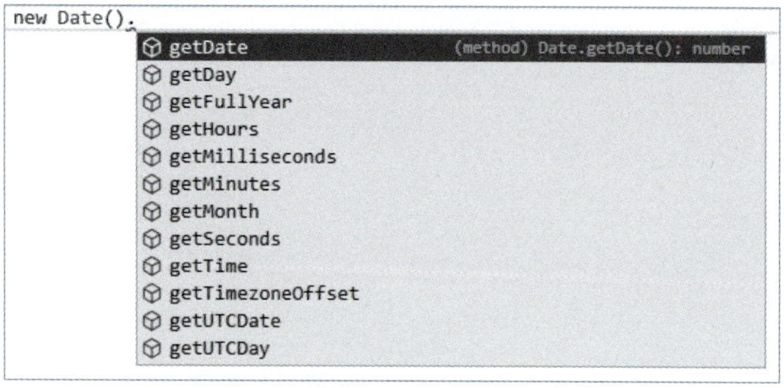

그림 7-2 통합 개발 환경에서 자동 완성 기능

결국 이 장에서는 대충 어떤 속성이나 메소드의 이름을 보았을 때 '이런 기능이겠지?'라고 예측할 수 있는 것이 중요합니다. 예측할 수 있다면 문서를 찾아보면서 활용할 수 있습니다. 자주 활용하다 보면 머리가 외우는 게 아니라 몸이 외우게 됩니다.

이러한 이름은 모든 프로그래밍 언어에서 동일하게 사용되므로 공부해 두면 다른 프로그래밍 언어를 접할 때도 도움이 될 것입니다.

02 기본 자료형과 객체 자료형의 차이

자바스크립트에서 제공하는 여섯 가지 자료형(숫자, 문자열, 불, 함수, 객체, `undefined`) 중에서 숫자, 문자열, 불을 기본 자료형이라고 합니다. 기본 자료형은 다음 코드처럼 굉장히 간단한 방식으로 만들 수 있습니다.

코드 7-1 기본 자료형 숫자, 문자열, 불 primitiveType.js

```
// 기본 자료형
let number = 273;
let string = '안녕하세요';
let boolean = true;

// 자료형을 출력합니다.
console.log(typeof number);
console.log(typeof string);
console.log(typeof boolean);
```

실행 결과

```
number
string
boolean
```

그런데 자바스크립트는 숫자를 만들 때 다음 코드처럼 `Number`, `String`, `Boolean` 클래스를 사용해서 숫자, 문자열, 불을 만들 수도 있습니다. 이렇게 숫자, 문자열, 불을 생성할 때 `typeof`로 '`object`' 문자가 출력됩니다. 즉, 일반적인 숫자, 문자열, 불이 아니라 객체라는 의미입니다.

코드 7-2 **객체 숫자, 문자열, 불** boxedType.js

```
// 객체 자료형
let number = new Number(273);
let string = new String('안녕하세요');
let boolean = new Boolean(true);

// 자료형을 출력합니다.
console.log(typeof number);
console.log(typeof string);
console.log(typeof boolean);
```

실행 결과

```
object
object
object
```

그렇다면 둘의 차이점은 무엇일까요? 일단 기본 자료형과 객체 자료형 모두 속성과 메소드를 사용할 수 있습니다. 예를 들어 문자열의 split() 메소드를 사용한다고 해 봅시다.

코드 7-3 **기본 자료형과 객체 자료형의 메소드 사용** primitivesMethod.js

```
let string = '과자¦1500원';
console.log(string.split('¦'));
```

```
let string = new String('과자¦1500원');
console.log(string.split('¦'))
```

실행 결과

```
[ '과자', '1500원' ]
```

그런데 뭔가 이상하지 않나요? 속성과 메소드는 객체가 가질 수 있는데 숫자, 문자열, 불 등 기본 자료형도 속성과 메소드를 가지고 있습니다. 이는 기본 자료형의 속성 또는 메소드를 사용할 때 기본 자료형이 자동으로 객체로 변환되기 때문입니다.

예를 들어 기본 자료형 숫자의 속성이나 메소드를 사용하면, 자동으로 Number 객체 자료형으로 변환되어 속성이나 메소드를 사용할 수 있습니다. 따라서 기본 자료형과 객체의 차이점을 찾기가 어렵습니다. 이 장에서 Number 객체는 기본 자료형과 객체 자료형 모두를 의미한다고 생각하면 됩니다.

굳이 차이점을 찾자면 기본 자료형은 객체가 아니므로 속성과 메소드를 추가할 수 없습니다. 다음 코드처럼 기본 자료형에 method()라는 이름의 메소드를 추가하면 사용할 수 없습니다.

코드 7-4 기본 자료형에 속성 또는 메소드 추가 methodToPrimitives.js

```
// 변수를 생성합니다.
let primitiveNumber = 273;

// 메소드를 추가합니다.
primitiveNumber.method = function () {
    return 'Primitive Method';
};

// 메소드를 실행합니다.
console.log(primitiveNumber.method());
```

메소드를 추가하지 못하므로 '그런 메소드 없다'는 오류가 발생합니다.

실행 결과

```
C:\example\methodToPrimitives.js:10
console.log(primitiveNumber.method());
                                   ^


TypeError: primitiveNumber.method is not a function
    at Object.<anonymous> (C:\example\methodToPrimitives.js:10:29)
[90m    at Module._compile (internal/modules/cjs/loader.js:1085:14)[39m
[90m    at Object.Module._extensions..js (internal/modules/cjs/loader.js:1114:10)[39m
[90m    at Module.load (internal/modules/cjs/loader.js:950:32)[39m
[90m    at Function.Module._load (internal/modules/cjs/loader.js:790:14)[39m
[90m    at Function.executeUserEntryPoint [as runMain] (internal/modules/run_main.js:
76:12)[39m
[90m    at internal/main/run_main_module.js:17:47[39m
```

기본 자료형이 객체로 변환될 때는 일회용 옷을 입는다는 개념으로 생각하면 쉽습니다. 기본 자료형의 메소드를 사용한다는 것은 기본 자료형에 객체라는 일회용 옷을 입힌 후 속성 또는 메소드를 사용하는 것입니다. 한 번 사용한 일회용 옷은 버립니다. 따라서 기본 자료형에 속성 또는 메소드를 추가해도 기본 자료형에 추가한 것이 아니라, 일회용 옷에 추가한 것이므로 추가하자마자 버립니다.

"그러면 기본 자료형은 속성 또는 메소드를 추가할 수 없나요?"

아닙니다. 프로토타입이라는 특별한 객체를 사용해서 일회용 옷 자체를 바꾸면 됩니다. 프로토타입은 모든 객체가 가져야 하는 속성과 메소드를 정의할 수 있는 특별한 공간입니다. 다음 코드와 같이 사용합니다.

코드 7-5 프로토타입에 메소드 추가 methodToObject.js

```
// 변수를 생성합니다.
let primitiveNumber = 273;

// 메소드를 추가합니다.
Number.prototype.method = function () {
    return 'Primitive Method';
};

// 메소드를 실행합니다.
console.log(primitiveNumber.method());
```

실행 결과

```
Primitive Method
```

03 Number 객체

Number 객체는 자바스크립트에서 숫자를 표현할 때 사용합니다. 숫자는 다음 두 가지 방법으로 생성할 수 있습니다.

코드 7-6 숫자 생성

```
let numberFromLiteral = 273;
let numberFromConstructor = new Number(273);
```

1 메소드

Number 객체가 가진 메소드의 종류는 [표 7-1]과 같습니다.

표 7-1 Number 객체의 메소드

메소드	설명
toExponential()	숫자를 지수 표시로 나타낸 문자열을 리턴합니다.
toFixed()	숫자를 고정소수점 표시로 나타낸 문자열을 리턴합니다.
toPrecision()	숫자를 길이에 따라 지수 표시 또는 고정소수점 표시로 나타낸 문자열을 리턴합니다.

[표 7-1]의 메소드는 모두 매개 변수로 숫자를 하나 입력받습니다. toPrecision() 메소드는 유효 숫자 자릿수를 의미하며, 나머지 메소드는 소수점 몇 자리까지 나타낼 것인지를 의미합니다. 세 가지 모두 비슷한 기능을 수행하는 메소드이므로 toFixed() 메소드만 살펴봅시다.

예제 7-1 Number 객체의 메소드

다음 코드로 toFixed() 메소드를 사용해 소수점 자릿수를 자르는 방법을 살펴봅시다.

코드 7-7 Number 객체의 메소드 numberMethod.js

```
// 변수를 선언합니다.
let number = 273.5210332;

// 출력합니다.
console.log(number.toFixed(1));
console.log(number.toFixed(4));
```

실행 결과

```
273.5
273.5210
```

2 클래스의 속성

이번에는 객체가 아니라 Number 클래스 자체의 속성을 알아보겠습니다. 클래스가 어떻게 속성을 가질 수 있냐고 생각할 수도 있는데요. 다음 코드를 살펴봅시다.

코드 7-8 클래스에 속성과 메소드 추가 constructor.js

```
// 클래스를 생성하고, 속성과 메소드를 추가합니다.
class Test {}
Test.property = 273;
Test.method = function () { };

// 출력합니다.
console.log(Test.property)
console.log(Test.method)
```

실행 결과

```
273
[Function (anonymous)]
```

자바스크립트의 함수는 객체의 일종이므로 속성과 메소드를 추가할 수 있습니다. 마찬가지로 Number 함수에도 다음 속성이 있습니다.

표 7-2 Number 클래스의 속성

속성	설명
MAX_VALUE	자바스크립트의 숫자가 나타낼 수 있는 최대 숫자
MIN_VALUE	자바스크립트의 숫자가 나타낼 수 있는 최소 숫자
NaN	자바스크립트의 숫자로 나타낼 수 없는 숫자
POSITIVE_INFINITY	양의 무한대 숫자
NEGATIVE_INFINITY	음의 무한대 숫자

예제 7-2 Number 클래스의 속성

대부분 쉽게 사용할 수 있을 것입니다. 사용하다가 혹시 의문이 생긴다면 다음 MAX_VALUE 관련 예제를 살펴보세요. MAX_VALUE에 1을 더해도 오류 없이 제대로 출력되는 것을 볼 수 있습니다.

코드 7-9 Number 클래스의 MAX_VALUE 속성 numberStaticMethod.js

```
// 변수를 선언합니다.
let numberA = Number.MAX_VALUE;
let numberB = Number.MAX_VALUE + 1;

// 출력합니다.
console.log(numberA);
console.log(numberB);
```

실행 결과

```
1.7976931348623157e+308
1.7976931348623157e+308
```

실행은 되지만 제대로 결과가 출력되지 않았습니다. 1을 추가했지만 결국 출력되는 값이 같습니다. 자바스크립트가 너무 큰 수를 다룰 때는 부동소수점 형식으로 숫자를 다루기 때문에 작은 수는 무시합니다.

의미 있는 만큼을 더하려면 적어도 다음 코드와 같은 값을 더해야 합니다. 하지만 이 값은 자바스크립트의 숫자가 나타낼 수 있는 최대 숫자를 초과하므로 `Infinity`를 출력합니다.

코드 7-10 Infinity로 변환되는 숫자

```
// 변수를 선언합니다.
let addNumber = Number('0.0000000000000001e+308');
let number = Number.MAX_VALUE + addNumber;

// 출력합니다.
console.log(number);
```

참고로 이렇게 큰 숫자는 다룰 이유도 없고 크게 의미 있는 숫자도 아니므로 `0.0000000000000001e+308`(0이 15개)을 외울 필요는 없습니다.

04 String 객체

String 객체는 자바스크립트에서 가장 많이 사용하는 내장 객체입니다. 다음 두 가지 방법으로 생성합니다.

코드 7-11 String 객체 생성

```
let stringFromLiteral = '안녕하세요';
let stringFromConstructor = new String('안녕하세요');
```

1 속성과 메소드

String 객체는 length 속성을 가집니다.

표 7-3 String 객체의 속성

속성	설명
length	문자열의 길이를 나타냅니다.

글자 수를 이용하는 프로그램은 굉장히 많습니다. 비밀번호의 길이 등을 확인할 때 사용할 수 있습니다. String 객체는 속성이 거의 없지만 메소드는 굉장히 많습니다.

표 7-4 String 객체의 메소드

메소드	설명
charAt(position)	position에 위치하는 문자를 리턴합니다.
charCodeAt(position)	position에 위치하는 문자의 유니코드 번호를 리턴합니다.
concat(args)	매개 변수로 입력한 문자열을 이어 리턴합니다.
indexOf(searchString, position)	앞에서부터 일치하는 문자열의 위치를 리턴합니다.

lastIndexOf(searchString, position)	뒤에서부터 일치하는 문자열의 위치를 리턴합니다.
match(regExp)	문자열 안에 regExp가 있는지 확인합니다.
replace(regExp, replacement)	regExp를 replacement로 바꾼 후 리턴합니다.
search(regExp)	regExp와 일치하는 문자열의 위치를 리턴합니다.
slice(start, end)	특정 위치의 문자열을 추출해 리턴합니다.
split(separator, limit)	separator로 문자열을 잘라 배열을 리턴합니다.
substr(start, count)	start부터 count만큼 문자열을 잘라서 리턴합니다.
substring(start, end)	start부터 end까지 문자열을 잘라서 리턴합니다.
toLowerCase()	문자열을 소문자로 바꾸어 리턴합니다.
toUpperCase()	문자열을 대문자로 바꾸어 리턴합니다.

일단 String 객체를 사용할 때 자주 실수하는 부분과 활용하는 형태를 살펴보겠습니다. String 객체의 메소드는 모두 '자기 자신을 변경하는 것'이 아니라 '변경된 값을 리턴하는 것'입니다.

이러한 사항을 기억하면서 다음 코드의 실행 결과를 예측해 보세요.

코드 7-12 잘못된 String 객체의 메소드 사용 stringMistake.js

```
// 변수를 선언합니다.
let string = 'abcdefg';

// 출력합니다.
string.toUpperCase();
console.log(string);
```

실행 결과

```
abcdefg
```

자기 자신을 변경하지 않고 리턴하는 것뿐이므로 소문자 상태로 출력합니다. 문자열을 대문자로 변환하고 싶다면 [코드 7-13]처럼 리턴 값을 사용해야 합니다.

코드 7-13 올바른 String 객체의 메소드 사용 solveStringMistake.js

```
// 변수를 선언합니다.
let string = 'abcdefg';

// 출력합니다.
string = string.toUpperCase();
console.log(string);
```

실행 결과

```
ABCDEFG
```

참고로 자신을 호출하는 객체의 내용을 변화시키는 메소드를 '파괴적 메소드'라고 하며, 객체의 내용을 변화시키지 않고 리턴하는 메소드를 '비파괴적 메소드'라고 합니다. 여러 프로그래밍 언어에서 사용하는 용어이므로 기억하기 바랍니다.

NOTE 메소드 체이닝

비파괴적 메소드는 메소드 체이닝Method Chaining 기술을 사용할 수 있습니다. 간단하게 말해 '메소드를 줄줄이 연결해서 사용한다'는 것인데요. [코드 7-14]는 String 객체의 메소드를 세 번 사용하는 코드입니다.

코드 7-14 기본적인 메소드 사용

```
// 변수를 선언합니다.
let string = 'Hello World';

// 메소드를 사용합니다.
string = string.toLowerCase();
string = string.replace(' ', '¦');
let array = string.split('¦');

// 출력합니다.
console.log(string);
```

String 객체의 메소드는 String 객체를 리턴하므로 연결해서 사용할 수 있습니다. 이런 형태를 메소드 체이닝이라고 합니다.

코드 7-15 메소드 체이닝

```
// 변수를 선언합니다.
let string = 'Hello World';

// 메소드를 사용합니다.
let array = string.toLowerCase().replace(' ', '¦').split('¦');

// 출력합니다.
console.log(string);
```

메소드 체이닝은 자료형을 오고 가면서 진행할 수도 있습니다. [코드 7-15]에서는 string.split('¦')으로 문자열을 배열로 바꾸면서 끝냈는데요. 배열로 끝났으므로 배열의 메소드를 활용해 계속 체이닝할 수 있습니다.

2 메소드 활용

문자열은 굉장히 많이 활용하는데, 문자열 메소드를 활용하는 예제를 몇 가지 살펴봅시다.

예제 7-3 문자열 포함

문자열 내부에 특정 문자열이 있는지 확인할 때는 indexOf() 메소드를 사용합니다. indexOf() 메소드는 매개 변수로 받은 문자열이 포함된 부분의 위치를 리턴합니다. 매개 변수로 받은 문자열이 포함되어 있지 않을 때는 −1을 리턴합니다. 따라서 리턴된 값이 0보다 큰지 확인하면 문자열 내부에 특정 문자열이 있는지 알 수 있습니다.

코드 7-16 indexOf() 메소드 stringIndexOf.js

```
// 변수를 선언합니다.
let string = '안녕하세요. 좋은 아침입니다.';
```

```
// 문자열 내부에 "아침"이라는 문자열이 있는지 확인합니다.
if (string.indexOf('아침') >= 0) {
    console.log('좋은 아침이에요...!');
}
```

실행 결과

```
좋은 아침이에요...!
```

예제 7-4 문자열 분해

split() 메소드를 사용하면 특정한 기호를 기반으로 문자열을 분해할 수 있습니다.

코드 7-17 **split() 메소드** stringSplit.js

```
// 변수를 선언합니다.
let string = '감자,고구마,바나나,사과';

// 문자열을 쉼표로 자르고 출력합니다.
let array = string.split(',');
console.log(array);
```

실행 결과

```
[ '감자', '고구마', '바나나', '사과' ]
```

이 외에도 정규 표현식Regular Expression과 관련된 메소드도 자주 사용합니다. 정규 표현식은 일일이 외우기보다는 필요할 때 찾아서 사용하게 되므로 직접 찾아 살펴보기 바랍니다.

05 Date 객체

조건문 부분을 다루면서 '현재 시간을 구하는 방법'과 Date 객체를 간단하게 살펴보았습니다. Date 객체는 다음 세 가지 방법으로 생성할 수 있습니다.

표 7-5 Date 객체 생성 방법

클래스	설명
new Date()	현재 시간으로 Date 객체를 생성합니다.
new Date(유닉스_타임)	유닉스 타임(1970년 1월 1일 00시 00분 00초부터 경과한 밀리초)으로 Date 객체를 생성합니다.
new Date(시간_문자열)	문자열로 Date 객체를 생성합니다.
new Date(연, 월 - 1, 일, 시간, 분, 초, 밀리초)	시간 요소(연, 월 – 1, 일, 시간, 분, 초, 밀리초)를 기반으로 Date 객체를 생성합니다.

Date 객체를 사용할 때 주의할 것이 하나 있는데요. Month를 나타내는 '월'은 0부터 시작합니다. 따라서 0이 1월이고, 11이 12월입니다. 이것은 자바스크립트뿐만 아니라 대부분의 프로그래밍 언어에서 주의해야 하는 내용이므로 꼭 기억하기 바랍니다.

예제 7-5 Date 객체 생성

다음 코드에서는 네 가지 방법을 모두 사용해 Date 객체를 생성합니다.

코드 7-18 Date 객체 생성 newDate.js

```
// 현재 시간을 기반으로 Date 객체를 생성합니다.
let dateA = new Date();
console.log(dateA);
```

```
// 유닉스 타임(1970년 1월 1일 00시 00분 00초부터 경과한 밀리초(ms)를 정수 형태로 나타냅니다.)
let dateB = new Date(692281800000);
console.log(dateB);

// 문자열을 기반으로 Date 객체를 생성합니다.
let dateC = new Date("December 9, 1991 21:30:00")
console.log(dateC);

// 시간 요소(연, 월 - 1, 일, 시간, 분, 초, 밀리초)를 기반으로 Date 객체를 생성합니다.
let dateD = new Date(1991, 12 - 1, 9, 21, 30, 0, 0);
console.log(dateD);
```

실행 결과

```
2021-10-05T07:31:09.877Z
1991-12-09T12:30:00.000Z
1991-12-09T12:30:00.000Z
1991-12-09T12:30:00.000Z
```

1 메소드 활용

Date 객체는 get○○() 형태의 메소드와 set○○() 형태의 메소드만 가집니다. 이때 ○○에 들어갈 수 있는 문자는 3장에서 살펴본 FullYear, Month, Day, Hours, Minutes, Seconds 등입니다.

추가로 들어갈 수 있는 것들은 다음 링크를 참고해 주세요.

모질라 레퍼런스 – Date
https://developer.mozilla.org/ko/docs/Web/JavaScript/Reference/Global_Objects/Date

그럼 Date 객체를 활용한 간단한 예제를 살펴봅시다.

예제 7-6 시간 더하기

다음 코드는 현재 시간에 1년, 11개월, 3일을 더해 출력하는 예제입니다. 참고로 월은 0부터 11까지 있고, 일은 해당 월에 따라서 다를 텐데요. 이것은 알아서 처리해 주므로 따로 신경 쓰지 않아도 됩니다.

코드 7-19 시간 더하기 dateAdd.js

```
// 현재 시간을 구합니다.
let date = new Date();

// 출력1
console.log(date);

// 시간을 더합니다.
date.setFullYear(date.getFullYear() + 1);
date.setMonth(date.getMonth() + 11);
date.setDate(date.getDate() + 3);

// 출력2
console.log(date);
```

필자가 현재 책을 집필하는 시점이 2021년 10월 5일이므로 다음과 같이 출력합니다.

실행 결과

```
2021-10-05T07:42:58.249Z
2023-09-08T07:42:58.249Z
```

예제 7-7 시간 간격 구하기

다음 코드는 시간 간격을 구합니다. `getTime()` 메소드를 사용하면 유닉스 타임이 출력됩니다. 이를 사용해 2개의 시간을 빼고, 일 단위(1000밀리초 * 60초 * 60분 * 24시간)로 나누어 시간 간격을 구하는 것입니다.

코드 7-20 시간 간격 구하기 dateInterval.js

```
// 변수를 선언합니다.
let now = new Date();
let before = new Date('December 9, 1991');

// 시간 간격을 구합니다.
let interval = now.getTime() - before.getTime();
interval = Math.floor(interval / (1000 * 60 * 60 * 24));

// 출력합니다.
console.log(`태어나고 ${interval}일 지났습니다.`)
```

실행 결과

```
태어나고 10886일 지났습니다.
```

06 Array 객체

Array 객체는 자바스크립트에서 여러 자료를 다룰 때 사용하는 자료형입니다.

1 Array 객체의 기본 메소드

Array 객체의 기본 메소드는 [표 7-6]과 같습니다. 다음 메소드는 모든 플랫폼(Node.js, 웹 브라우저 등)에서 사용할 수 있습니다.

표 7-6 Array 객체의 메소드

메소드	설명
concat()	매개 변수로 입력한 배열의 요소를 모두 합쳐 배열을 만들어 리턴합니다.
join()	배열 안의 모든 요소를 문자열로 만들어 리턴합니다.
pop()*	배열의 마지막 요소를 제거하고 리턴합니다.
push()*	배열의 마지막 부분에 새로운 요소를 추가합니다.
reverse()*	배열의 요소 순서를 뒤집습니다.
slice()	배열 요소의 지정한 부분을 리턴합니다.
sort()*	배열의 요소를 정렬합니다.
splice()*	배열 요소의 지정한 부분을 삭제하고 삭제한 요소를 리턴합니다.

* 표시된 메소드는 자기 자신을 변화시킵니다.

조금 주의할 것이 있는데요. 이전에 String 객체를 설명하면서 참고로 자기 자신을 변화시키는 메소드를 '파괴적 메소드'라고 하며, 자기 자신을 변화시키지 않고 리턴하는 메소드를 '비파괴적 메소드'라고 한다고 했습니다.

String 객체의 메소드는 모두 비파괴적 메소드였는데요. Array 객체는 대부분 파괴적 메소드이므로 자기 자신을 변경합니다.

예제 7-8 배열 가공

Array 객체의 기본 메소드를 활용해 봅니다.

코드 7-21 Array 객체의 메소드 arrayMethod.js

```
// 배열을 선언합니다.
let array = [{
    name: '고구마',
    price: 1000
}, {
    name: '감자',
    price: 500
}, {
    name: '바나나',
    price: 1500
}];

// 배열의 요소를 꺼냅니다.
let popped = array.pop();
console.log('- 배열에서 꺼낸 요소');
console.log(popped);
console.log('- pop() 메소드를 호출한 이후의 배열');
console.log(array);

// 배열에 요소를 넣습니다.
array.push(popped);
array.push({
    name: '사과',
    price: 2000
});
console.log('- push() 메소드를 호출한 이후의 배열');
console.log(array);
```

실행 결과

```
- 배열에서 꺼낸 요소
{ name: '바나나', price: 1500 }
- pop() 메소드를 호출한 이후의 배열
[ { name: '고구마', price: 1000 }, { name: '감자', price: 500 } ]
- push() 메소드를 호출한 이후의 배열
[
  { name: '고구마', price: 1000 },
  { name: '감자', price: 500 },
  { name: '바나나', price: 1500 },
  { name: '사과', price: 2000 }
]
```

예제 7-9 배열 정렬

sort() 메소드는 단순한 배열일 때는 그냥 사용합니다. 그러나 객체 내부에 있는 특정한 값으로 정렬하고 싶을 때는 매개 변수에 함수를 넣고, 대소를 비교해서 -1(앞의 것이 더 작다), 0(같다), 1(앞의 것이 더 크다)을 리턴합니다.

참고로 sort() 메소드를 사용하면 배열을 정렬할 수 있습니다. sort() 메소드는 파괴적 메소드이면서 자기 자신도 변경하며, 변경된 자기 자신을 리턴합니다.

코드 7-22 **sort() 메소드** arraySort.js

```
// 배열을 선언합니다.
let arrayA = ['고구마', '감자', '바나나'];
let arrayB = [{
    name: '고구마',
    price: 1000
}, {
    name: '감자',
    price: 500
}, {
    name: '바나나',
    price: 400
}];
```

```
// 기본 배열을 정렬하고 출력합니다.
arrayA.sort();
console.log('- 문자열로 정렬');
console.log(arrayA);
console.log();
console.log('- 문자열로 정렬(역순)');
console.log(arrayA.reverse());
console.log();

// 객체 내부의 숫자로 정렬하고 출력합니다.
arrayB.sort((itemA, itemB) => {
    return itemA.price - itemB.price;
});
console.log('- 객체 내부의 숫자로 정렬')
console.log(arrayB);
console.log();

// 객체 내부의 문자열로 정렬하고 출력합니다.
arrayB.sort((itemA, itemB) => {
    if (itemA.name < itemB.name) {
        return -1;
    } else if (itemA.name > itemB.name) {
        return 1;
    } else {
        return 0;
    }
});
console.log('- 객체 내부의 문자열로 정렬')
console.log(arrayB);
```

실행 결과

```
- 문자열로 정렬
[ '감자', '고구마', '바나나' ]

- 문자열로 정렬(역순)
[ '바나나', '고구마', '감자' ]
```

```
- 객체 내부의 숫자로 정렬
[
  { name: '바나나', price: 400 },
  { name: '감자', price: 500 },
  { name: '고구마', price: 1000 }
]

- 객체 내부의 문자열로 정렬
[
  { name: '감자', price: 500 },
  { name: '고구마', price: 1000 },
  { name: '바나나', price: 400 }
]
```

배열 정렬이 너무 복잡하다고 생각할 수 있는데요. 사실입니다. 정말 어렵습니다. 보통 배열을 정렬할 때는 관련된 라이브러리를 사용합니다. '조금 더 나아가기'의 `lodash` 라이브러리를 참고하세요.

❷ 콜백 함수와 함께 사용하는 메소드

`Array` 객체에는 매개 변수로 콜백 함수를 전달하는 다양한 메소드가 있습니다.

모질라 레퍼런스

https://developer.mozilla.org/ko/docs/Web/JavaScript/Reference/Global_Objects/Array

이 중에서 사용 빈도가 가장 높은 메소드 3개를 살펴보겠습니다.

표 7-7 Array 객체의 메소드

메소드	설명
`forEach()`	배열의 요소를 하나씩 뽑아 반복을 돌립니다.
`map()`	콜백 함수에서 리턴하는 것을 기반으로 새로운 배열을 만듭니다.
`filter()`	콜백 함수에서 `true`를 리턴하는 것으로만 새로운 배열을 만들어 리턴합니다.

이러한 메소드는 모두 [코드 7-23]과 같은 콜백 함수를 매개 변수로 받습니다.

코드 7-23 **Array 객체의 메소드 콜백 함수 형태**

```
[52, 273, 32].forEach((item, index) => {

});
```

그럼 실제로 활용하는 예제를 살펴봅시다.

예제 7-10 Array 객체의 메소드

코드 7-24 **Array 객체의 메소드** newArrayMethod.js

```
// 배열을 선언합니다.
let array = [52, 273, 32, 64, 72];

// forEach() 메소드
console.log('--- forEach() 메소드 ---');
array.forEach((item, index) => {
    console.log(`- ${index}번째 요소는 ${item}입니다.`);
});

// map() 메소드
console.log();
console.log('--- map() 메소드 ---');
let outputA = array.map((item, index) => {
    // 배열의 모든 요소를 제곱해서 새로운 배열을 만듭니다.
    return item * item;
});
console.log(outputA);

// filter() 메소드
console.log();
```

```
console.log('--- filter() 메소드 ---');
let outputB = array.filter((item, index) => {
    // 짝수만 추출합니다.
    return item % 2 == 0;
});
console.log(outputB);
```

실행 결과

```
--- forEach() 메소드 ---
- 0번째 요소는 52입니다.
- 1번째 요소는 273입니다.
- 2번째 요소는 32입니다.
- 3번째 요소는 64입니다.
- 4번째 요소는 72입니다.

--- map() 메소드 ---
[ 2704, 74529, 1024, 4096, 5184 ]

--- filter() 메소드 ---
[ 52, 32, 64, 72 ]
```

07 조금 더 나아가기

1 lodash 라이브러리

자바스크립트에서 굉장히 많은 기본 함수를 제공함에도 실제로 사용하다 보면 뭔가 조금 부족합니다. 문자열 내부에 특정한 문자열이 포함되었는지 확인할 때도 indexOf() 메소드를 대소 비교해야 하고, 배열을 정렬하는 방법도 조금 복잡합니다.

그래서 많은 개발자가 자주 사용하는 기능을 더 간단한 함수로 정리한 lodash라는 라이브러리가 있습니다.

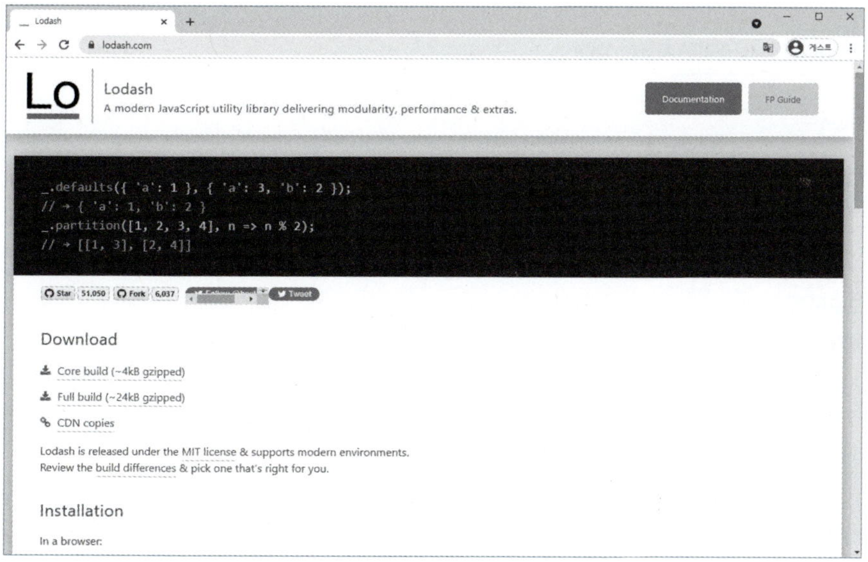

그림 7-3 lodash 라이브러리(https://lodash.com/)

모듈과 관련된 내용은 Part 2에서 배우므로 해당 부분을 다룬 이후에 이번 내용을 살펴보기 바랍니다. 일단 lodash 라이브러리는 다음 방법으로 설치합니다.

```
> npm install lodash
```

Part 3에서 배우는 웹 브라우저의 자바스크립트를 활용할 때는 다음 `script` 태그를 추가해서 사용합니다.

```
<script src="https://cdn.jsdelivr.net/npm/lodash@4.17.21/lodash.min.js"></script>
```

자세한 내용은 공식 웹 사이트를 살펴보면 쉽게 이해할 수 있을 것입니다. 영어 문서라 당황할 수도 있지만 개발자가 사용하는 영어는 공대생 영어입니다. 영어 단어가 어렵지 않고 간결한 문서이므로 차근차근 읽어서 사용하기 바랍니다.

간단하게 정렬하는 예제는 다음 코드와 같습니다. 다음 코드는 `price` 속성과 `name` 속성을 기반으로 정렬합니다.

코드 7-25 **lodash 라이브러리를 사용한 정렬**

```
// 모듈을 추출합니다.
const _ = require('lodash');

// 변수를 선언합니다.
const arra-=y = [{
    name: '고구마',
    price: 1000
}, {
    name: '감자',
    price: 500
}, {
    name: '바나나',
    price: 1500
}];

// 1번 형태
const outputA = _.sortBy(array, (item) => item.price);
```

```
console.log(outputA);

// 2번 형태
const outputB = _(array).sortBy((item) => item.name);
console.log(outputB);
```

2 JSON 객체

인터넷에서 다른 대상과 데이터 통신할 때는 JSON 객체라는 것을 많이 사용합니다. 일단 JSON 객체를 알려면 JSON이 무엇인지를 알아야 합니다. JSON은 JavaScript Object Notation의 약어로 '자바스크립트 객체를 사용한 데이터 표현 방법'입니다. 2010년 이후 전 세계 웹에서 가장 많이 사용하는 데이터 표현 방법이라고 할 수 있는데요. 기본 형태는 다음과 같습니다.

```
[
    {
        "name": "고구마",
        "price": 1000
    },
    {
        "name": "감자",
        "price": 500
    },
    {
        "name": "바나나",
        "price": 1500
    }
]
```

자바스크립트 객체를 사용한 데이터 표현 방법이라고 설명했지만, 몇 가지 제약이 있습니다.

- 문자열은 큰따옴표로 만들어야 합니다.
- 모든 키는 큰따옴표로 감싸야 합니다.

- 숫자, 문자열, 불 자료형만 사용할 수 있습니다.

자바스크립트는 이를 쉽게 다룰 수 있게 JSON 객체를 제공합니다. 이 객체는 다음과 같은 메소드를 갖습니다.

표 7-8 JSON 객체의 메소드

메소드	설명
JSON.stringify(객체, 변환_함수, 공백_개수)	자바스크립트 객체를 문자로 만듭니다.
JSON.parse(문자열)	문자열을 자바스크립트 객체로 파싱합니다.

간단한 예제를 살펴봅시다.

코드 7-26 JSON 객체 활용 jsonObject.js

```
// 변수를 선언합니다.
const javascriptObject = [{
    name: '윤인성',
    region: '서울'
}, {
    name: '윤명월',
    region: '도쿄'
}];

// JSON.stringify() 메소드로 자바스크립트 객체를 JSON 문자열로 변경합니다.
const outputA = JSON.stringify(javascriptObject);
const outputB = JSON.stringify(javascriptObject, null, 2);
console.log(typeof(outputA));
console.log(outputA);
console.log(outputB);
console.log('--------------------');

// JSON.parse() 메소드로 JSON 문자열을 자바스크립트 객체로 변경합니다.
const outputC = JSON.parse(outputB)
console.log(typeof (outputC));
console.log(outputC);
```

코드를 실행하면 다음과 같습니다. `JSON.stringify()` 메소드를 사용하면 문자열을 리턴하고, `JSON.parse()` 메소드를 사용하면 객체를 리턴한다는 사실을 꼭 확인해 주세요.

실행 결과

```
string
[{"name":"윤인성","region":"서울"},{"name":"윤명월","region":"도쿄"}]
[
  {
    "name": "윤인성",
    "region": "서울"
  },
  {
    "name": "윤명월",
    "region": "도쿄"
  }
]
--------------------
object
[ { name: '윤인성', region: '서울' }, { name: '윤명월', region: '도쿄' } ]
```

`JSON.stringify()` 메소드의 세 번째 매개 변수(공백_개수)는 JSON 객체에서 들여쓰기를 띄어쓰기 몇 개로 설정할지 지정합니다. 이 결과를 보면 쉽게 이해할 수 있을 것입니다.

두 번째 매개 변수인 **변환_함수**는 일반적으로 사용하지 않으므로 `null`을 입력하는데요. 거의 사용하지 않으므로 설명은 생략합니다. 관심 있다면 다음 링크를 참고하세요.

> **모질라 자바스크립트 레퍼런스 – JSON/stringify**
> https://developer.mozilla.org/ko/docs/Web/JavaScript/Reference/Global_Objects/JSON/stringify

JSON 객체를 활용하는 내용은 Part 2 프로젝트에서 다룹니다. 참고로 웹에서 데이터 통신에 많이 사용되는 데이터 표현 방법으로 XML과 CSV도 있습니다. 어떠한 형식인지 직접 찾아 살펴보기 바랍니다.

요약

01 자바스크립트의 기본 자료형은 숫자, 문자열, 불입니다.

02 Number 객체에는 다음 메소드가 있습니다.

메소드	설명
toExponential()	숫자를 지수 표시로 나타낸 문자열을 리턴합니다.
toFixed()	숫자를 고정소수점 표시로 나타낸 문자열을 리턴합니다.
toPrecision()	숫자를 길이에 따라 지수 표시 또는 고정소수점 표시로 나타낸 문자열을 리턴합니다.

03 Number 클래스에는 다음 속성이 있습니다.

속성	설명
MAX_VALUE	자바스크립트의 숫자가 나타낼 수 있는 최대 숫자
MIN_VALUE	자바스크립트의 숫자가 나타낼 수 있는 최소 숫자
NaN	자바스크립트의 숫자로 나타낼 수 없는 숫자
POSITIVE_INFINITY	양의 무한대 숫자
NEGATIVE_INFINITY	음의 무한대 숫자

04 String 객체에는 다음 속성과 메소드가 있습니다.

• 속성

속성	설명
length	문자열의 길이를 나타냅니다.

• 메소드

메소드	설명
charAt(position)	position에 위치하는 문자를 리턴합니다.
charCodeAt(position)	position에 위치하는 문자의 유니코드 번호를 리턴합니다.
concat(args)	매개 변수로 입력한 문자열을 이어 리턴합니다.
indexOf(searchString, position)	앞에서부터 일치하는 문자열의 위치를 리턴합니다.
lastIndexOf(searchString, position)	뒤에서부터 일치하는 문자열의 위치를 리턴합니다.
match(regExp)	문자열 안에 regExp가 있는지 확인합니다.
replace(regExp, replacement)	regExp를 replacement로 바꾼 후 리턴합니다.
search(regExp)	regExp와 일치하는 문자열의 위치를 리턴합니다.
slice(start, end)	특정 위치의 문자열을 추출해 리턴합니다.
split(separator, limit)	separator로 문자열을 잘라 배열을 리턴합니다.
substr(start, count)	start부터 count만큼 문자열을 잘라서 리턴합니다.
substring(start, end)	start부터 end까지 문자열을 잘라서 리턴합니다.
toLowerCase()	문자열을 소문자로 바꾸어 리턴합니다.
toUpperCase()	문자열을 대문자로 바꾸어 리턴합니다.

05 Date 객체는 다음 방법으로 생성합니다.

클래스	설명
new Date()	현재 시간으로 Date 객체를 생성합니다.
New Date(유닉스_타임)	유닉스 타임(1970년 1월 1일 00시 00분 00초부터 경과한 밀리초)으로 Date 객체를 생성합니다.
New Date(시간_문자열)	문자열로 Date 객체를 생성합니다.
New Date(연, 월 - 1, 일, 시간, 분, 초, 밀리초)	시간 요소(연, 월 - 1, 일, 시간, 분, 초, 밀리초)를 기반으로 Date 객체를 생성합니다.

06 Array 객체에는 다음 메소드가 있습니다.

메소드	설명
concat()	매개 변수로 입력한 배열의 요소를 모두 합쳐 배열을 만들어 리턴합니다.
join()	배열 안의 모든 요소를 문자열로 만들어 리턴합니다.
pop()*	배열의 마지막 요소를 제거하고 리턴합니다.
push()*	배열의 마지막 부분에 새로운 요소를 추가합니다.
reverse()*	배열의 요소 순서를 뒤집습니다.
slice()	배열 요소의 지정한 부분을 리턴합니다.
sort()*	배열의 요소를 정렬합니다.
splice()*	배열 요소의 지정한 부분을 삭제하고 삭제한 요소를 리턴합니다.
forEach()	배열의 요소를 하나씩 뽑아 반복을 돌립니다.
map()	콜백 함수에서 리턴하는 것을 기반으로 새로운 배열을 만듭니다.
filter()	콜백 함수에서 true를 리턴하는 것으로만 새로운 배열을 만들어 리턴합니다.

* 표시된 메소드는 자기 자신을 변화시킵니다.

07 자기 자신을 변화시키는 메소드를 '파괴적 메소드'라고 하며, 자기 자신을 변화시키지 않는 메소드를 '비파괴적 메소드'라고 합니다.

08 메소드를 연결해서 사용하는 것을 '메소드 체이닝'이라고 합니다.

연습문제

01 다음 괄호 안을 채우시오.

(1) 기본 자료형에 메소드를 추가하고 싶다면 (   )을 사용한다.

(2) 메소드를 연속해서 사용하는 것을 (   )이라고 부른다.

(3) 자기 자신을 변화시키는 메소드를 (   )라고 부른다.

(4) 자기 자신을 변화시키지 않고 리턴하는 메소드를 (   )라고 부른다.

(5) 1970년 1월 1일 00시 00분 00초부터 경과한 밀리초로 시간을 나타내는 단위를 (   )이라고 부른다.

(6) 배열에 요소 하나를 추가할 때는 (   ) 메소드를 사용한다.

(7) 배열의 마지막 요소를 제거하고 리턴할 때는 (   ) 메소드를 사용한다.

(8) JSON은 (   )의 약자이다.

02 다음 질문에 ○×를 표시하시오.

(1) `typeof` 키워드로 `new Number()`로 만든 숫자의 자료형을 확인하면, `number`가 나온다.

(2) `typeof` 키워드로 `new String()`로 만든 숫자의 자료형을 확인하면, `string`이 나온다.

(3) `typeof` 키워드로 `new Boolean()`로 만든 숫자의 자료형을 확인하면, `boolean`이 나온다.

(4) `let number = 10`처럼 숫자를 만들면, 기본 자료형이므로 메소드를 사용할 수 없다.

(5) JSON은 자바스크립트 객체를 활용한 데이터 표현 방법이므로, 자바스크립트에서 객체를 만드는 방법과 완전히 동일하게 데이터를 만들어 사용할 수 있다.

03 다음 코드를 실행했을 때 출력되는 날짜의 연도, 월, 일을 고르시오.

```
const date = new Date(2000, 12, 10)
console.log(date.toString())
```

① 2000년 12월 10일　② 2000년 11월 10일

③ 2001년 1월 10일　④ 오류 발생

04 다음 코드는 오류가 발생합니다. 오류의 이유와 해결 방법을 제시하시오.

```
// 프로토타입에 메소드를 추가합니다.
String.prototype.contain = (input) => {
    return this.indexOf(input) >= 0;
};

// 메소드를 활용합니다.
console.log('안녕하세요'.contain('안녕'));
console.log('안녕하세요'.contain('데굴데굴'));
```

05 다음 표의 데이터를 JSON 형식으로 나타내시오.

이름(name)	미네랄(mineral)	가스(gas)	보급품(supply)
일벌레	50	0	1
여왕	150	0	2
바퀴	75	25	2
히드라리스크	100	50	2
타락귀	150	100	2

06 다음 코드의 실행 결과를 적으시오.

```
let string = "hello world..!";

string.toUpperCase();
console.log(string);

string.toLowerCase();
console.log(string);
```

07 6번에서 `'Hello World..!'`와 `'hello world..!'`를 차례대로 출력하려면 무엇을 변경해야 하는가?

08 `lodash` 라이브러리 문서를 살펴보고, 배열(컬렉션)에 적용할 수 있는 메소드를 5개 이상 적고, 무엇을 하는 메소드인지 한 줄로 정리하시오.

예 : `_.sort()`: 배열을 정렬합니다.

CHAPTER 08
예외 처리

01 예외와 기본 예외 처리
02 고급 예외 처리
03 예외 객체
04 예외 강제 발생
요약
연습문제

학습목표

- 예외가 무엇인지 이해합니다.
- 예외를 처리하는 기본 방법과 고급 방법을 익힙니다.
- 예외 객체를 활용하는 방법을 익힙니다.
- 예외를 강제로 발생시키는 방법을 익힙니다.

PREVIEW

자바스크립트는 굉장히 유연한 프로그래밍 언어입니다. 굉장히 자유롭고 유연하게 개발할 수 있다는 장점이 있지만, 너무 자유로우면 문제가 발생할 가능성도 높습니다. 어떤 변수에 숫자가 들어 있는데, 문자열이 들어 있다고 생각해서 문자열 객체의 메소드를 사용하면 오류와 예외가 발생합니다. 이러한 오류와 예외를 모두 대비해서 개발해야 안전한 프로그램을 만들 수 있습니다.

01 예외와 기본 예외 처리

프로그램을 실행하는 동안 문제가 발생하면 프로그램이 자동으로 중단됩니다. 이렇게 발생한 오류를 예외Exception라고 하며, 이러한 오류에 대처할 수 있게 하는 것을 예외 처리Exception Handling라고 합니다. 지금까지 공부하면서 오타 등으로 가끔 다음과 같은 예외를 보았을 것입니다.

```
error.error.error()
```

실행 결과

```
C:\example\error.js:1
error.error.error();
^

ReferenceError: error is not defined
    at Object.<anonymous> (C:\example\error.js:1:1)
[90m    at Module._compile (internal/modules/cjs/loader.js:1085:14)[39m
[90m    at Object.Module._extensions..js (internal/modules/cjs/loader.js:1114:10)[39m
[90m    at Module.load (internal/modules/cjs/loader.js:950:32)[39m
[90m    at Function.Module._load (internal/modules/cjs/loader.js:790:14)[39m
[90m    at Function.executeUserEntryPoint [as runMain] (internal/modules/run_main.js:
76:12)[39m
[90m    at internal/main/run_main_module.js:17:47[39m
```

예외가 발생하는 이유는 다양합니다. 개발자가 잘못된 코드를 작성했을 수도 있고, 사용자가 개발자가 원하지 않는 방향으로 프로그램을 사용했을 수도 있습니다. 어떤 경우이든 예외를 미리 예견해서 깔끔하게 처리해야 하지만 사실 말처럼 쉽지가 않습니다.

예외는 기본 예외 처리와 고급 예외 처리 두 가지 방법으로 처리합니다. 예외가 발생하지 않게 사전에 해결하는 것을 기본 예외 처리라고 합니다. 간단한 예제를 만들어 보면서 기본 예외 처리를 어떻게 수행하는지 알아봅시다.

NOTE 예외와 오류

일반적인 프로그래밍 언어에서는 오류와 예외를 명확하게 구분하지만, 자바스크립트에서는 원래 모두 '오류'로 칭했습니다. 그런데 다양한 프로그래밍 언어를 사용하는 개발자가 자바스크립트를 사용하기 시작하면서 관례적으로 다음과 같이 구분했습니다.

- **오류(Error)** : 큰 의미로는 오류와 예외를 모두 포함합니다. 작은 의미로는 프로그램을 실행하기도 전에 발생하는 문법적 오류(괄호 개수가 다르다든지)입니다. 코드를 하나하나 실행하기도 전에 발생하므로 예외 처리 방법으로 처리할 수 없습니다.
- **예외(Exception)** : 프로그램을 실행하면서 발생하는 논리적 오류(배열의 인덱스를 음수로 입력한다든지)입니다. 예외 처리 방법으로 처리할 수 있습니다.

예제 8-1 TypeError 기본 예외 처리

❶ 예외 상황 확인하기 자바스크립트에는 undefined 자료형이 있습니다. 이러한 undefined 자료형을 일반적인 객체 또는 함수처럼 다루면 TypeError라는 예외가 발생합니다.

코드 8-1 TypeError 발생 typeError.js

```
// 함수 선언
function callThreeTimes(callback) {
    for (let i = 0; i < 3; i++) {
        callback();
    }
}

// 정상 실행
callThreeTimes(function () { console.log('안녕하세요'); });

// 예외 발생
callThreeTimes();
```

실행 결과

```
안녕하세요
안녕하세요
안녕하세요
C:\example\typeError.js:4
        callback();
        ^

TypeError: callback is not a function
    at callThreeTimes (C:\Users\KDY\Desktop\test.js:4:9)
    at Object.<anonymous> (C:\Users\KDY\Desktop\test.js:12:1)
    at Module._compile (internal/modules/cjs/loader.js:1085:14)
    at Object.Module._extensions..js (internal/modules/cjs/loader.js:1114:10)
    at Module.load (internal/modules/cjs/loader.js:950:32)
    at Function.Module._load (internal/modules/cjs/loader.js:790:14)
    at Function.executeUserEntryPoint [as runMain] (internal/modules/run_main.js:
76:12)
    at internal/main/run_main_module.js:17:47
```

함수가 아니므로 호출할 수 없습니다. 따라서 예외가 발생합니다.

❷ **기본 예외 처리하기** 사전에 해당 데이터가 함수인지 조건문으로 확인하기만 해도 이러한 예외를 예방할 수 있습니다.

코드 8-2 TypeError를 기본 예외 처리로 처리 typeError.js

```
// 함수 선언
function callTenTimes(callback) {
    if (typeof(callback) == "function") {
        for (let i = 0; i < 10; i++) {
            callback();
        }
    } else {
        console.log('매개변수 callback을 함수로 지정해주세요.');
    }
}

// 정상 실행
```

callback이 함수 자료형일 때만 호출합니다.

```
callTenTimes(function () { console.log('안녕하세요'); });

// 예외 발생
callTenTimes();
```

실행 결과

```
안녕하세요
안녕하세요
안녕하세요
안녕하세요
안녕하세요
안녕하세요
안녕하세요
안녕하세요
안녕하세요
안녕하세요
매개변수 callback을 함수로 지정해주세요.
```

02 고급 예외 처리

고급 예외 처리는 try 키워드, catch 키워드, finally 키워드로 예외를 처리하는 방법입니다. 이를 try catch finally 구문이라고 하는데, 기본 형태는 다음과 같습니다.

```
try {
    // 예외가 발생하면
} catch (exception) {
    // 여기서 처리합니다.
} finally {
    // 여기는 무조건 실행합니다.
}
```

다음과 같이 catch 구문 또는 finally 구문이 필요 없다면, 해당 부분을 생략하고 사용할 수 있습니다.

```
try {
    // 예외가 발생하면
} catch (exception) {
    // 여기서 처리합니다.
}
```

```
try {
    // 예외가 발생하면
} finally {
    // 여기는 무조건 실행합니다.
}
```

예제 8-2 **고급 예외 처리**

❶ **예외 상황 확인하기** 배열을 생성할 때 길이를 음수로 지정하면 RangeError가 발생합니다.

코드 8-3 예외 상황 확인 tryCatchBasic.js

```
// 예외를 발생시킵니다.
const array = new Array(-2000);
```

실행 결과

```
C:\example\tryCatchBasic.js:2
const array = new Array(-2000);
              ^

RangeError: Invalid array length
    at Object.<anonymous> (C:\example\tryCatchBasic.js:2:15)
[90m    at Module._compile (internal/modules/cjs/loader.js:1085:14)[39m
[90m    at Object.Module._extensions..js (internal/modules/cjs/loader.js:1114:10)[39m
[90m    at Module.load (internal/modules/cjs/loader.js:950:32)[39m
[90m    at Function.Module._load (internal/modules/cjs/loader.js:790:14)[39m
[90m    at Function.executeUserEntryPoint [as runMain] (internal/modules/run_main.js:
76:12)[39m
[90m    at internal/main/run_main_module.js:17:47[39m
```

❷ **고급 예외 처리하기** `try catch finally` 구문을 사용해 예외를 처리합니다.

코드 8-4 고급 예외 처리 tryCatchBasic.js

```
try {
    // 예외를 발생시킵니다.
    const array = new Array(-2000);
} catch (exception) {
    console.log(`${exception.name} 예외가 발생했습니다.`);
} finally {
    console.log('finally 구문이 실행되었습니다.');
}
```

실행 결과

```
RangeError 예외가 발생했습니다.
finally 구문이 실행되었습니다.
```

NOTE finally 구문

[코드 8-4]를 보면서 'finally 구문을 사용할 필요가 있을까?' 하고 생각하는 학생이 있을 것입니다. catch 구문 내부에 finally 구문 내부의 코드를 넣어도 결과가 비슷하기 때문입니다.

코드 8-5 finally 구문을 사용하지 않은 코드 finally.js

```
function test() {
    try {
        // 예외를 발생시킵니다.
        const array = new Array(-2000);
    } catch (exception) {
        console.log(`${exception.name} 예외가 발생했습니다.`);
        console.log('함수가 종료되었습니다.');
    }
}

test();
```

실행 결과

```
RangeError 예외가 발생했습니다.
함수가 종료되었습니다.
```

하지만 [코드 8-6]과 [코드 8-7]은 finally 구문을 사용할 때와 사용하지 않을 때의 결과가 다릅니다.

코드 8-6 catch 구문 내부에서 return 키워드 사용 – finally 구문을 사용하지 않았을 때

```
function test() {
    try {
        // 예외를 발생시킵니다.
        const array = new Array(-2000);
    } catch (exception) {
        console.log('${exception.name} 예외가 발생했습니다.');
        return;
        console.log('함수가 종료되었습니다.');
    }
}

test();
```

return 키워드를 사용해 여기서 함수를 종료합니다.

실행 결과

```
RangeError 예외가 발생했습니다.
```

코드 8-7 **catch 구문 내부에서 return 키워드 사용 – finally 구문을 사용했을 때**

```
function test() {
    try {
      // 예외를 발생시킵니다.
      const array = new Array(-2000);
    } catch (exception) {
      console.log(`${exception.name} 예외가 발생했습니다.`);
      return;
    } finally {
      console.log('함수가 종료되었습니다.');
    }
}

test();
```

return 키워드를 사용해 여기서 함수를 종료합니다.

실행 결과

```
RangeError 예외가 발생했습니다.
함수가 종료되었습니다.
```

[코드 8-6]에서는 '함수가 종료되었습니다.'는 문자열을 출력하지 않았지만, [코드 8-7]은 [코드 8-5]처럼 문자열을 출력합니다. 이는 어떠한 상황이 되어도 **finally** 구문은 무조건 실행하고 끝낸다는 규칙 때문입니다.

이처럼 다음 상황에서는 결과가 다릅니다.

- catch 구문 내부에서 return 키워드를 만날 때
- catch 구문 내부에서 try catch 구문을 사용했는데 break 또는 continue 키워드를 만날 때

사실 catch 구문 내부에서 이것을 사용하면 코드가 꼬이므로 싫어하는 개발자가 많습니다. 그래서 일부 프로그래밍 언어는 catch 구문에서 이것을 사용하지 못하게 하고, finally 구문의 기능이 없기도 합니다.

03 예외 객체

예외가 발생했을 때 어떤 예외가 발생했는지 정보를 함께 전달받을 수 있다면 좋을 것입니다. 이런 기능을 수행하는 것이 예외 객체입니다.

예외 객체는 다음과 같이 `catch` 구문의 괄호 안에 들어 있는 변수를 나타냅니다.

```
try {

} catch (exception) {

}
```

> **NOTE** 괄호 안에 들어 있는 변수이므로 원하는 대로 이름을 붙여 사용할 수 있습니다. 하지만 보통은 `e` 또는 `exception`이라는 변수 이름을 사용합니다.

예외 객체에는 `name` 속성과 `message` 속성이 있는데요. 어떤 예외인지 코드 내부에서 확인할 수 있습니다. 이를 활용하면 자바스크립트로 웹 서버를 만들었을 때 개발자의 메일 등으로 오류 정보를 정리해서 보낼 수 있습니다.

바로 예제를 만들면서 알아보겠습니다.

예제 8-3 예외 객체

`ReferenceError`를 발생시킨 이후에 예외 객체의 `name` 속성과 `message` 속성을 출력합니다.

코드 8-8 **예외 객체** exceptionObject.js

```
try {
    // 예외를 발생시킵니다.
    error.error.error();
} catch (e) {
    console.log(e.name);
    console.log(e.message);
}
```

실행 결과

```
ReferenceError
error is not defined
```

04 예외 강제 발생

지금까지 예외가 발생했을 때 이를 어떻게 처리하는지 알아보았습니다. 그렇다면 이러한 예외를 강제로 발생시킬 수는 없을까요? 예외를 강제로 발생시킬 때는 `throw` 키워드를 사용합니다. `throw` 키워드 뒤에는 문자열 또는 `Error` 객체를 입력합니다.

일단 문자열로 예외를 발생시킬 때는 다음 코드처럼 작성합니다.

코드 8-9 간단한 예외 강제 발생 throw.js

```
throw '강제 예외';
```

코드를 실행하면 다음과 같이 출력합니다.

실행 결과

```
C:\example\throw.js:1
throw '강제 예외';
^
강제 예외
(Use `node --trace-uncaught ...` to show where the exception was thrown)
```

지금까지 살펴본 것과는 달리 굉장히 간단하게 예외와 관련된 내용을 출력했는데요. 조금 더 자세하게 예외를 출력하고 싶을 때는 `Error` 객체를 사용합니다.

코드 8-10 Error 객체를 사용한 예외 강제 발생 throw.js

```
// 예외 객체를 만듭니다.
const error = new Error('메시지');
```

```
error.name = '내 마음대로 오류';
error.message = '오류의 메시지';

// 예외를 발생시킵니다.
throw error;
```

Error 객체를 사용하면 어떤 파일의 몇 번째 줄에서 예외가 발생했는지도 확인할 수 있습니다.

실행 결과

```
C:\example\throw.js:9
throw error;
^

내 마음대로 오류: 오류의 메시지
    at Object.<anonymous> (C:\Users\KDY\Desktop\test.js:2:15)
[90m    at Module._compile (internal/modules/cjs/loader.js:1085:14)[39m
[90m    at Object.Module._extensions..js (internal/modules/cjs/loader.js:1114:10)[39m
[90m    at Module.load (internal/modules/cjs/loader.js:950:32)[39m
[90m    at Function.Module._load (internal/modules/cjs/loader.js:790:14)[39m
[90m    at Function.executeUserEntryPoint [as runMain] (internal/modules/run_main.js:
76:12)[39m
[90m    at internal/main/run_main_module.js:17:47[39m
```

문자열을 사용할 때는 catch 구문의 예외 객체에 간단한 문자열만 전달됩니다.

코드 8-11 간단한 예외 강제 발생 때의 예외 객체 throw.js

```
try {
    // 예외를 강제로 발생시킵니다.
    throw '예외가 발생했습니다';
} catch (exception) {
    // 예외 객체를 출력합니다.
    console.log('예외가 발생했습니다.');
    console.log(exception);
}
```

실행 결과

```
예외가 발생했습니다.
예외가 발생했습니다
```

반면 Error 객체를 사용하면 예외 객체로 지금까지 살펴보았던 예외 객체가 전달됩니다.

코드 8-12 Error 객체를 사용한 예외 강제 발생 때의 예외 객체 throw.js

```
try {
    // 예외 객체를 만듭니다.
    const error = new Error('메시지');
    error.name = '내 마음대로 오류';
    error.message = '오류의 메시지';

    // 예외를 발생시킵니다.
    throw error;
} catch (exception) {
    // 예외 객체를 출력합니다.
    console.log(`${exception.name} 예외가 발생했습니다.`);
    console.log(exception.message);
}
```

실행 결과

```
내 마음대로 오류 예외가 발생했습니다.
오류의 메시지
```

사실 이 책에서 다루는 코드가 그렇게 길지 않으므로 예외 처리를 어디에 사용하는지 궁금할 텐데요. 실제 실무에서는 코드가 길며, 개발할 때 '예외 처리로 떡칠한다'고 표현할 정도로 예외 처리를 많이 사용합니다. 그러므로 이 장의 내용을 확실하게 기억하기 바랍니다.

요약

01 예외와 예외 처리

프로그램 실행 중에 발생하는 문제를 '예외'라고 하며, 이를 처리하는 것을 '예외 처리'라고 합니다.

02 try catch finally 구문을 사용한 고급 예외 처리

```
try {
    // 예외가 발생하면
} catch (exception) {
    // 여기서 처리합니다.
} finally {
    // 여기는 무조건 실행합니다.
}
```

03 예외를 강제로 발생시키는 구문

throw 키워드를 사용합니다.

```
throw '강제 예외';
```

연습문제

01 다음 괄호 안을 채우시오.

(1) 프로그램 실행 중에 발생한 오류를 (   )라고 부른다.

(2) 실행 중에 발생하는 오류를 처리하는 것을 (   )라고 부른다.

(3) 예외를 강제로 발생시킬 때는 (   ) 키워드를 사용한다.

(4) 예외와 관련된 정보는 (   )에서 추출할 수 있다.

02 다음 질문에 ○×를 표시하시오.

(1) 괄호를 잘못 사용하는 등의 문법적 오류도 `try catch` 구문으로 처리할 수 있다.

(2) 예외가 발생했을 때, 예외를 처리하지 않았다면 프로그램이 즉시 중단된다.

(3) `try catch` 구문 내부에서 `return` 또는 `break`를 사용해도, `finally` 구문은 반드시 실행된다.

(4) 예외 객체의 이름은 반드시 `exception`으로 지어야 한다.

03 `try catch finally` 구문에서 예외를 발생시킬 가능성이 있는 코드를 넣는 부분을 고르시오.

① `try` ② `catch` ③ `except` ④ `finally`

04 예외를 강제로 발생시킬 때 사용하는 키워드를 고르시오.

① `throw` ② `error` ③ `expt` ④ `exception`

05 예외를 강제로 발생시키는 상황에서 추가적인 정보를 전달하고 싶을 때 사용하는 객체를 고르시오.

① `Error` ② `Exception` ③ `RuntimeError` ④ `SysntaxError`

06 다음 코드 중에서 `try catch finally` 구문으로 처리할 수 없는 코드는?

① `error.error.error();`

② `let array = [1, 2, 3, 4, 5];`
`console.log(array[-100]);`

③ `let number = NEW Number(10);`

④ `let number = 20;`
`number();`

07 예외 처리 구문의 조합으로 옳지 않은 것은?

① `catch {} try (exception) {}`

② `catch {} finally {}`

③ `try {} catch (exception) {} finally {}`

④ `try {} catch finally {}`

08 다음 중에서 예외와 관련된 설명으로 옳지 않은 것은?

① 예외와 관련된 정보는 예외 객체에서 얻을 수 있다.

② 예외를 처리하지 않았는데 예외가 발생하면 프로그램이 실행 중에 강제 종료된다.

③ `try` 구문 또는 `catch` 구문 내부에서 `return` 키워드가 호출되어도 `finally` 구문은 무조건적으로 실행한다.

④ `finally` 구문에서 예외가 발생하면 해당 예외는 무시된다.

09 다음 중 `Error` 객체에 포함되어 있는 속성을 모두 고르시오.

① `name`

② `errroNumber`

③ `type`

④ `message`

10 다음 코드의 실행 결과를 예측하시오.

```
function test() {
    try {
        console.log('출력A');
        const array = new Array(-2000);
        console.log('출력B');
    } catch (exception) {
        console.log('출력C');
        return;
        console.log('출력D');
    } finally {
        console.log('출력E');
    }
}

test();
```

11 다음 코드의 실행 결과를 예측하시오.

```
function 함수() {
    try {
        return
        console.log("try 위치")
    } catch {
        console.log("catch 위치")

    } finally {
        console.log("finally 위치")
    }
}

함수()
```

12 다음 코드의 실행 결과를 예측하시오.

```
try {
    console.log("try 위치")
    throw "예외 강제 발생"
} catch (exception) {
    console.log("catch 위치")
    console.log(exception)
}
```

PART 02

서버 자바스크립트

CHAPTER 09 Node.js 기본
CHAPTER 10 express 모듈
CHAPTER 11 프로젝트 – RESTful 웹 서비스

PREVIEW

지금까지 Node.js를 사용해 자바스크립트를 배웠습니다. Node.js는 자바스크립트 프로그래밍 언어를 실행시킬 수 있는 '플랫폼Platform'입니다. 다음 파트에서 살펴보는 웹 브라우저도 자바스크립트 프로그래밍 언어를 실행시킬 수 있는 '플랫폼'입니다.

이러한 플랫폼은 프로그래밍 언어 자체를 읽고 실행하는 것 이외에도 몇 가지 기능을 더 제공합니다. 지금까지는 자바스크립트 프로그래밍 언어 자체를 배웠는데요. 지금부터는 Node.js 서버 개발 플랫폼이 제공하는 기능을 배워 보겠습니다. 7장(표준 내장 객체)과 같이 제공하는 속성과 메소드를 살펴보는 내용밖에 없으므로 어렵지는 않을 것입니다.

CHAPTER 09

Node.js 기본

01 전역 변수
02 process 객체의 속성과 이벤트
03 process 객체와 이벤트 개요
04 os 모듈
05 url 모듈
06 File System 모듈
07 노드 패키지 매니저 – npm
08 request 모듈
09 cheerio 모듈
10 async 모듈
요약
연습문제

학습목표

- Node.js의 전역 변수를 익힙니다.
- Node.js 문서를 보는 방법을 익힙니다.
- Node.js 모듈의 동기 메소드를 이해합니다.
- npm(Node.js Package Manager)으로 외부 모듈을 설치하는 방법을 이해합니다.
- Node.js의 외부 모듈을 사용하는 방법을 이해합니다.
- 템플릿 엔진이 무엇인지 이해합니다.

PREVIEW

Node.js 서버 개발 플랫폼이 제공하는 객체와 함수를 살펴봅시다. 이 장에서는 배울 내용이 굉장히 많은데요. '외워야 한다'는 압박감으로 살펴보지 말고 '이렇게 보고 활용하는 것이다'는 것에 초점을 맞춰 살펴보기 바랍니다.

01 전역 변수

자바스크립트에서 아무런 변수를 선언하지 않고 사용할 수 있는 것을 전역 ○○이라고 합니다. 예를 들어 아무런 제약 없이 사용할 수 있는 것이 변수라면 전역 변수, 함수라면 전역 함수, 객체라면 전역 객체라고 칭하는데요. 먼저 기본 자료형의 전역 변수를 알아봅니다. Node.js는 전역 변수로 [표 9-1]처럼 문자열 자료형 변수를 가집니다.

표 9-1 문자열 자료형의 전역 변수

변수	설명
`__filename`	현재 실행 중인 코드의 파일 경로를 나타냅니다.
`__dirname`	현재 실행 중인 코드의 폴더 경로를 나타냅니다.

그럼 간단하게 `__filename`과 `__dirname`을 출력해 봅시다.

예제 9-1 __filename과 __dirname

다음 코드는 `__filename`과 `__dirname`을 출력해 현재 파일의 경로와 파일이 속한 폴더의 경로를 출력합니다.

코드 9-1 __filename과 __dirname 출력 globalVariable.js

```
console.log(__filename);
console.log(__dirname);
```

실행 결과

```
C:\example\globalVariable.js
C:\example
```

02 process 객체의 속성과 이벤트

Node.js는 process 객체라는 전역 객체를 제공합니다. process 객체는 프로세스 정보를 제공하며, 제어할 수 있게 하는 객체입니다. 속성과 메소드는 [표 9-2]와 같습니다.

TIP • 프로세스는 간단하게 말하자면 '실행 중인 프로그램'을 의미합니다.

표 9-2 process 객체의 속성

속성	설명
`env`	컴퓨터 환경 정보를 나타냅니다.
`version`	Node.js 버전을 나타냅니다.
`versions`	Node.js와 종속된 프로그램 버전을 나타냅니다.
`arch`	프로세서의 아키텍처를 나타냅니다.
`platform`	플랫폼을 나타냅니다.

표 9-3 process 객체의 메소드

메소드	설명
`exit([exitCode = 0])`	프로그램을 종료합니다.
`memoryUsage()`	메모리 사용 정보 객체를 리턴합니다.
`uptime()`	현재 프로그램이 실행된 시간을 리턴합니다.

그럼 간단하게 [표 9-2]와 [표 9-3]에 있는 속성과 메소드를 사용해 봅시다.

예제 9-2 **process 객체의 속성과 메소드**

다음 코드는 process 객체의 속성을 출력하고 메소드를 호출합니다.

코드 9-2 **process 객체의 속성과 메소드** process.js

```
// process 객체의 속성과 메소드를 사용합니다.
console.log('- process.arch:', process.arch);
console.log('- process.platform:', process.platform);
console.log('- process.connected:', process.connected);
console.log('- process.execArgv:', process.execArgv);
console.log('- process.exitCode:', process.exitCode);
console.log('- process.mainModule:', process.mainModule);
console.log('- process.release:', process.release);
console.log('- process.memoryUsage():', process.memoryUsage());
console.log('- process.uptime():', process.uptime());

// 강제로 종료합니다.
process.exit();

// 위에서 강제 종료되었으므로 이후 부분은 실행되지 않습니다.
console.log('테스트');
console.log('테스트');
console.log('테스트');
```

실행 결과

```
- process.arch: x64
- process.platform: win32
- process.connected: undefined
- process.execArgv: []
- process.exitCode: undefined
- process.mainModule: Module {
  id: '.',
  path: 'C:\\example',
  exports: {},
  parent: null,
  filename: 'C:\\example\\process.js',
  loaded: false,
  children: [],
  paths: [ 'C:\\example\\node_modules', 'C:\\node_modules' ]
}
```

```
- process.release: {
  name: 'node',
  lts: 'Fermium',
  sourceUrl: 'https://nodejs.org/download/release/v14.17.1/node-v14.17.1.tar.gz',
  headersUrl: 'https://nodejs.org/download/release/v14.17.1/node-v14.17.1-headers.tar.
gz',
  libUrl: 'https://nodejs.org/download/release/v14.17.1/win-x64/node.lib'
}
- process.memoryUsage(): {
  rss: 20582400,
  heapTotal: 5001216,
  heapUsed: 3166272,
  external: 1076917,
  arrayBuffers: 9898
}
- process.uptime(): 0.0337326
```

03 process 객체와 이벤트 개요

자바스크립트는 '이벤트Event'를 굉장히 많이 활용합니다. 지금 살펴보는 서버 자바스크립트는 물론이고 클라이언트 자바스크립트에서도 굉장히 많이 사용하는데요. 용어를 제대로 살펴보고 넘어가는 것이 중요합니다.

일단 이벤트를 사용하는 방법을 알아보고 용어를 정리합시다. Node.js는 이벤트를 연결할 때 다음 메소드를 사용합니다.

표 9-4 Node.js의 이벤트 연결 메소드

메소드	설명
on(이벤트_이름, 이벤트_핸들러)	이벤트를 연결합니다.

이벤트 핸들러(또는 이벤트 리스너)는 이벤트가 발생했을 때 호출할 함수를 의미합니다. 어떤 내용인지 말로 설명하기가 어려우므로 곧바로 process 객체에 이벤트를 연결해 봅시다.

process 객체에 있는 이벤트는 [표 9-5]와 같습니다.

표 9-5 process 객체의 이벤트

이벤트	설명
exit	프로세스가 종료될 때 발생합니다.
uncaughtException	예외가 일어날 때 발생합니다.

간단하게 [표 9-5]의 이벤트를 사용해 봅시다.

예제 9-3 process 객체의 이벤트

다음 코드는 process 객체의 속성을 출력하고 메소드를 호출합니다.

코드 9-3 process 객체의 이벤트 processEvent.js

```
// exit 이벤트를 연결합니다.
process.on('exit', () => {
    console.log('프로세스가 종료되었습니다.');
});

// uncaughtException 이벤트를 연결합니다.
process.on('uncaughtException', () => {
    console.log('예외가 발생했습니다.');
});

// 예외를 강제로 발생시킵니다.
error.error.error();
```

실행 결과

```
예외가 발생했습니다.
프로세스가 종료되었습니다.
```

Node.js가 제공하는 객체의 이벤트는 https://nodejs.org/en/docs/에서 찾을 수 있습니다. `process` 객체는 https://nodejs.org/api/process.html에서 찾을 수 있습니다.

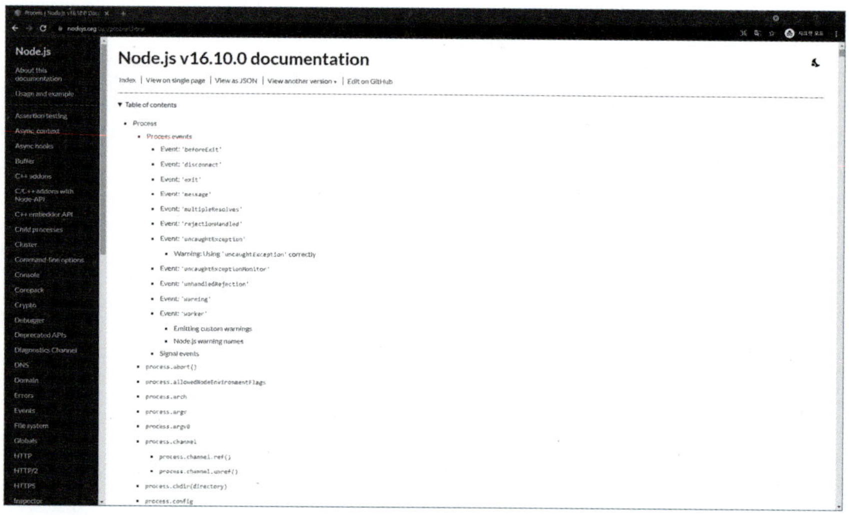

그림 9-1 Node.js 문서

문서를 보면 exit 이벤트와 uncaughtException 이벤트 핸들러에 매개 변수가 들어온다는 사실을 알 수 있습니다. 이처럼 이벤트 핸들러의 매개 변수로 전달되는 매개 변수를 '이벤트 매개 변수'라고 합니다.

```
const process = require('process');

process.on('exit', (code) => {
  console.log(`About to exit with code: ${code}`);
});
```

그림 9-2 exit 이벤트의 이벤트 매개 변수

예제 9-4 이벤트 매개 변수

다음 코드는 exit 이벤트와 uncaughtException 이벤트의 이벤트 매개 변수를 출력합니다.

코드 9-4 이벤트 매개 변수 exitEventArguments.js

```
// exit 이벤트를 연결합니다.
process.on('exit', (code) => {
    console.log('프로세스 종료되었습니다.');
    console.log(`exit 이벤트 매개 변수: ${code}`);
});

// uncaughtException 이벤트를 연결합니다.
process.on('uncaughtException', (error) => {
    console.log('예외가 발생했습니다.');
    console.log(`uncaughtException 이벤트 매개 변수: ${error}`);
});

// 예외를 강제로 발생시킵니다.
error.error.error();
```

실행 결과

```
예외가 발생했습니다.
uncaughtException 이벤트 매개 변수: ReferenceError: error is not defined
```

```
프로세스 종료되었습니다.
exit 이벤트 매개 변수: 0
```

이벤트 매개 변수로 무엇이 들어오는지는 문서를 참고해야 알 수 있습니다. 여유를 갖고 Node.js 문서를 차근차근 읽어 보면서 어떤 속성, 메소드, 이벤트가 있는지 하나씩 살펴보기 바랍니다.

어떤 레고 블록이 있는지 알아야 무엇을 사용해 블록으로 만들어야 할지 알 수 있습니다. 프로그래밍도 마찬가지입니다. 어떠한 메소드가 제공되는지 틈틈이 살펴보세요.

04 os 모듈

이 책에서 배울 첫 번째 Node.js의 모듈은 os입니다. 사실 os 모듈은 애플리케이션을 만들 때 많이 활용하지는 않습니다. 하지만 모듈의 기본 사용 방법을 익히기에 가장 적당합니다. 이 절은 os 모듈의 개념보다는 모듈을 어떻게 찾아보고 활용하는지에 더 비중을 둡니다.

모듈 문서에서 os 모듈을 살펴보면 [그림 9-3]과 같습니다.

The `os` module provides operating system-related utility methods and properties. It can be accessed using:

```
const os = require('os');
```

그림 9-3 os 모듈 사용

잘 살펴보면 `require('os')`를 사용하라고 알려 줍니다. os 모듈은 다음 코드처럼 추출할 수 있습니다.

코드 9-5 os 모듈 추출

```
// 모듈을 추출합니다.
const os = require('os');
```

이러한 os 모듈은 [표 9-6]의 메소드를 사용할 수 있습니다. 문서를 보면 더 많은 메소드가 나올 텐데요. 이 절을 끝내고 직접 문서를 보면서 활용해 보세요.

표 9-6 os 모듈의 메소드

메소드	설명
`hostname()`	운영체제의 호스트 이름을 리턴합니다.
`type()`	운영체제의 이름을 리턴합니다.

platform()	운영체제의 플랫폼을 리턴합니다.
arch()	운영체제의 아키텍처를 리턴합니다.
release()	운영체제의 버전을 리턴합니다.
uptime()	운영체제가 실행된 시간을 리턴합니다.
loadavg()	로드 애버리지 정보를 담은 배열을 리턴합니다.
totalmem()	시스템의 총메모리를 리턴합니다.
freemem()	시스템의 사용 가능한 메모리를 리턴합니다.
cpus()	CPU의 정보를 담은 객체를 리턴합니다.
getNetworkInterfaces()	네트워크 인터페이스의 정보를 담은 배열을 리턴합니다.

예제 9-5 os 모듈

다음 코드는 os 모듈을 추출하고, os 모듈의 메소드를 호출합니다.

코드 9-6 os 모듈 os.js

```
// 모듈을 추출합니다.
const os = require('os');

// 모듈을 사용합니다.
console.log(os.hostname());
console.log(os.type());
console.log(os.platform());
console.log(os.arch());
console.log(os.release());
console.log(os.uptime());
console.log(os.loadavg());

console.log(os.totalmem());
console.log(os.freemem());
console.log(os.cpus());
console.log(os.networkInterfaces());
```

실행 결과

```
DESKTOP-FDJTHQB
Windows_NT
win32
x64
10.0.19042
797695
[ 0, 0, 0 ]
16898539520
7911260160
[
  {
    model: 'Intel(R) Core(TM) i7-10700 CPU @ 2.90GHz',
    speed: 2904,
    times: {
      user: 1727046,
      nice: 0,
      sys: 3582015,
      idle: 128062437,
      irq: 1145484
    }
  },
...(생략)
```

현재는 'os 모듈을 어디에 쓰지?'보다는 'require() 함수의 매개 변수로 문자열 os를 입력해 모듈을 추출하고 사용한다'는 점을 기억하세요. 그리고 os 모듈 정보를 Node.js 문서에서 찾는다는 것도 기억해 주세요.

05 url 모듈

간단한 모듈을 하나 더 살펴봅니다. 이 절에서 살펴볼 모듈은 `url` 모듈입니다. Node.js 문서에서 `url` 모듈을 어떻게 사용하는지 미리 예측해 보세요.

Node.js 문서에서 `url` 모듈을 살펴보면 [그림 9-4]와 같습니다.

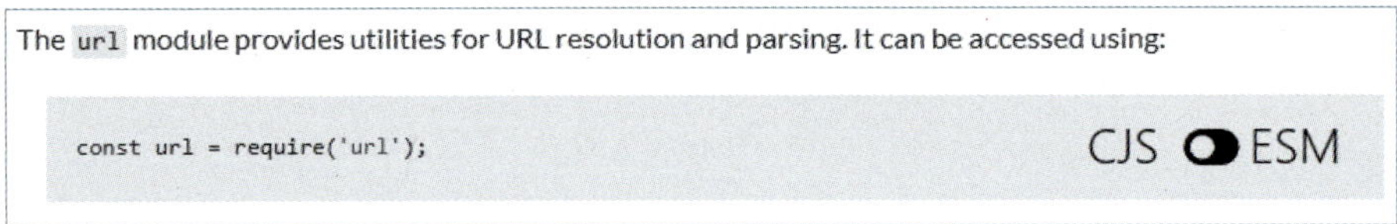

The `url` module provides utilities for URL resolution and parsing. It can be accessed using:

```
const url = require('url');
```

CJS ESM

그림 9-4 url 모듈

> **NOTE** **CJS와 ESM**
>
> `const url = require('url')` 형태로 작성하는 코드를 'CommonJS 방식의 코드'라고 부릅니다. CommonJS는 2009년에 자바스크립트 모듈을 구현하기 위해 만들어진 방식입니다. 이후 2015년에 자바스크립트 공식 표준도 모듈의 필요성을 깨닫고, `import url fron 'url'`이라는 형태로 모듈을 읽어 들이는 문법을 추가했습니다. 이를 EcmaScript Module이라고 부릅니다.
>
> 2022년 1월을 기준으로 CommonJS 방식이 많이 사용되고 있으며, EcmaScript Module 형태로 사용하려면 여러 가지 제한이 있습니다.
>
> 따라서 이 책에서는 CommonJS 방식을 사용하겠습니다. Node.js 문서에서 모듈을 읽어 들이는 코드를 볼 때, CJS 방식으로 선택해서 살펴봐 주세요.

[그림 9-4]를 보면 `url` 모듈을 어떻게 추출하는지 바로 알 수 있습니다. `os` 모듈을 사용할 때와 마찬가지로 다음 코드로 `url` 모듈을 추출합니다.

코드 9-7 url 모듈 추출 url.js

```
// 모듈을 추출합니다.
const url = require('url');
```

이렇게 접근한 `url` 모듈은 [표 9-7]의 메소드를 사용할 수 있습니다(물론 문서를 살펴보면 더 많은 메소드를 확인할 수 있습니다).

표 9-7 url 모듈의 메소드

메소드	설명
`parse(urlStr [, parseQueryString=false, slashesDenoteHost=false])`	URL 문자열을 URL 객체로 변환해 리턴합니다.
`format(urlObj)`	URL 객체를 URL 문자열로 변환해 리턴합니다.
`resolve(from, to)`	매개 변수를 조합하여 완전한 URL 문자열을 생성해 리턴합니다.

이 메소드 중 자주 사용하는 `parse()` 메소드와 관련된 예제만 살펴보겠습니다.

예제 9-6 url 모듈

다음 코드에서는 `url` 모듈을 추출하고, `parse` 메소드를 사용합니다.

코드 9-8 url 모듈 url.js

```
// 모듈을 추출합니다.
const url = require('url');

// 모듈을 사용합니다.
const parsedObject = url.parse('http://www.hanbit.co.kr/store/books/look.php?p_code=
B4250257160');
console.log(parsedObject);
```

실행 결과

```
Url {
  protocol: 'http:',
  slashes: true,
  auth: null,
  host: 'www.hanbit.co.kr',
  port: null,
  hostname: 'www.hanbit.co.kr',
  hash: null,
  search: '?p_code=%20B4250257160',
  query: 'p_code=%20B4250257160',
  pathname: '/store/books/look.php',
  path: '/store/books/look.php?p_code=%20B4250257160',
  href: 'http://www.hanbit.co.kr/store/books/look.php?p_code=%20B4250257160'
}
```

06 File System 모듈

이번에는 파일 처리와 관련된 모듈을 살펴봅니다. `File System` 모듈을 모르면 다음 장을 진행하기가 어려우므로 이 절에서 설명하는 내용을 꼭 알아야 합니다. [그림 9-5]는 `File System` 모듈과 관련된 설명입니다.

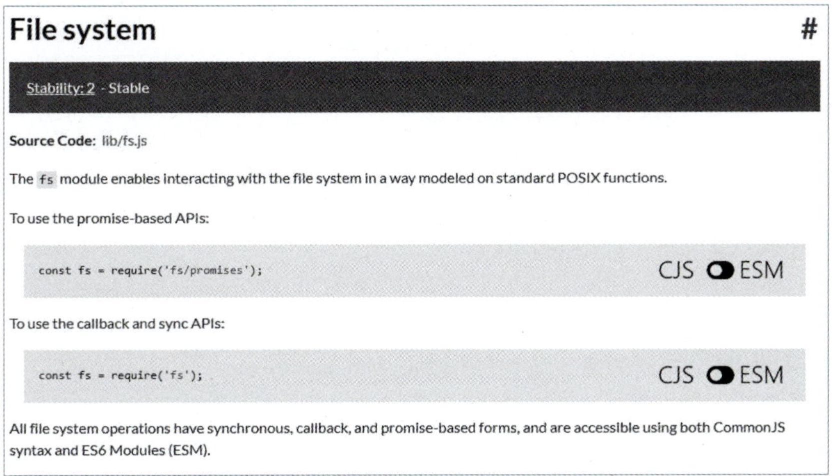

File system #

Stability: 2 - Stable

Source Code: lib/fs.js

The fs module enables interacting with the file system in a way modeled on standard POSIX functions.

To use the promise-based APIs:

```
const fs = require('fs/promises');
```

CJS ESM

To use the callback and sync APIs:

```
const fs = require('fs');
```

CJS ESM

All file system operations have synchronous, callback, and promise-based forms, and are accessible using both CommonJS syntax and ES6 Modules (ESM).

그림 9-5 File System 모듈

[그림 9-5]에서 알 수 있듯이 `File System` 모듈은 [코드 9-9]를 사용해 추출할 수 있습니다. 지금까지 살펴본 모듈과 다르게 모듈 이름을 약어로 사용하니 주의하세요.

코드 9-9 fs 모듈 추출 방법

```
// 모듈을 추출합니다.
const fs = require('fs');
```

File System 모듈에는 파일 이름 수정, 이동, 제거 등 메소드가 정말 많습니다. 이 절에서는 파일을 읽고 쓰는 것과 관련된 메소드만 살펴봅니다.

1 파일 읽기

그럼 파일 읽기부터 살펴보겠습니다. 파일을 읽으려면 먼저 파일이 있어야겠죠? 실행할 자바스크립트 파일([그림 9-6]에서 read.js 파일)이 있는 폴더에 [그림 9-6]처럼 textfile.txt 이름의 파일을 생성합니다.

그림 9-6 폴더 구성

textfile.txt 파일에는 간단한 문자열 'This is a textfile.txt'를 입력합니다.

파일을 읽을 때는 [표 9-8]의 메소드를 사용합니다.

표 9-8 파일 읽기 메소드

메소드	설명
fs.readFileSync(파일_이름)	동기적으로 파일을 읽어 들입니다.
fs.readFile(파일_이름, 콜백_함수)	비동기적으로 파일을 읽어 들입니다.

'동기적으로'와 '비동기적으로'라는 말이 어떤 의미인지 헷갈릴 수 있는데요. 우선 간단하게 예제를 만들어 차근차근 설명하겠습니다.

예제 9-7 동기적으로 파일 읽어 들이기

다음 코드는 fs.readFileSync() 메소드를 사용해 동기적으로 파일을 읽어 들입니다.

코드 9-10 **fs.readFileSync() 메소드** syncRead.js

```
// 모듈을 추출합니다.
const fs = require('fs');

// 파일을 읽어 들이고 출력합니다.
const file = fs.readFileSync('textfile.txt');
console.log(file);
console.log(file.toString());
```

실행 결과

```
<Buffer 54 68 69 73 20 69 73 20 61 20 74 65 78 74 66 69 6c 65 2e 74 78 74>
This is a textfile.txt
```

NOTE 코드를 실행했을 때, 위의 실행 결과와 다르게 출력되는 경우가 있습니다. 이는 운영체제 또는 텍스트 에디터에 따라서 텍스트 파일을 처리하는 형식이 조금씩 다르기 때문입니다.

예를 들어서 텍스트 파일 앞에 'ef bb bf'라는 글자가 추가될 수 있습니다. 이는 파일의 인코딩 형식이 UTF-8이라는 것을 나타내는, 눈에 보이지 않는 기호입니다. 또한 텍스트 파일 뒤에 '0a' 또는 '0d 0a'라는 글자가 추가될 수 있습니다. 이는 파일의 줄바꿈 문자가 윈도우와 리눅스에서 다르기 때문에 나타날 수 있는 기호입니다.

파일은 파일을 만든 환경에 의해서 조금씩 차이가 생길 수 있지만, 이를 Node.js에서 읽어 들이고, 문자열 자료형으로 변환하면, Node.js가 알아서 이러한 차이를 제거해 줍니다. 따라서 파일의 미세한 형식 차이를 구분하지 않아도, 간단하게 텍스트 파일을 읽어 들이고 사용할 수 있습니다. 따라서 위 코드의 실행 결과가 조금 다르더라도 걱정하지 말기 바랍니다!

예제 9-8 비동기적으로 파일 읽어 들이기

다음 코드는 `fs.readFile()` 메소드를 사용해 비동기적으로 파일을 읽어 들입니다.

코드 9-11 **fs.readFile() 메소드** asyncRead.js

```
// 모듈을 추출합니다.
const fs = require('fs');
```

```
// 파일을 읽어 들입니다.
fs.readFile('textfile.txt', (error, file) => {
    // 출력합니다.
    console.log(file);
    console.log(file.toString());
});
```

실행 결과는 [코드 9-10]과 같습니다.

둘 다 실행 결과는 같지만, 내부적으로 실행되는 구조는 다릅니다. 일단 동기와 비동기의 비유적인 설명은 1장 01절에서 했으므로 해당 부분을 참고하기 바랍니다.

동기적으로 파일을 읽어 들일 때는 다음 순서로 코드가 실행됩니다.

```
// 모듈을 추출합니다.
const fs = require('fs'); ........................ ❶

// 파일을 읽어 들이고 출력합니다.
const file = fs.readFileSync('textfile.txt'); ..... ❷
console.log(file); ................................ ❸
console.log(file.toString()); ..................... ❹
// 현재 단계의 코드를 종료합니다. ..................... ❺
```

동기적으로 파일을 읽어 들일 때 중요한 부분은 바로 ❷에서 ❸으로 이동하는 과정입니다. ❷에서 '파일을 읽어 들일 때'까지 코드가 정지합니다. 파일의 크기가 굉장히 크다면 ❷에서 ❸으로 이동할 때 10초 이상 정지할 가능성이 있습니다.

현재 코드는 굉장히 간단하므로 큰 문제가 없어 보이지만, 웹 서버 통신이나 사용자 이벤트 처리 등에서 10초 이상 프로세스가 정지하면 큰 문제가 발생할 수 있습니다.

스마트폰 애플리케이션과 같은 GUI 프로그램이라면 사용자가 '프로그램이 죽었나?' 하고 생각해서 프로그램을 강제로 종료할 수 있습니다. 웹 서버에서도 웹 페이지에 들어갔는데 웹 서버 전체가 10초 이상 반응이 없다면 다른 처리들을 할 수 없게 됩니다.

그래서 이 문제를 해결하려고 대부분의 프로그래밍 언어는 스레드 기능을 사용합니다. 스레드를 사용하면 코드를 한 줄씩 읽어 들이는 것이 아니라, 한 번에 여러 줄을 읽어 들여 실행할 수 있습니다. 하지만 스레드를 사용해 프로그램을 개발하면 '개발자가 해야 하는 일'이 너무 많아집니다. 능숙한 개발자라면 코드를 제대로 구성해서 스레드들을 조합할 수 있지만, 스레드에 익숙하지 않은 개발자라면 스레드를 사용하는 과정에서 여러 문제가 발생할 수 있습니다.

Node.js에는 '개발자는 스레드를 하나 운용하는 것처럼 개발하세요. 스레드 처리와 관련된 것은 모두 제가 처리해 드릴게요!' 하는 기본 이념이 들어 있습니다.

이번에는 다음 코드를 살펴봅시다. 비동기적으로 구성된 코드입니다.

```
// 모듈을 추출합니다.
const fs = require('fs'); ❶

// 파일을 읽어 들입니다.
fs.readFile('textfile.txt', (error, file) => { ❷
    // 출력합니다.
    console.log(file); ❹
    console.log(file.toString()); ❺
    // 현재 단계의 코드를 종료합니다. ❻
});
// 현재 단계의 코드를 종료합니다. ❸
```

`fs.readFile()` 메소드는 '파일을 읽어 들이는 이벤트를 등록'하는 메소드입니다. 해당 시점에서는 이벤트만 등록하고 곧바로 코드를 진행해 버립니다. ❷에서 ❸으로 이동하는 동안 걸리는 시간이 0초에 가깝습니다.

따라서 프로그램은 계속 실행되며, Node.js의 뒷단(Background)에서 파일을 읽어 들이는 처리가 수행됩니다. 이러한 뒷단에서 처리가 모두 끝나면, 그때 콜백 함수 부분을 실행합니다.

콜백 함수의 형태는 메소드마다 다를 수 있는데, 보통 첫 번째 매개 변수는 '오류'를 나타내는 오류 객체이고, 두 번째 매개 변수가 원하는 값입니다.

2 비동기 처리의 장점

Node.js와 관련된 설명을 보면 '기존 웹 서버보다 10배 이상 빠르고 가볍다'고 합니다. 사실 정확하게는 틀린 말입니다. C++ 등 프로그래밍 언어로 프로그램을 제대로 만든다면, 당연히 C++ 등 빠른 프로그래밍 언어로 만든 코드가 빠릅니다. 하지만 제대로 만들기는 굉장히 어렵습니다.

'프로그램을 빠르게 만드는 것', '빠르게 개발하는 것과 유지 보수하기 쉽게 간결하게 만드는 것'은 무언가를 만들 때 발생하는 굉장히 중요한 충돌 요소입니다. 웹 서버를 C++ 프로그래밍 언어로 만들면 굉장히 빠르지만, 개발과 유지 보수는 굉장히 어렵습니다.

지금 살펴본 것과 같은 입출력 처리(파일 입출력, 네트워크 입출력 등)는 프로그래밍 언어가 0.001초 만에 끝냈어도 디스크(HDD, SDD)에서 읽어 들이는 데 1초가 걸린다면 프로그래밍 언어의 속도가 큰 의미 없습니다.

그래서 전 세계 웹 서비스 기업(페이스북, 트위터 등)도 C++로 웹 서버를 개발하지 않습니다. 모두 PHP, 자바, 루비, 파이썬, Node.js 등 프로그래밍 언어로 개발하는데요. 프로그래밍 언어 자체는 느리지만 큰 의미가 없다고 판단해 개발 속도와 유지 보수성이 좋은 프로그래밍 언어를 사용하는 것입니다.

> **NOTE 네이티브 모듈**
>
> 대부분의 스크립트 언어와 플랫폼(루비, 파이썬, Node.js 등)은 특정 모듈을 C++로 만들 수 있습니다. 이렇게 되면 복잡한 수학 연산을 하는 부분만 C++로 만들어 전체적으로 빠르게 처리할 수 있습니다.

실제로 자바스크립트 프로그래밍 언어는 C++, 자바보다 느립니다. 하지만 프로그램을 개발하는 과정에서 Node.js를 사용하면 손쉽게 비동기 처리를 구현할 수 있습니다. '기존의 웹 서버보다 10배 이상 빠르고 가볍다'는 말도 여기서 나온 것입니다.

다음 코드는 여러 개의 파일을 읽어 들이고 합쳐서 사용자에게 전달하는 코드를 간단하게 작성한 것입니다.

코드 9-12 여러 파일을 동기적으로 읽기

```
// 모듈을 추출합니다.
const fs = require('fs');

// 파일을 읽어 들입니다.
const a = readFileSync('a.txt');
const b = readFileSync('b.txt');
const c = readFileSync('c.txt');

// 파일을 출력합니다.
console.log(a, b, c);
```

만약 파일 1개를 읽어 들이는 데 2초씩 걸린다면, 파일 3개를 순차적으로 읽을 때에는 총 6초가 걸립니다. 이를 동시에 처리하면 2초를 줄일 수 있지만, 대부분의 프로그래밍 언어로 개발을 할 때 스레드를 나눠서 여러 파일을 읽어 들이는 일은 굉장히 귀찮고 복잡합니다.

하지만 Node.js에서는 다음 코드 정도로도 비동기 처리를 할 수 있습니다.

코드 9-13 여러 파일을 비동기적으로 읽기

```
// 모듈을 추출합니다.
const fs = require('fs');
const async = require('async');

// 병렬적으로 파일을 읽어 들입니다.
async.parallel([
    (callback) => { fs.readFile('a.txt', callback); },
    (callback) => { fs.readFile('b.txt', callback); },
    (callback) => { fs.readFile('c.txt', callback); },
], (error, results) => {
    // 출력합니다.
    console.log(results);
});
```

순차적으로 읽어 들이는 것이 아니라 병렬적(동시 처리)으로 파일을 읽어 들이므로, 파일 하나를 읽어 들이는 데 2초씩 걸린다 해도 전체 처리는 2초밖에 되지 않습니다.

일부 학생은 코드가 조금 복잡하다고 생각할 수 있는데요. 6초가 걸리는 처리를 2초로 단축(1/3로 처리 단축)시키는 데 드는 수고로 봤을 때 그렇게 길지 않은 코드라고 할 수 있습니다.

3 파일 쓰기

그럼 이제 파일을 읽고 쓰는 방법을 알아봅시다. 파일을 쓸 때는 [표 9-9]의 메소드를 사용합니다.

표 9-9 파일 쓰기 메소드

메소드	설명
fs.writeFileSync(파일_이름, 문자열)	동기적으로 파일을 씁니다.
fs.writeFile(파일_이름, 문자열, 콜백_함수)	비동기적으로 파일을 씁니다.

파일 읽기를 다룰 때 동기 처리와 비동기 처리의 차이를 배웠으니 파일 쓰기는 예제만 살펴봅시다.

예제 9-9 동기적으로 파일 쓰기

다음 코드는 fs.writeFileSync() 메소드를 사용해 동기적으로 파일을 씁니다.

코드 9-14 fs.writeFileSync() 메소드 syncWrite.js

```
// 모듈을 추출합니다.
const fs = require('fs');

// 파일을 씁니다.
fs.writeFileSync('output.txt', '안녕하세요...!');
console.log('파일 쓰기를 완료했습니다.');
```

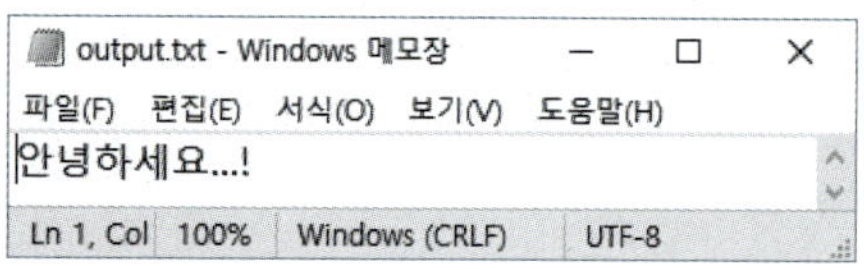

코드를 실행하면 '파일 쓰기를 완료했습니다'는 문자열이 출력됩니다. 여기서는 파일이 쓰여졌는지가 중요한데요. 예제 파일과 같은 폴더에 있는 output.txt 파일을 열어 확인하기 바랍니다.

예제 9-10 비동기적으로 파일 쓰기

다음 코드는 `fs.writeFile()` 메소드를 사용해 비동기적으로 파일을 씁니다.

코드 9-15 fs.writeFile() 메소드 asyncWrite.js

```
// 모듈을 추출합니다.
const fs = require('fs');

// 파일을 씁니다.
fs.writeFile('output.txt', '안녕하세요...!', (error) => {
    console.log('파일 쓰기를 완료했습니다.');
});
```

실행 결과는 [예제 9-9]와 같습니다.

4 파일 처리와 예외 처리

파일을 읽어 들일 때 해당 파일이 없다면 어떻게 될까요? 파일을 어떤 디렉터리의 어떤 파일에 쓰라고 했는데, 막상 해당 폴더가 없다면 어떻게 될까요? 예외적인 상황이므로 예외가 발생하게 됩니다. 그래서 파일 처리를 할 때는 반드시 예외 처리를 해야 합니다.

동기 코드를 예외 처리할 때는 `try catch` 구문을 활용하고, 비동기 코드를 예외 처리할 때는 콜백 함수로 전달된 첫 번째 매개 변수 `error`를 활용합니다.

예제 9-11 동기 코드 예외 처리

다음 코드는 `fs.readFileSync()` 메소드를 사용할 때 예외 처리를 하는 방법입니다. 없는 파일을 지정해 강제로 예외를 발생시키고자 none.txt를 입력했습니다.

코드 9-16 fs.readFileSync() 메소드 예외 처리 syncException.js

```
// 모듈을 추출합니다.
const fs = require('fs');

// 예외 처리합니다.
try {
    // 파일을 읽어 들이고 출력합니다.
    const file = fs.readFileSync('none.txt');
    console.log(file);
    console.log(file.toString());
} catch (exception) {
    // 예외가 발생했을 때
    console.log('파일을 읽어 들이는 데 문제가 발생했습니다.');
    console.log(exception);
}
```

실행 결과

```
파일을 읽어 들이는 데 문제가 발생했습니다.
Error: ENOENT: no such file or directory, open 'none.txt'
    at Object.openSync (fs.js:498:3)
    at Object.readFileSync (fs.js:394:35)
    at Object.<anonymous> (C:\example\syncException.js:7:21)
    at Module._compile (internal/modules/cjs/loader.js:1085:14)
    at Object.Module._extensions..js (internal/modules/cjs/loader.js:1114:10)
    at Module.load (internal/modules/cjs/loader.js:950:32)
    at Function.Module._load (internal/modules/cjs/loader.js:790:14)
    at Function.executeUserEntryPoint [as runMain] (internal/modules/run_main.js:
76:12)
    at internal/main/run_main_module.js:17:47 {
  errno: -4058,
  syscall: 'open',
  code: 'ENOENT',
  path: 'none.txt'
}
```

예제 9-12 비동기 코드 예외 처리

다음 코드는 `fs.readFile()` 메소드를 사용할 때 예외 처리를 하는 방법입니다. 없는 파일을 지정해 강제로 예외를 발생시키고자 none.txt를 입력했습니다.

코드 9-17 fs.readFile() 메소드 예외 처리 asyncException.js

```
// 모듈을 추출합니다.
const fs = require('fs');

// 파일을 읽어 들입니다.
fs.readFile('textfile.txt', (error, file) => {
    // 예외 처리합니다.
    if (error) {
        // 예외가 발생했을 때
        console.log('파일을 읽어 들이는 데 문제가 발생했습니다.');
        console.log(error);
    } else {
        // 출력합니다.
        console.log(file);
        console.log(file.toString());
    }
});
```

실행 결과

```
파일을 읽어 들이는 데 문제가 발생했습니다.
[Error: ENOENT: no such file or directory, open 'C:\example\textfile.txt'] {
  errno: -4058,
  code: 'ENOENT',
  syscall: 'open',
  path: 'C:\\example\\textfile.txt'
}
```

NOTE 조기 리턴

함수 중간 부분에 리턴을 넣으면 함수가 해당 부분에서 종료됩니다. 이를 '조기 리턴'이라고 하는데요. [코드 9-17]을 [코드 9-18]과 같이 수정하면 들여쓰기 단계가 줄어 코드가 간단해집니다.

코드 9-18 조기 리턴 활용 earlyReturn.js

```
// 모듈을 추출합니다.
const fs = require('fs');

// 파일을 읽어 들입니다.
fs.readFile('textfile.txt', (error, file) => {
    // 예외 처리합니다.
    if (error) {
        // 예외가 발생했을 때
        console.log('파일을 읽어 들이는데 문제가 발생했습니다.');
        console.log(error);
        return; // 여기 부분이 '조기 리턴'입니다(else를 사용하지 않아도 됩니다).
    }

    // 출력합니다.
    console.log(file);
    console.log(file.toString());
});
```

Node.js에서는 동기 처리를 사용할 이유가 없습니다. 따라서 동기 처리는 '이러한 것이 있다'는 정도로만 알아 두고, 비동기 처리와 관련된 내용은 꼭 기억하고 넘어갑니다.

07 노드 패키지 매니저 – npm

어떤 프로그래밍 플랫폼이 기본적으로 제공하는 모듈을 '내부 모듈'이라고 합니다. 반면 개인 개발자가 내부 모듈을 조합해서 사용하기 쉬운 형태로 만들거나 새로운 기능(수학 공식 등)을 구현해서 제공하는 것을 '외부 모듈'이라고 합니다.

과거의 프로그래밍 언어들은 이러한 외부 모듈을 설치하기가 굉장히 어려웠습니다. 하지만 현대 스크립트 프로그래밍 언어들은 '패키지 매니저' 모듈 관리 프로그램을 사용해 모듈을 쉽게 설치하고 활용할 수 있답니다.

패키지 매니저로 파이썬은 pip Python Package Index, 루비는 gem 등을 사용하는데요. Node.js는 npm Node.js Package Manager을 사용합니다. npm은 Node.js가 설치될 때 함께 설치됩니다. 따라서 따로 설치할 필요 없이 곧바로 사용할 수 있습니다.

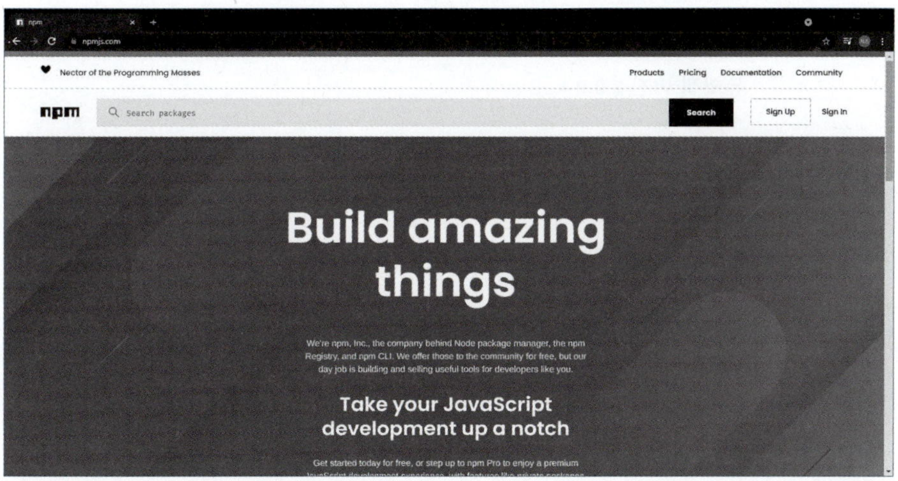

그림 9-7 npm(https://www.npmjs.com/)

npm은 굉장히 다양하게 활용할 수 있는데요. 이 책에서는 '외부 모듈을 설치하는 용도'로 npm을 살펴보겠습니다. 외부 모듈을 설치할 때는 다음 명령어를 사용합니다.

```
> npm install 모듈_이름
예> npm install express
```

이러한 명령어 뒤에 @ 기호를 사용하면 원하는 버전을 설치할 수 있습니다.

```
> npm install 모듈_이름@버전
예> npm install express@4
예> npm install express@4.2
예> npm install express@4.2.7
```

NOTE 유의적 버전

애플리케이션 버전은 X.X.X(주.부.수)의 형태로 적습니다. 이를 유의적 버전Semantic Versioning이라고 합니다. '유의적'이라는 말이 어렵게 느껴질 수 있는데요. '의미 있는 버전 관리 방식'이라고 생각하면 됩니다.

관련된 내용은 다음 웹 사이트에서 확인할 수 있습니다.

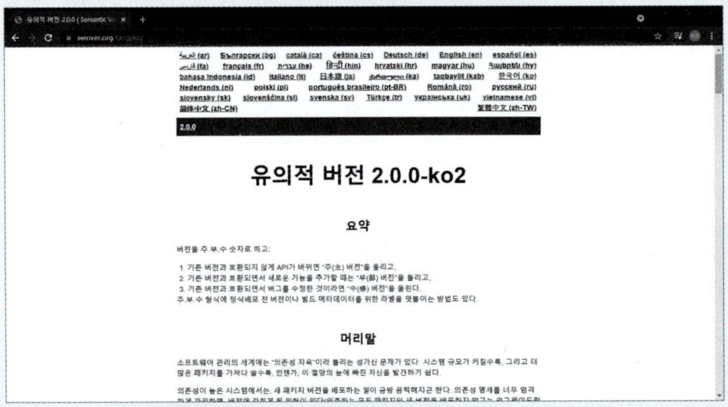

그림 9-8 유의적 버전(http://semver.org/lang/ko/)

간단하게 내용을 가져오면 다음과 같습니다.

❶ 기존 버전과 호환되지 않게 API가 바뀌면 '주(主) 버전'을 올리고,

❷ 기존 버전과 호환되면서 새로운 기능을 추가할 때는 '부(部) 버전'을 올리고,

❸ 기존 버전과 호환되면서 버그를 수정한 것이라면 '수(修) 버전'을 올린다.

그럼 간단한 외부 모듈 몇 가지를 살펴봅시다.

08 request 모듈

일단 간단한 request 모듈부터 알아보겠습니다. request 모듈은 웹 요청을 쉽게 만들어 주는 모듈입니다. Node.js가 기본적으로 제공하는 모듈이 아니라 다른 개인이 제공하는 '외부 모듈'입니다. 따라서 npm으로 설치해야 사용할 수 있습니다. request 모듈은 다음 명령어로 설치합니다.

```
> npm install request
```

이렇게 설치한 외부 모듈은 내부 모듈처럼 require() 함수로 사용합니다.

코드 9-19 request 모듈 추출

```
// 모듈을 추출합니다.
const request = require('request');
```

request 모듈 설명은 request 모듈의 GitHub 페이지에서 확인할 수 있습니다. 내부 모듈과 마찬가지로 하나씩 외우기보다는 '이런 모듈이 있고 GitHub 페이지에서 문서를 확인할 수 있다'는 정도만 기억해 주세요.

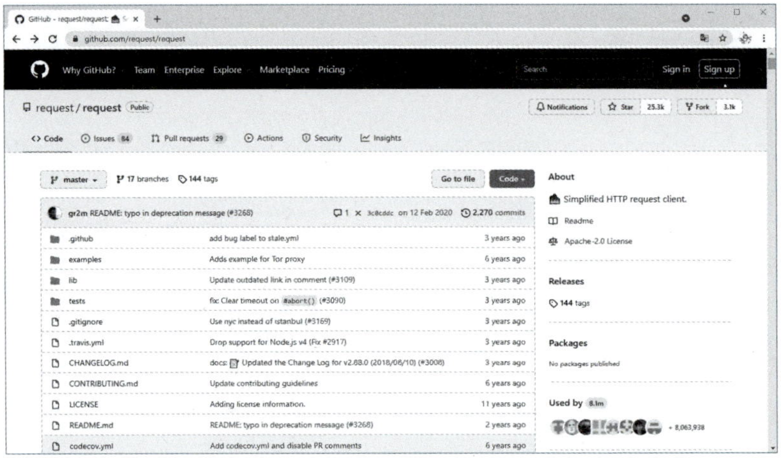

그림 9-9 request 모듈(https://github.com/request/request)

모듈의 GitHub 페이지에 들어가면 해당 모듈과 관련된 자세한 설명이 있습니다. 그럼 간단하게 한빛미디어의 웹 사이트에서 새로 나온 책 페이지를 가져와 봅시다.

예제 9-13 request 모듈

한빛미디어에서 새로 나온 책 목록은 다음과 같습니다.

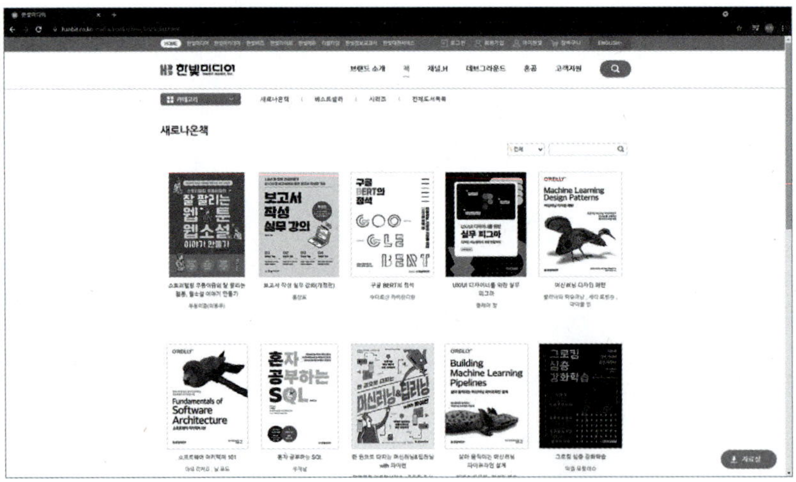

그림 9-10 한빛미디어의 새 책 페이지(http://www.hanbit.co.kr/store/books/new_book_list.html)

이것은 다음 방법으로 가져옵니다. 코드를 실행하기 전에 `npm install request` 명령어를 실행해서 `request` 모듈을 설치해야 합니다.

코드 9-20 **request 모듈** request.js

```
// 모듈을 추출합니다.
const request = require('request');

// request 모듈을 사용합니다.
const url = 'http://www.hanbit.co.kr/store/books/new_book_list.html';
request(url, (error, response, body) => {
    console.log(body);
});
```

코드를 실행하면 웹 페이지의 소스 코드를 긁어 와서 출력합니다.

실행 결과

```
<!DOCTYPE html>
<html lang="ko">
<head>
<!--[if lte IE 8]>
<script>
  location.replace('/support/explorer_upgrade.html');
</script>
<![endif]-->
<meta charset="utf-8"/>
<title>한빛출판네트워크</title>
<link rel="shortcut icon" href="https://www.hanbit.co.kr/images/common/hanbit.ico">
<meta http-equiv="X-UA-Compatible" content="IE=Edge" />
<meta property="og:type" content="website"/>
<meta property="og:title" content="한빛출판네트워크"/>
<meta property="og:description" content="더 넓은 세상, 더 나은 미래를 위한 아시아 출판 네
트워크 :: 한빛미디어, 한빛아카데미, 한빛비즈, 한빛라이프, 한빛에듀"/>
<meta property="og:image" content="https://www.hanbit.co.kr/images/hanbitpubnet_logo.
jpg" />
<meta property="og:url" content="https://www.hanbit.co.kr/store/books/new_book_list.
html"/>
...(생략)
```

09 cheerio 모듈

request 모듈로 가져온 웹 페이지는 단순한 HTML 문자열입니다. 여기에서 원하는 정보를 추출해야 단순한 '데이터Data'가 '정보Information'가 됩니다. 이 과정을 일반적으로 '파싱Parsing'이라고 하는데요. cheerio 모듈을 사용하면 가져온 웹 페이지의 특정 위치에서 손쉽게 데이터를 추출할 수 있습니다.

cheerio 모듈은 다음 명령어로 설치합니다.

```
> npm install cheerio
```

이렇게 설치한 외부 모듈은 내부 모듈처럼 require() 함수로 사용합니다.

코드 9-21 cheerio 모듈 추출

```
// 모듈을 추출합니다.
const cheerio = require('cheerio');
```

cheerio 모듈의 사용 방법도 GitHub 페이지에서 확인할 수 있습니다.

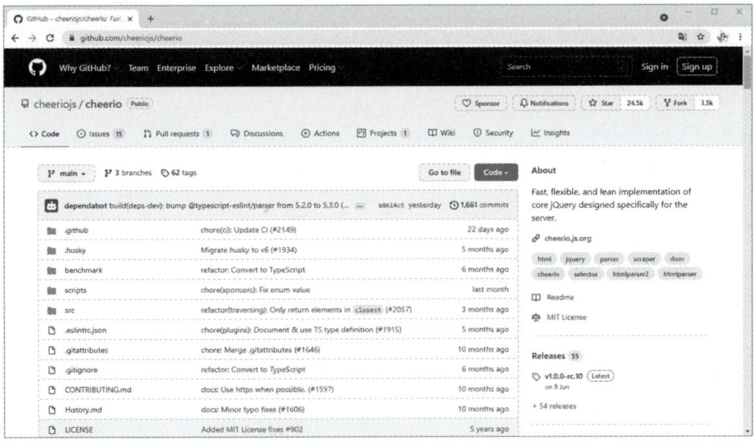

그림 9-11 cheerio 모듈(https://github.com/cheeriojs/cheerio)

cheerio 모듈은 jQuery를 어느 정도 알아야 제대로 활용할 수 있습니다. jQuery와 관련된 내용은 이 책의 Part 3에서 다루므로 일단 '이렇게 사용하는구나' 하고 살펴보고 넘어갑시다.

예제 9-14 cheerio 모듈

[예제 9-13]에서 가져온 한빛미디어의 새로 나온 책 웹 페이지를 파싱(분석)해서 책 제목과 저자를 출력해 보겠습니다. 일단 웹 페이지에서 책 제목과 저자는 다음 위치에 있습니다.

```
▼<li class="sub_book_list">
  ▼<div class="view_box">
    ▼<span class="view_box_block">
      ▶<span class="img_hidden_m">…</span>
        <!-- 예약도서인 경우 -->
        <!-- ebook이 도서인 경우 -->
        <img src="/data/books/B8065152313_m.jpg" alt class="thumb">
      </span>
    ▶<div class="info">…</div>
    </div>
  </li>
▶<li class="sub_book_list">…</li>
▶<li class="sub_book_list">…</li>
▶<li class="sub_book_list">…</li>
▶<li class="sub_book_list">…</li>
```

그림 9-12 한빛미디어 새로 나온 책 페이지의 구조

크롬 웹 브라우저에서 원하는 요소가 있는 위치에서 마우스 오른쪽 버튼을 클릭하고 [검사] 메뉴를 누르면 이 구조를 확인할 수 있습니다. 이러한 구조를 보고 분석하면 되는데요. 여러 가지 방법이 있겠지만 필자는 `view_box` 내부에서 `book_tit`과 `book_writer`를 사용해 보겠습니다.

다음과 같이 코드를 구성합니다. 저자가 여러 명일 때도 있으므로 쉼표로 분리하는 코드를 작성했습니다. 역시나 실행하기 전에 `npm install cheerio` 명령을 실행해 모듈을 설치해야 합니다.

코드 9-22 cheerio 모듈 cheerio.js

```
// 모듈을 추출합니다.
const request = require('request');
const cheerio = require('cheerio');

// request 모듈을 사용합니다.
const url = 'http://www.hanbit.co.kr/store/books/new_book_list.html';
request(url, (error, response, body) => {
    // cheerio 모듈을 사용합니다.
    const $ = cheerio.load(body);

    // 데이터를 추출합니다.
    $('.view_box').each((index, element) => {
        // 변수를 선언합니다.
        const title = $(element).find('.book_tit').text().trim();
        let writer = $(element).find('.book_writer').text().trim();
        writer = writer.split(',').map((item) => item.trim());

        // 출력합니다.
        console.log(title)
        console.log(writer);
        console.log();
    });
});
```

실행 결과

```
한 권으로 다지는 머신러닝&딥러닝 with 파이썬
[ '알베르토 아르타산체스', '프라틱 조시' ]

IT CookBook, 시스템 프로그래밍: 리눅스&유닉스
[ '이종원' ]

살아 움직이는 머신러닝 파이프라인 설계
[ '하네스 하프케', '캐서린 넬슨' ]

그로킹 심층 강화학습
[ '미겔 모랄레스' ]
```

```
시험장에 몰래 가져갈  이경오의 SQL+SQLD 비밀노트
[ '이경오' ]

1000개 숨은그림찾기 바다 동물
[ '이한이' ]

1000개 숨은그림찾기 아이스크림
[ '김확실' ]

심리 읽어드립니다
[ '김경일', '사피엔스 스튜디오' ]
...(생략)
```

request 모듈과 cheerio 모듈을 사용하면 자신이 원하는 다양한 정보를 손쉽게 가져올 수 있습니다. 주식 정보도 가져와서 분석할 수 있고, 날씨 정보도 확인할 수 있습니다.

이것을 다른 곳에 접목하면 '날이 어두울 때는 하늘색 불을 켜고, 밝을 때는 주황색 불을 켜는 램프'도 손쉽게 만들 수 있습니다. 활용 범위가 넓은 모듈이므로 기억해 주세요.

10 async 모듈

Node.js는 대부분의 메소드가 비동기적으로 구성되므로 실행 순서를 정의하기가 어렵고, 들여쓰기도 많습니다. 이 문제를 어느 정도 해결해 줄 수 있는 모듈이 바로 async 모듈입니다.

async 모듈은 다음 명령어로 설치합니다.

```
> npm install async
```

이렇게 설치한 async 모듈은 다음 방법으로 추출합니다.

코드 9-23 async 모듈 추출

```
// 모듈을 추출합니다.
const async = require('async');
```

async 모듈을 사용하는 방법도 GitHub 페이지에서 확인할 수 있습니다.

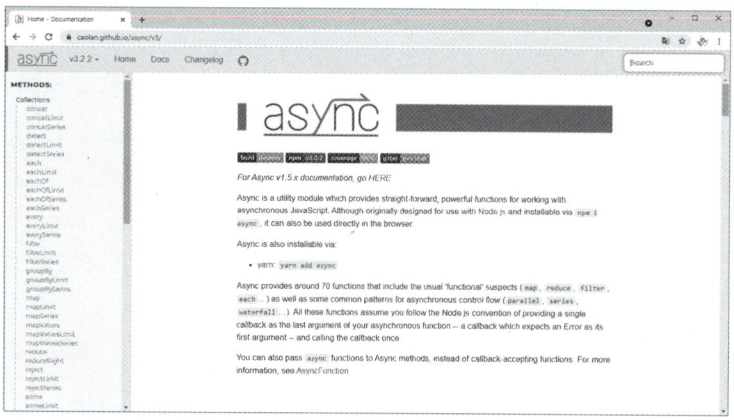

그림 9-13 async 모듈(http://caolan.github.io/async/v3)

자바스크립트를 포함한 대부분의 스크립트 언어는 정말 빠른 속도로 라이브러리를 출시하고 사라집니다. 그러니 async 모듈의 모든 사용 방법을 외우겠다는 생각은 하지 마세요(물론 async 모듈은 주요 자바스크립트 모듈 중 하나이므로 순식간에 사라지거나 하는 일은 없을 것입니다).

어쨌거나 async 모듈에서 parallel() 메소드를 살펴보겠습니다.

예제 9-15 async 모듈의 parallel() 메소드

❶ **문제 확인하기** 자바스크립트는 대부분의 처리를 비동기적으로 수행합니다. 이 때문에 비동기 처리를 많이 하면 '콜백 지옥'이 발생합니다. 콜백 지옥은 콜백 함수를 여러 개 들여쓰기 하여 코드를 보기가 힘든 상태를 의미합니다.

예를 들어 다음 코드는 3개의 파일을 읽어 출력하는 코드입니다. 3개의 파일만 읽는데도 들여쓰기가 4단계 이상 발생합니다.

코드 9-24 복잡한 비동기 코드 callbackHell.js

```
// 모듈을 추출합니다.
const fs = require('fs');

// 파일A를 읽습니다.
fs.readFile('fileA.txt', (error, fileA) => {
    // 파일B를 읽습니다.
    fs.readFile('fileB.txt', (error, fileB) => {
        // 파일C를 읽습니다.
        fs.readFile('fileC.txt', (error, fileC) => {
            console.log(fileA);
            console.log(fileB);
            console.log(fileC);
        });
    });
});
```

❷ **문서 확인하기** 일단 async 모듈의 페이지에서 parallel() 메소드를 찾아봅니다. parallel() 메소드는 병렬 처리를 쉽게 할 수 있게 도와줍니다.

```
//Using Callbacks
async.parallel([
    function(callback) {
        setTimeout(function() {
            callback(null, 'one');
        }, 200);
    },
    function(callback) {
        setTimeout(function() {
            callback(null, 'two');
        }, 100);
    }
], function(err, results) {
    console.log(results);
    // results is equal to ['one','two'] even though
    // the second function had a shorter timeout.
});

// an example using an object instead of an array
async.parallel({
    one: function(callback) {
        setTimeout(function() {
            callback(null, 1);
        }, 200);
    },
    two: function(callback) {
        setTimeout(function() {
            callback(null, 2);
        }, 100);
    }
}, function(err, results) {
    console.log(results);
    // results is equal to: { one: 1, two: 2 }
});
```

parallel() 메소드를 사용하면 자바스크립트의 문제로 지적되는 콜백 지옥을 해결할 수 있습니다. 코드를 실행하기 전에 npm install async를 입력해 모듈을 설치해야 합니다.

코드 9-25 **async 모듈의 parallel() 메소드** async.js

```
// 모듈을 추출합니다.
const fs = require('fs');
const async = require('async');

// 파일A를 읽습니다.
async.parallel({
    fileA: (callback) => {
        fs.readFile('fileA.txt', callback);
    },
    fileB: (callback) => {
        fs.readFile('fileB.txt', callback);
    },
    fileC: (callback) => {
        fs.readFile('fileC.txt', callback);
    }
}, (error, results) => {
    console.log(results.fileA);
    console.log(results.fileB);
    console.log(results.fileC);
});
```

자바스크립트 코드와 동일한 폴더에 fileA.txt, fileB.txt, fileC.txt 파일을 만들고 코드를 실행하면 파일 내용을 출력합니다.

async 모듈은 이 외에도 굉장히 다양한 실행 흐름 제어 메소드를 제공합니다. 이것을 살펴보면 다른 프로그래밍 언어, 프레임워크로 개발할 때 도움을 받을 수 있을 것입니다.

요약

01 자바스크립트는 전역 변수로 __filename과 __dirname이 있습니다.

02 process 객체를 사용하면 프로세스 정보를 확인할 수 있습니다.

03 모듈을 추출할 때는 require() 함수를 사용합니다.

```
const 모듈_변수 = require('모듈_이름');
```

04 동기와 비동기

- **동기** : 메소드 뒤에 Sync 문자가 붙으면 동기 메소드로, 코드를 순서대로 실행합니다.
- **비동기** : Node.js가 제공하는 메소드 대부분은 비동기 메소드로, 빠른 코드를 쉽게 만들 수 있습니다.

05 외부 모듈을 설치할 때는 npm 명령어를 사용합니다.

```
> npm install 모듈_이름
```

연습문제

01 다음 괄호 안을 채우시오.

(1) 변수를 따로 선언하지 않아도 모든 곳에서 사용할 수 있는 변수를 (   )라고 부른다.

(2) (   ) 객체는 Node.js에서 프로세스의 정보를 제공하고, 제어할 수 있게 하는 객체이다.

(3) 모듈을 읽어 들일 때는 (   ) 함수를 사용한다.

(4) 스크립트 언어에서 코드를 빠르게 실행하기 위한 목적으로 C++로 만드는 모듈을 (   )이라고 부른다.

(5) 노드 패키지 매니저는 (   ) 명령어로 사용한다.

(6) 애플리케이션의 버전을 X.X.X처럼 표기하는 것을 (   )이라고 부른다.

02 다음 질문에 ○×를 표시하시오.

(1) Node.js에서 이벤트를 연결할 때는 `addEvent()` 메소드를 사용한다.

(2) Node.js 프로세스가 종료될 때는 `process` 객체에 `exit` 이벤트가 발생한다.

(3) 파일 시스템 모듈은 `require('fs')`라는 코드로 읽어 들인다.

(4) `fs.readFile()`로 동기적으로 파일을 읽을 수 있고, `fs.readFileSync()`로 비동기적으로 파일을 읽을 수 있다.

03 다음 중에서 모듈을 추출할 때 사용하는 함수는?

① `require()` 함수

② `import()` 함수

③ `extract()` 함수

④ `readModule()` 함수

04 다음 중에서 Node.js 플랫폼이 기본 제공하는 변수가 아닌 것은?

① `__filename`

② `__dirname`

③ `process`

④ `program`

05 다음 코드의 실행 결과를 예측하시오.

```
// 모듈을 추출합니다.
const fs = require('fs');

// 파일을 읽어 들이고 출력합니다.
const file = fs.readFile('textfile.txt');
console.log(file);
console.log(file.toString());
```

06 Node.js 문서를 참고해서 `query string` 모듈을 사용할 때는 다음에 어떤 문자열을 넣어야 하는지 쓰시오.

07 직접 Node.js 문서를 찾아 보안과 관련된 암호화를 할 때는 어떤 모듈을 사용하는지 찾아보시오.

08 동기 처리와 비동기 처리의 차이점을 설명하시오.

CHAPTER 10

express 모듈

01 웹 요청과 응답
02 express 모듈을 사용한 서버 생성과 실행
03 페이지 라우팅
04 요청 메시지와 응답 메시지
05 미들웨어
요약
연습문제

학습목표

- express 모듈을 사용하는 방법을 이해합니다.
- 웹 서버에서 사용하는 기본적인 구조를 이해합니다.

PREVIEW

Node.js는 http 모듈로 웹과 관련된 기본적인 처리를 합니다. 하지만 http 모듈만으로는 제대로 된 웹 애플리케이션을 만들기가 굉장히 어렵습니다. 이 장에서 살펴볼 express 모듈은 http 모듈에 여러 기능을 추가해 쉽게 사용할 수 있게 만든 모듈입니다.

01 웹 요청과 응답

웹 서버가 하는 일은 요청과 응답의 연속이라고 정의할 수 있습니다. 요청과 응답이 무엇인지 우선 실생활에서 살펴봅시다. 누구나 한 번쯤은 음식을 배달시켜 본 적이 있을 것입니다. 예를 들어 치킨을 시킨다고 생각해 볼까요? 우선 전화번호를 찾은 후 전화를 겁니다. 이어서 집 주소와 메뉴를 말합니다.

"여기는 서울 특별시 강서구 마곡동...... 이고요. 양념치킨 두 마리 배달해 주세요."

양념치킨 두 마리를 배달해 달라는 요청을 받은 치킨집 사장님은 요청에 맞게 닭을 굽거나 튀겨서 집까지 배달합니다. 이 이야기를 바탕으로 요청과 응답을 도식화하면 [그림 10-1]과 같습니다.

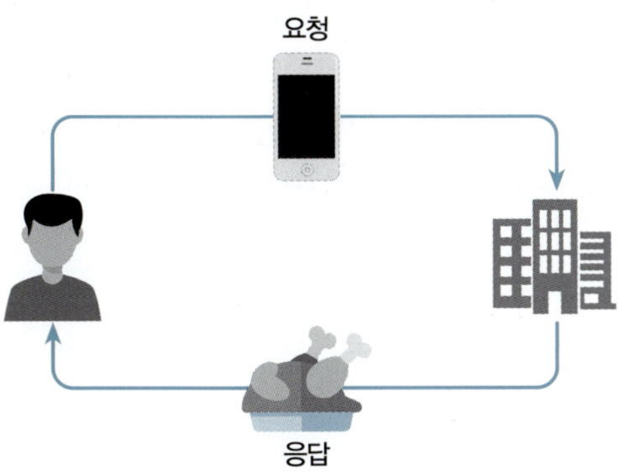

그림 10-1 치킨 요청과 응답

그럼 이제 컴퓨터 세계로 돌아와 봅시다. 여러분이 웹 브라우저에 웹 페이지 주소를 입력(치킨 주문)하면 웹 서버(치킨집)는 여러분이 입력한 주소에 맞는 웹 페이지(치킨)를 제공합니다.

예를 들어 웹 브라우저에 네이버 웹 페이지 주소인 https://www.naver.com을 입력했다고 합시다. 네이버 웹 페이지를 제공하라는 웹 브라우저의 요청을 받은 네이버 웹 서버는 요청을 받아들여 [그림 10-2]처럼 웹 페이지를 전송합니다. 네이버 웹 페이지를 응답받은 웹 브라우저는 웹 페이지 화면을 띄웁니다.

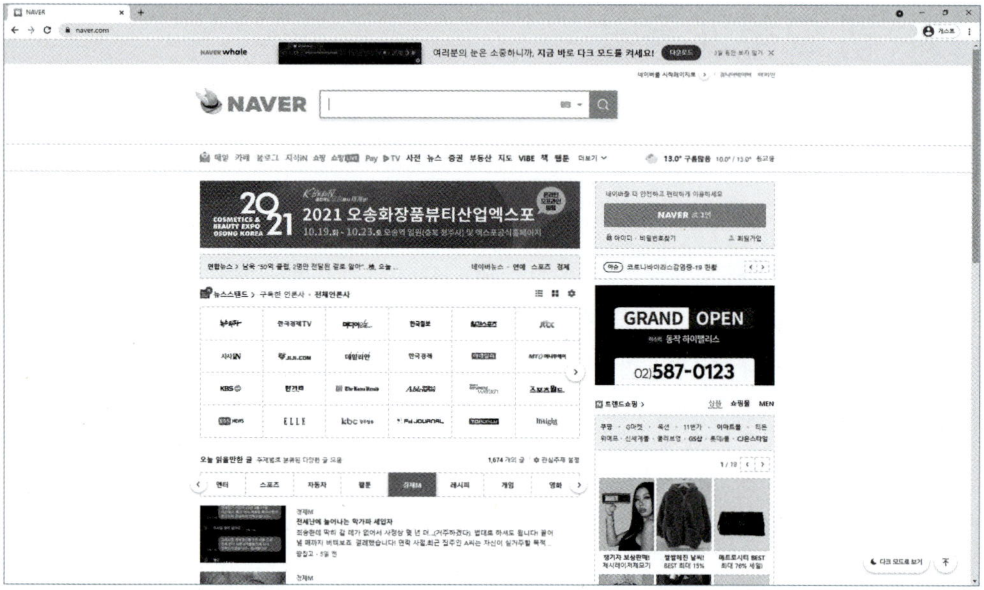

그림 10-2 네이버 메인 페이지 요청과 응답

웹은 이렇게 동작합니다. 요청과 응답이 무엇인지 쉽게 이해했으리라 생각합니다. 이제 조금 더 자세히 살펴봅시다. 요청하는 대상을 클라이언트(사용자)라고 합니다. 그리고 응답하는 대상을 서버(제공자)라고 합니다. 웹은 [그림 10-3]처럼 클라이언트가 서버에 HTML 페이지나 파일을 요청하면 서버가 그 요청에 응답해 요청한 HTML 문서나 파일을 클라이언트에 제공하는 장소입니다.

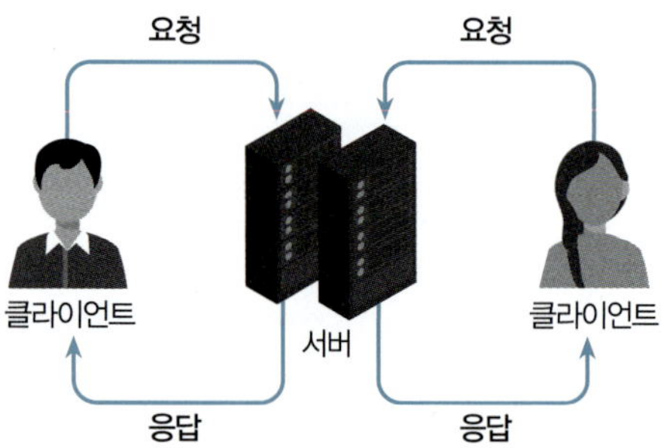

그림 10-3 요청과 응답

클라이언트와 서버는 편지를 주고받는 것처럼 요청과 응답을 처리합니다. 클라이언트가 서버로 보내는 편지를 요청 메시지라고 하며, 서버가 클라이언트로 보내는 편지를 응답 메시지라고 합니다. 이 편지를 쓰는 방식에 따라 HTTP 웹 서버, HTTPS 웹 서버 등을 구분합니다. 예를 들어 일반적인 HTTP 웹 서버의 요청 메시지를 편지로 나타내면 형태는 [그림 10-4]와 같습니다.

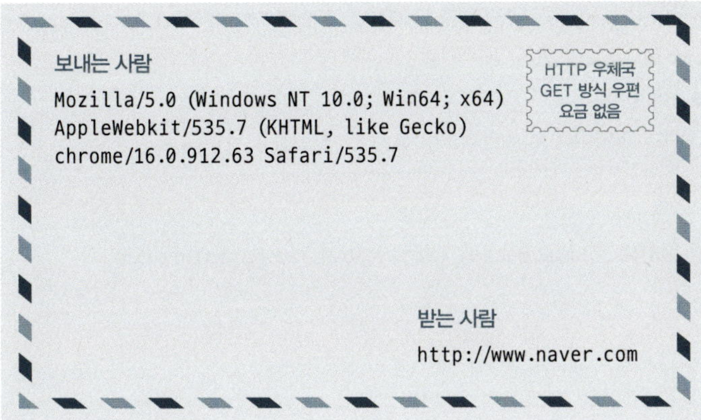

그림 10-4 요청 메시지

이 편지를 우체통에 넣으면 요청 메시지는 스트림을 타고 네이버 서버로 전달됩니다. 편지를 읽은 웹 서버는 스트림을 통해 적절한 웹 페이지를 클라이언트에 제공합니다.

> **NOTE 스트림**
>
> 프로그램이 프로그램 외부와 통신할 때는 컴퓨터 속에 흐르는 물길로 비유할 수 있는 스트림을 사용합니다. 예를 들어 키보드 입력이 프로그램 안으로 들어갈 때는 표준 입력 스트림을 사용합니다. 마찬가지로 웹에서 데이터가 전송될 때도 스트림을 사용합니다.

이 장에서 만드는 HTTP 웹 서버의 요청 메시지와 응답 메시지 형태는 다음과 같습니다. 요청 메시지는 웹 브라우저가 서버에게 보내는 편지입니다. 누구(URL)에게 어떤 방식(Method)으로 보내는가, 무엇을 요청하는가(Headers)가 적혀 있습니다. 응답 메시지는 서버가 웹 브라우저에게 보내는 편지입니다. 편지를 잘 받았는지(Status Code), 추가적인 요청 사항이 있는지(Header), 본문(Data)이 적혀 있습니다. 현재 단계에서는 간단하게 '그냥 둘이 편지를 주고받으면서 데이터 통신을 하는구나' 정도로만 생각해도 괜찮습니다.

[요청 메시지]

```
- Request URL: http://127.0.0.1:52273/
- Request Method: GET
```

```
- Request Headers
Accept: text/html,application/xhtml+xml,application/xml; q = 0.9,*/*; q = 0.8
Accept-Charset: windows-949,utf-8; q = 0.7,*; q  = 0.3
Accept-Encoding: gzip,deflate,sdch
Accept-Language: ko-KR,ko; q = 0.8,en-US; q = 0.6,en; q = 0.4
Connection: keep-alive
Host: 127.0.0.1:52273
User-Agent: AppleWebKit/535.7 (KHTML, like Gecko) Chrome/16.0.912.63 Safari/535.7
```

[응답 메시지]

```
- Status Code: 200 OK

- Response Header
Connection: keep-alive

- Response Data
<!DOCTYPE html>
<html>
<head>
</head>
<body>
    <h1>Hello World .. !</h1>
</body>
</html>
```

요청 메시지를 사용해야 사용자에게 적절한 웹 페이지를 제공할 수 있습니다. 그리고 응답 메시지를 사용하면 쿠키를 저장하거나 추출할 수 있고, 강제로 웹 페이지도 이동시킬 수 있습니다.

NOTE 요청 메시지와 응답 메시지 확인

요청 메시지와 응답 메시지를 직접 확인해 봅시다. 크롬을 사용한다면 웹 브라우저에서 마우스 오른쪽 버튼을 클릭한 후 [요소 검사]나 [검사] 메뉴를 누릅니다. 단축키는 윈도우와 리눅스에서는 Ctrl+Shift+I, 맥에서는 ⌥+⌘+I입니다.

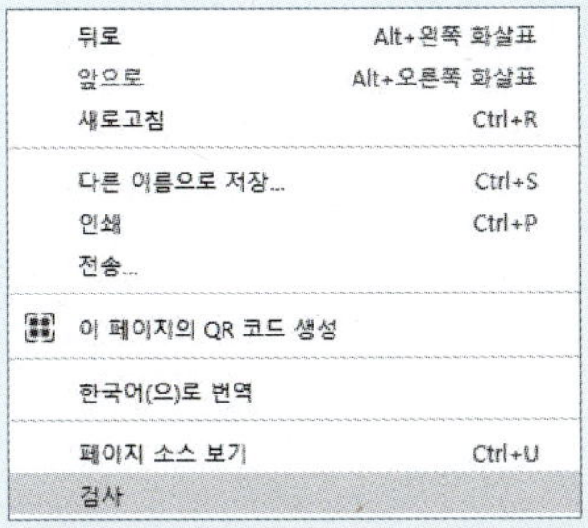

그림 10-5 크롬의 [검사] 메뉴

개발자 도구가 실행되면 [Network] 탭에 들어가 현재 웹 페이지를 새로고침 해 보세요. [그림 10-6]처럼 HTTP 서버에서 어떤 요청과 응답이 오고 갔는지 확인할 수 있습니다. 요청 메시지와 응답 메시지를 직접 확인해 보세요.

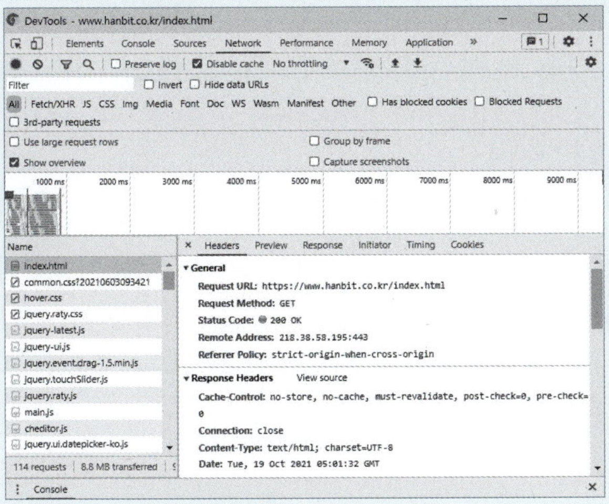

그림 10-6 요청 메시지와 응답 메시지

02 express 모듈을 사용한 서버 생성과 실행

express 모듈은 외부 모듈입니다. 따라서 다음 명령어로 설치합니다.

```
$ npm install express@4
```

NOTE express 모듈은 버전별로 굉장히 많이 다릅니다. 현재 최신 버전은 4.X.X인데요. 이후에 최신 버전이 나와도 안정화되어 있지 않을 가능성이 높고(4.X.X 버전도 꽤 오랜 기간 동안 안정화가 되지 않았습니다), 책의 내용과 똑같이 진행할 수 있도록 4.X.X 버전을 사용하기를 추천합니다.

이 장에서는 웹 서버와 관련된 전반적인 내용을 다룰 텐데요. 'Node.js로 웹 서버를 이렇게 만든다'에 집중하지 말고 '웹 서버를 만들 때는 이것이 필요하고, Node.js를 도구로 활용하는 것이다' 정도만 생각하면서 진행하기 바랍니다.

express 모듈을 사용해 서버를 생성할 때는 다음 메소드를 사용합니다.

표 10-1 express 모듈의 기본 메소드

메소드	설명
express()	서버 애플리케이션 객체를 생성합니다.
app.use()	요청이 왔을 때 실행할 함수를 지정합니다.
app.listen()	서버를 실행합니다.

굉장히 고정적으로 사용하는 코드이므로 곧바로 살펴봅시다. 어떤 프로그래밍 언어나 프레임워크로 서버를 다룰 때는 서버를 생성하고 실행하는 기본 방법은 외우는 것이 좋습니다. Node.js는 비교적 간단한 코드로 서버를 생성하고 실행할 수 있으므로 외워 주세요.

예제 10-1 express 모듈로 서버 생성과 실행

express 모듈은 다음 방법으로 서버를 생성하고 실행합니다.

코드 10-1 express 모듈로 서버 생성과 실행 basicServer.js

```
// 모듈을 추출합니다.
const express = require('express');

// 서버를 생성합니다.
const app = express();

// request 이벤트 리스너를 설정합니다.
app.use((request, response) => {
    response.send('<h1>Hello express</h1>');
});

// 서버를 실행합니다.
app.listen(52273, () => {
    console.log('Server running at http://127.0.0.1:52273');
});
```

실행 결과

```
Server running at http://127.0.0.1:52273
```

서버를 실행하면 콘솔 화면에 'Server running at http://127.0.0.1:52273' 문자열을 출력하고, 프로그램은 대기 상태가 됩니다. 웹 브라우저를 실행하고 http://127.0.0.1:52273 또는 http://localhost:52273에 접속해 보세요. 다음 화면을 볼 수 있습니다.

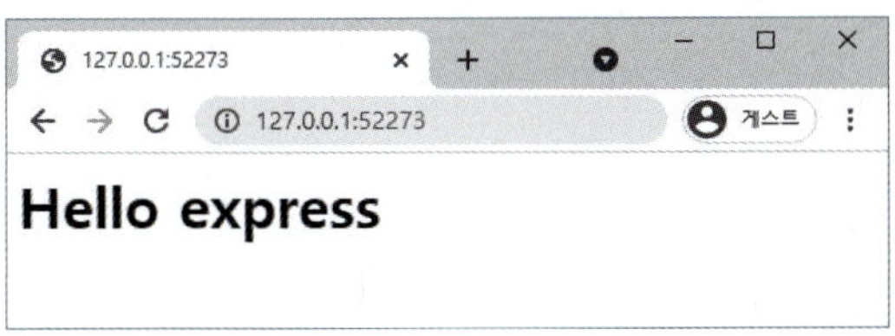

NOTE 포트

포트Port는 컴퓨터와 컴퓨터를 연결하는 정보의 출입구 역할을 하는 곳입니다. 보통 웹을 '정보의 바다'로 표현하는데, 포트는 정보가 정박하고 출발할 수 있는 '항구'입니다. 컴퓨터에는 0번부터 65535번까지 포트가 있습니다.

[코드 10-1]에서 52273번 포트를 사용한다는 것은 우리 컴퓨터에서 52273번 항구에 서버 프로그램을 연결해 다른 컴퓨터에서 접속할 수 있게 만드는 것입니다.

이 책에 있는 모든 예제가 52273번 포트를 사용하는 것에 의문을 가질 수 있는데, 큰 의미는 없습니다. 필자가 좋아하는 숫자입니다. 다른 프로그램과 충돌 가능성이 적은 포트를 사용해서 예제를 작성해도 됩니다. 일반적으로 49151번 이상의 원하는 숫자를 사용하면 됩니다.

03 페이지 라우팅

express 모듈은 페이지 라우팅을 지원합니다. 페이지 라우팅은 클라이언트 요청에 적절한 페이지를 제공하는 기술입니다. express 모듈은 app 객체의 다음 메소드를 활용해서 페이지 라우팅합니다.

표 10-2 express 모듈의 페이지 라우팅 메소드

메소드	설명
`get(path, callback)`	GET 요청이 발생했을 때 이벤트 리스너를 지정합니다.
`post(path, callback)`	POST 요청이 발생했을 때 이벤트 리스너를 지정합니다.
`put(path, callback)`	PUT 요청이 발생했을 때 이벤트 리스너를 지정합니다.
`delete(path, callback)`	DELETE 요청이 발생했을 때 이벤트 리스너를 지정합니다.
`all(path, callback)`	모든 요청이 발생했을 때 이벤트 리스너를 지정합니다.

NOTE GET, POST, PUT, DELETE

웹 요청을 할 때는 여러 정보를 서버에 전달합니다. 이때 메소드 값을 전달합니다. 우체국으로 비유하면 간단한 편지인지, 무거운 택배인지 등을 구별하는 것이라고 할 수 있습니다.

GET, POST, PUT, DELETE, HEAD, OPTION, TRACE, CONNECT 등을 적어서 보내는 것이 규칙(프로토콜)이며, 목적에 맞게 사용하면 됩니다. GET은 값을 확인할 때, POST는 값을 전달할 때, PUT은 값을 수정할 때, DELETE는 값을 제거할 때 사용합니다. 다른 것들은 특수한 목적으로 활용합니다.

사실 개발자끼리 정한 규칙이므로 꼭 지킬 필요는 없습니다. GET과 POST만으로 모든 것을 처리할 때도 많습니다. 하지만 최대한 맞춰서 만드는 것이 좋습니다. 자세한 내용은 다음 장에서 살펴보겠습니다.

페이지 라우팅을 할 때는 토큰Token을 활용할 수 있습니다. 토큰은 '**:토큰_이름**' 형태로 설정합니다. 토큰은 다른 문자열로 변환해서 입력할 수 있으며, request 객체의 params 속성으로 전달됩니다. 말로만 설명해서 조금 어려울 수 있으므로 곧바로 예제를 살펴보고 실행 결과를 확인해 봅시다.

예제 10-2 페이지 라우팅

간단하게 get() 메소드와 토큰을 활용해 보겠습니다.

코드 10-2 페이지 라우팅 basicRoute.js

```
// 모듈을 추출합니다.
const express = require('express');

// 서버를 생성합니다.
const app = express();

// request 이벤트 리스너를 설정합니다.
app.get('/page/:id', (request, response) => {
    // 토큰을 꺼냅니다.
    const id = request.params.id;

    // 응답합니다.
    response.send(`<h1>${id} Page</h1>`);
});

// 서버를 실행합니다.
app.listen(52273, () => {
    console.log('Server running at http://127.0.0.1:52273');
});
```

서버를 실행하고 http://127.0.0.1:52273/page/273에 접속하면 다음 결과를 얻을 수 있습니다. 토큰 부분을 직접 변경하면서 살펴보세요.

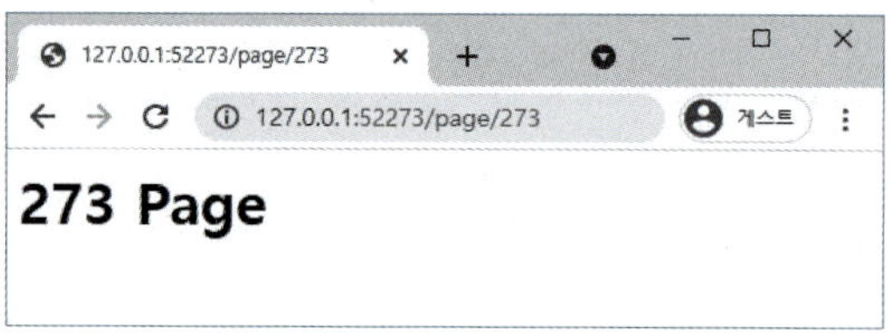

post(), put(), delete() 메소드의 활용은 다음 장에서 살펴보겠습니다.

04 요청 메시지와 응답 메시지

지금까지 따로 설명은 하지 않았지만, `response.send()` 메소드를 사용하면 문자열을 클라이언트에 제공할 수 있다는 것을 알 수 있습니다.

`express` 모듈에서 사용하는 모든 콜백 함수의 매개 변수에는 `request` 객체와 `response` 객체가 들어갑니다. 각각 이름 그대로 요청과 응답 관련 속성과 메소드가 들어 있는 객체입니다.

1 response 객체

`response` 객체에는 [표 10-3]과 같이 여러 가지 메소드가 있습니다.

표 10-3 response 객체의 기본 메소드

메소드	설명
send()	데이터 본문을 제공합니다.
status()	상태 코드를 제공합니다.
set()	헤더를 설정합니다.

1.1 데이터 제공

지금까지는 `send()` 메소드를 사용해 사용자에게 데이터 본문Body을 제공했습니다. 참고로 `send()` 메소드를 가장 마지막에 실행해야 하며, `send()` 메소드는 두 번 실행할 수 없습니다.

각 요소를 어떻게 활용하는지는 이후에 차근차근 알아보고, 일단 메소드를 활용하는 방법과 결과부터 살펴봅시다.

예제 10-3 response 객체의 기본 메소드

response 객체의 기본 메소드를 활용해 상태 코드, 헤더, 본문을 설정합니다. 참고로 헤더에는 아스키 문자(알파벳과 기본 기호)만 활용할 수 있습니다.

코드 10-3 response 객체의 기본 메소드 responseBasic.js

```
// 모듈을 추출합니다.
const express = require('express');

// 서버를 생성합니다.
const app = express();

// request 이벤트 리스너를 설정합니다.
app.get('*', (request, response) => {
    response.status(404);
    response.set('methodA', 'ABCDE');
    response.set({
        'methodB1': 'FGHIJ',
        'methodB2': 'KLMNO'
    });
    response.send('내 마음대로 본문을 입력합니다.');
});

// 서버를 실행합니다.
app.listen(52273, () => {
    console.log('Server running at http://127.0.0.1:52273');
});
```

set('문자열', '문자열') 또는 set(객체) 형태로 입력할 수 있습니다.

코드를 실행하고 웹 브라우저에서 http://127.0.0.1:52273에 접속해 보세요. 다음과 같이 본문을 확인할 수 있습니다.

이어서 개발자 도구를 띄운 후 Network 탭을 누르고 새로고침 해 주세요. 나오는 파일에서 다음과 같이 해당 웹 페이지의 상태 코드와 헤더를 확인할 수 있습니다.

NOTE **send() 메소드의 매개 변수**

send() 메소드는 매개 변수로 무엇을 넣는지에 따라 응답하는 형태가 바뀝니다.

표 10-4 send() 메소드의 매개 변수 종류에 따른 응답

자료형	설명
문자열	html을 제공합니다.
객체, 배열	json을 제공합니다.

1.2 Content-Type

서버가 클라이언트 웹 브라우저에 데이터를 제공하면, 웹 브라우저는 해당 데이터가 어떤 데이터인지 구분합니다. HTML 페이지라면 화면에 출력하고, 동영상이나 음악이라면 재생합니다. 그렇다면 웹 브라우저는 어떻게 제공된 데이터를 구분할까요?

컴퓨터는 대충 알려 주어서는 제대로 해석하지 못합니다. 심지어 파일 이름 뒤에 mp3가 붙어도 그것이 mp3 파일인지 구분하지 못합니다. 서버가 데이터를 제공할 때 `Content-Type` 속성을 헤더에 적어 제공해야 합니다.

서버가 `Content-Type`을 제공해 주면 웹 브라우저는 헤더를 확인하고, 제공된 데이터의 형태를 확인합니다. 이때 형태는 MIME 형식이라는 문자열로 제공하는데요. 대표적인 MIME 형식을 몇 가지 뽑아 정리하면 [표 10-5]와 같습니다.

표 10-5 MIME 형식

MIME 형식	설명
text/plain	기본적인 텍스트를 의미합니다.
text/html	html 데이터를 의미합니다.
image/png	png 데이터를 의미합니다.
audio/mpe	MP3 음악 파일
video/mpeg	MPEG 비디오 파일
application/json	json 데이터를 의미합니다.
multipart/form-data	입력 양식 데이터를 의미합니다.

MIME 형식은 굉장히 많기 때문에 보통은 활용할 때마다 찾아봅니다. 구글 등 검색 엔진에서 'MIME Type List'로 검색하면 쉽게 확인할 수 있을 것입니다. 이러한 MIME 형식을 지정할 때는 `type()` 메소드를 사용합니다.

표 10-6 Content-Type 지정 메소드

메소드	설명
`type()`	Content-Type을 MIME 형식으로 지정합니다.

그럼 MIME 형식을 사용해 이미지 파일과 음악 파일을 제공하는 예제를 만들어 봅시다.

예제 10-4 그림 파일과 음악 파일 제공

폴더를 만들고 다음과 같이 js 파일에 음악, 그림 파일을 함께 넣어 줍니다.

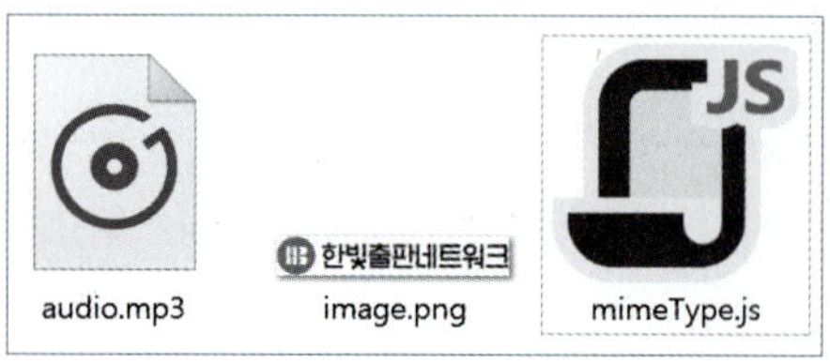

이어서 파일을 읽고, type 속성을 지정한 후 데이터를 제공하는 코드를 작성합니다.

코드 10-4 그림 파일과 음악 파일 제공 mimeType.js

```
// 모듈을 추출합니다.
const express = require('express');
const fs = require('fs');

// 서버를 생성합니다.
const app = express();

// request 이벤트 리스너를 설정합니다.
app.get('/image', (request, response) => {
    fs.readFile('image.png', (error, data) => {
        // 이미지 파일을 제공합니다.
        response.type('image/png');
        response.send(data);
    });
});

app.get('/audio', (request, response) => {
    fs.readFile('audio.mp3', (error, data) => {
        // 음악 파일을 제공합니다.
        response.type('audio/mpeg');
        response.send(data);
    });
});

// 서버를 실행합니다.
app.listen(52273, () => {
    console.log('Server running at http://127.0.0.1:52273');
});
```

코드를 실행하고 http://127.0.0.1:52273/image와 http://127.0.0.1:52273/audio에 접속하면 다음과 같이 이미지 파일과 음악 파일을 볼 수 있습니다.

HTML 파일을 제공할 때 MIME 형식을 따로 지정하지 않는 이유는 `express` 모듈이 자동으로 붙여 주기 때문입니다. `express` 모듈에는 기본적인 파일 형식만 입력하면 자동으로 MIME 형식을 찾아주는 기능이 기본적으로 들어 있습니다. 내부적으로 `mime` 모듈을 활용하기 때문인데요. 다음 경로에 있는 모듈의 types.json 파일을 참고해 보세요.

node-mime 모듈
https://github.com/broofa/node-mime

NOTE `set()` 메소드로 직접 구현하면 다음과 같습니다.

```
response.set('Content-Type', 'image/png');
response.send(data);
```

1.3 HTTP 상태 코드

인터넷을 돌아다니다 보면 '404 Not Found' 문자열을 보았을 것입니다. 이 숫자를 HTTP 상태 코드HTTP Status Code라고 합니다. 상태 코드는 서버가 클라이언트에 '해당 경로는 이러한 상태'라고 알려 주는 용도입니다.

대표적인 HTTP 상태 코드를 몇 가지 살펴보면 [표 10-7]과 같습니다.

표 10-7 HTTP 상태 코드의 예

HTTP 상태 코드	설명	예
1XX	처리 중	100 Continue
2XX	성공	200 OK
3XX	리다이렉트	300 Multiple Choices

4XX	클라이언트 오류	400 Bad Request
5XX	서버 오류	500 Internal Server Error

굉장히 많은 상태 코드가 있는데요. 사실 대부분의 상태 코드는 지정해도 사용자가 사용할 때 크게 바뀌지 않습니다.

예를 들어 그냥 '해당 경로에는 파일이 없어요'라고 글자를 제공하는 것과 404 상태 코드를 지정하고 '해당 경로에는 파일이 없어요'라고 글자를 제공하는 것은 일반적인 사용자 입장에서는 아무런 차이가 없다는 말입니다.

하지만 서버 개발자와 클라이언트 프로그램 개발자에게 이것은 소통할 때 활용하는 몇 안 되는 수단입니다. 스마트폰에서 서버로 접속했을 때 500이라는 상태 코드를 확인하면 '현재 서버에 문제가 있습니다. 잠시 후에 다시 시도해 주세요.'라는 문자열을 출력하게 만들 수 있겠지요.

상태 코드를 지정할 때는 `status()` 메소드를 사용합니다.

표 10-8 status() 메소드

메소드	설명
`status()`	상태 코드를 지정합니다.

예제 10-5 상태 코드

404 Not Found를 제공해 봅시다.

코드 10-5 상태 코드 notFound.js

```
// 모듈을 추출합니다.
const express = require('express');

// 서버를 생성합니다.
const app = express();
```

```
// request 이벤트 리스너를 설정합니다.
app.get('*', (request, response) => {
    response.status(404);
    response.send('해당 경로에는 아무것도 없습니다.');
});

// 서버를 실행합니다.
app.listen(52273, () => {
    console.log('Server running at http://127.0.0.1:52273');
});
```

이전에 언급한 것처럼 실행에 어떤 차이점이 있는지 사용자의 입장에서는 알기가 어렵습니다. 이때는 크롬 개발자 도구를 띄우고 Network 탭을 열어 새로고침 해 보세요. 다음과 같이 Status Code가 404로 나오는 것을 볼 수 있습니다.

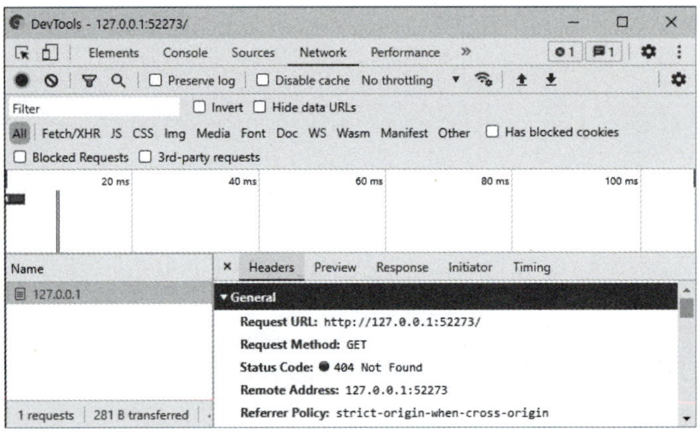

1.4 리다이렉트

상태 코드 중에 3XX는 리다이렉트라고 하는 굉장히 특수한 상태 코드입니다. 웹 브라우저가 리다이렉트를 확인하면 화면을 출력하지 않고, 응답 헤더에 있는 `Location` 속성을 확인해서 해당 위치로 이동합니다.

네이버 등 포털 사이트에서 로그인을 한 후 주소창을 살펴보세요. 깜짝하는 순간에 주소가 여러 개 바뀌며 이동하는 것을 볼 수 있는데요. 이렇게 특정 경로로 웹 브라우저를 인도Redirect할 때 사용하는 것이 리다이렉트입니다.

자주 사용하는 기능이므로 관련된 메소드를 제공합니다.

표 10-9 redirect() 메소드

메소드	설명
redirect()	리다이렉트합니다.

예제 10-6 리다이렉트

redirect() 메소드를 사용해 이동합니다.

코드 10-6 리다이렉트 redirect.js

```
// 모듈을 추출합니다.
const express = require('express');

// 서버를 생성합니다.
const app = express();

// request 이벤트 리스너를 설정합니다.
app.get('*', (request, response) => {
    response.redirect('http://hanbit.co.kr');
});

// 서버를 실행합니다.
app.listen(52273, () => {
    console.log('Server running at http://127.0.0.1:52273');
});
```

http://127.0.0.1:52273에 접속하는 순간 한빛출판네트워크 웹 사이트로 바로 이동할 것입니다.

NOTE set() 메소드로 직접 구현한다면 다음과 같습니다.

```
response.status(302);
response.set('Location', 'http://hanbit.co.kr');
response.send();
```

지금까지 본문 제공 방법(send() 메소드), 헤더를 활용하는 방법(Content-Type), 상태 코드를 활용하는 방법, 상태 코드와 헤더를 모두 활용하는 방법을 알아보았습니다.

웹 서버가 클라이언트로 제공하는 것은 세 가지 요소인 '헤더', '상태 코드', '본문'입니다. 이를 어떻게 활용할 수 있는지 아는 것이 서버 개발의 시작이자 끝이라고 할 수 있습니다.

2 request 객체

지금까지 응답하는 방법을 살펴보았습니다. 하지만 제대로 된 응답을 하려면 '무엇을 요청했는지'를 확실하게 알아야 합니다.

2.1 요청 매개 변수

구글, 네이버, 다음 등 검색 엔진에서 검색을 하고 주소를 확인해 보세요. 2021년 10월을 기준으로 네이버에서 '초콜릿' 문자를 검색하면 다음 주소를 표시합니다.

https://search.naver.com/search.naver?where=nexearch&sm=top_hty&fbm=0&ie=utf8&query=%EC%B4%88%EC%BD%9C%EB%A6%BF

이것은 다음과 같이 분석할 수 있습니다.

표 10-10 주소 분석

분류	값	설명
프로토콜	HTTPS	통신에 사용되는 규칙을 의미합니다.
호스트	(search.)naver.com	애플리케이션 서버(또는 분산 장치 등)의 위치를 의미합니다.
URL	/search.naver	애플리케이션 서버 내부에서 라우트 위치를 나타냅니다.

요청 매개 변수	?where=nexearch &query=초콜릿 &sm=top_hty &fbm=0 &ie=utf8	추가적인 정보를 의미합니다.

여기에서 요청 매개 변수를 추출할 때는 query 객체를 사용합니다. 요청 매개 변수는 URL 뒤에 ? 기호를 삽입하고, **'키=값'** 형태로 값을 &로 구분해서 입력합니다. [표 10-10]의 값을 보면 어느 정도 이해할 수 있을 것입니다.

예제 10-7 요청 매개 변수 추출

요청 매개 변수를 추출해서 출력합니다. 참고로 get() 메소드의 첫 번째 매개 변수에 * 기호를 문자열로 입력했는데요. 이렇게 입력하면 '모든 경로'를 나타냅니다.

코드 10-7 요청 매개 변수 추출 requestQuery.js

```
// 모듈을 추출합니다.
const express = require('express');

// 서버를 생성합니다.
const app = express();

// request 이벤트 리스너를 설정합니다.
app.get('*', (request, response) => {
    console.log(request.query);
    response.send(request.query);
});

// 서버를 실행합니다.
app.listen(52273, () => {
    console.log('Server running at http://127.0.0.1:52273');
});
```

'모든 경로'를 의미합니다.

서버를 실행하고 http://127.0.0.1:52273/?a=10&b=20에 접속하면 다음 결과가 출력됩니다.

실행 결과

```
Server running at http://127.0.0.1:52273
{ a: '10', b: '20' }
```

이 외에도 굉장히 많은 기능이 있는데요. 추가적인 내용은 https://expressjs.com/en/4x/api.html에서 느긋하게 읽어 보기 바랍니다.

05 미들웨어

지금까지 헤더, 상태 코드, 본문을 사용하는 방법을 알아보았습니다. 이것을 활용해 코드를 조합하면 원하는 형태의 모든 서버를 만들어 낼 수 있습니다. 그런데 자주 사용하는 내용 중에 조금 복잡하게 구현해야 하는 것이 있습니다.

express 모듈은 이것을 쉽게 활용할 수 있도록 여러 가지 기능을 제공합니다. 이를 '미들웨어Middleware'라고 하는데요. 이전에 보았던 페이지 라우팅 기능도 미들웨어 중 하나입니다.

표 10-11 미들웨어 설정 메소드

메소드	설명
use()	미들웨어를 설정합니다.

1 정적 파일 제공

웹 페이지를 만들 때 굉장히 자주 사용하는 기능으로 '정적 파일Static File 제공'이 있습니다. 웹 페이지에서 변경되지 않는 요소(이미지, 음악, 자바스크립트 파일, 스타일시트 파일 등)를 쉽게 제공해 주는 기능입니다.

굉장히 자주 사용하는 기능이므로 express 미들웨어가 자체적으로 미들웨어를 제공합니다.

예제 10-8 정적 파일 제공

일단 정적 파일을 제공할 폴더를 만듭니다.

그림 10-7 폴더 구성

public 폴더에는 이미지, 음악 등 원하는 파일을 넣어 주세요. 현재 폴더에는 이전에 Content-Type 속성을 살펴볼 때 활용한 audio.mp3 파일과 image.png 파일을 넣었습니다.

그림 10-8 public 폴더 구성

이어서 코드를 다음과 같이 작성합니다. `app.use(express.static('public'))` 코드가 `static` 미들웨어를 사용하는 부분입니다. 매개 변수로 넣은 문자열에는 폴더 이름을 입력합니다.

코드 10-8 정적 파일 제공 staticFile.js

```
// 모듈을 추출합니다.
const express = require('express');

// 서버를 생성합니다.
const app = express();
app.use(express.static('public'));

// request 이벤트 리스너를 설정합니다.
app.get('*', (request, response) => {
    response.send(404);
    response.send('해당 경로에는 아무것도 없습니다.');
});

// 서버를 실행합니다.
app.listen(52273, () => {
    console.log('Server running at http://127.0.0.1:52273');
});
```

http://127.0.0.1:52273/파일_이름에 접속하면 `public` 폴더에 있는 파일이 열립니다.

참고로 정적 파일을 잘못 제공해서 실질적인 코드([예제 10-8]에서 staticFile.js 파일)를 제공해 버리는 실수를 할 수가 있습니다. 이것은 굉장히 큰 보안 위협이 되므로 주의하기 바랍니다.

2 body-parser 미들웨어

`body-parser` 미들웨어는 요청 본문을 분석해 주는 미들웨어입니다. 이론이 복잡한 미들웨어이므로 먼저 이론부터 짚고 넘어가겠습니다.

2.1 클라이언트에서 서버로 데이터 전송

클라이언트가 서버로 데이터를 전송하는 방법은 굉장히 많습니다. URL 입력도 일종의 데이터 전송이라고 할 수 있습니다. 'http://localhost:52273/books/`:id`' 형태로 라우트하면 `:id` 부분을 변경해서 데이터를 전달할 수 있습니다.

또 요청 매개 변수를 사용하는 방법도 있습니다. 다음과 같이 URL에 요청 매개 변수를 입력하면, 추가적인 정보를 객체 형태로 전달할 수 있습니다.

> https://search.naver.com/search.naver?where=nexearch&query=초콜릿&sm=top_hty&fbm=0&ie=utf8

하지만 URL을 사용한 요청은 주소에 정보가 남는다는 단점이 있습니다. 주소에 정보가 남으면 웹 브라우저의 기록을 확인해 사용자가 무슨 활동을 했는지 쉽게 추적할 수 있는 등 문제가 발생합니다.

> **NOTE** 과거(HTTP 1.0)에는 URL 길이가 제한되는 것을 단점이라고 생각했는데요. 현재(HTTP 1.1)는 서버에서 받을 때는 URL 길이 제한이 없으며, 클라이언트에서 보낼 때는 '웹 브라우저 주소창에 입력할 수 있는 길이 한계'로 제한합니다. 다만 웹 브라우저에서 요청할 때 제한을 걸기도 하므로 파일 등 대규모 용량을 전송할 때는 URL을 활용할 수 없습니다.

서버에서 클라이언트로 데이터를 전송할 때는 응답 본문Response Body을 사용하는데요. 요청할 때도 요청 본문Request Body이라는 것을 사용할 수 있습니다.

2.2 요청 본문

서버가 클라이언트로 데이터를 전달할 때 응답 본문Body과 응답 본문의 종류(Content-Type)를 함께 전달했던 것처럼, 클라이언트도 서버로 본문을 전달할 때 요청 본문의 종류(Encoding-Type)를 함께 전달해야 합니다. 마찬가지로 MIME 형식인데요. 대표적인 요청 본문의 종류는 [표 10-12]와 같습니다.

표 10-12 요청 본문의 종류

MIME 형식	설명
`application/x-www-form-urlencoded`	웹 브라우저에서 입력 양식을 POST, PUT, DELETE 방식 등으로 전달할 때 사용하는 기본적인 요청 형식입니다.
`application/json`	JSON 데이터로 요청하는 방식입니다.
`multipart/form-data`	대용량 파일을 전송할 때 사용하는 요청 방식입니다.

서버에서 클라이언트로 데이터를 전달할 때는 서버에서 대충 보내면, 잘 만들어진 웹 브라우저가 알아서 Content-Type을 분석해 본문을 출력합니다.

하지만 클라이언트에서 서버로 데이터를 전달한 이후의 모든 처리는 서버를 개발하는 '우리'가 처리해야 합니다. 클라이언트가 어떤 Encoding-Type으로 요청했는지 확인하고, 변환해서 읽어야 합니다. Encoding-Type에 따라서 변환을 해야 하므로 굉장히 귀찮고 복잡합니다.

2.3 body-parser 미들웨어

이것을 쉽게 해 주는 미들웨어가 바로 `body-parser`입니다. `body-parser` 미들웨어는 너무 자주 사용되기 때문에 `express` 모듈 안에 들어 있습니다.

> **NOTE** 다만 대용량 파일을 전송하는 multipart 형태는 분석하지 못합니다. 별도의 모듈을 사용해야 합니다.

예제 10-9 body-parser 미들웨어

다음 코드는 body-parser 미들웨어가 분석할 수 있는 가장 기본적인 '입력 양식'을 분석합니다.

코드 10-9 body-parser 미들웨어 body.js

```
// 모듈을 추출합니다.
const express = require('express');
const morgan = require('morgan');

// 서버를 생성합니다.
const app = express();
app.use(express.static('public'));
app.use(morgan('combined'));
app.use(express.urlencoded({ extended: false }));

// request 이벤트 리스너를 설정합니다.
app.get('/', (request, response) => {
    // HTML 형식의 문자열을 생성합니다.
    let output = '';
    output += '<form method="post"> ';
    output += ' <input type="text" name="a" />';
    output += ' <input type="text" name="b" />';
    output += ' <input type="submit" />';
    output += '</form> ';
    // 응답합니다.
    response.send(output);
});

app.post('/', (request, response) => {
    // 응답합니다.
    response.send(request.body);
});
// 서버를 실행합니다.
app.listen(52273, () => {
    console.log('Server running at http://127.0.0.1:52273');
});
```

> form 태그를 사용하면 action 속성에 지정한 URL에 method 속성에 지정한 방식으로 데이터를 요청할 수 있습니다. action 속성을 지정하지 않으면 '현재 URL'로 method 속성에 지정한 방식으로 데이터를 요청합니다.

서버를 실행하고 http://127.0.0.1:52273에 접속하면 다음 입력 양식이 나타납니다.

각 입력 양식에 데이터를 입력하고 쿼리 전송 버튼을 누르면 웹 페이지가 전환되면서 다음 문자를 출력합니다.

3 morgan 미들웨어

다른 사람이 만든 미들웨어도 가져와서 사용할 수 있습니다. 다음 경로에서 `express` 모듈의 미들웨어로 사용할 수 있는 외부 모듈을 확인할 수 있습니다.

> **Express middleware**
> https://expressjs.com/en/resources/middleware.html

3.1 morgan 미들웨어

위 문서에 소개된 미들웨어 중에서 비교적 사용이 간단한 `morgan` 미들웨어라는 로그 출력 미들웨어를 살펴보겠습니다. morgan 미들웨어는 https://github.com/expressjs/morgan에서 내용을 살펴볼 수 있습니다.

다음 방법으로 설치합니다.

```
> npm install morgan
```

로그Log는 '관련된 정보를 가진 글자'를 의미하며, 로그 출력 미들웨어는 웹 요청과 관련된 내용을 출력하는 미들웨어입니다. 모든 웹 서버에서 굉장히 기본적이면서도 중요한 미들웨어라고 할 수 있습니다.

예제 10-10 morgan 미들웨어

`morgan` 미들웨어의 문서를 참고하면서 `morgan` 미들웨어를 사용해 봅시다. 실행하기 전에 `npm install morgan` 명령어로 외부 모듈을 설치해야 합니다.

코드 10-10 **morgan 미들웨어** morgan.js

```
// 모듈을 추출합니다.
const express = require('express');
const morgan = require('morgan');

const app = express();
app.use(express.static('public'));
app.use(morgan('combined'));

// request 이벤트 리스너를 설정합니다.
app.get('*', (request, response) => {
    response.send('명령 프롬프트를 확인해주세요.');
});

// 서버를 실행합니다.
app.listen(52273, () => {
    console.log('Server running at http://127.0.0.1:52273');
});
```

서버를 실행하고 http://127.0.0.1:52273에 접속해서 명령 프롬프트를 확인해 보세요. 로그 출력을 볼 수 있습니다.

실행 결과

```
Server running at http://127.0.0.1:52273
::ffff:127.0.0.1 - - [19/Oct/2021:02:34:56 +0000] "GET / HTTP/1.1" 200 42 "-"
"Mozilla/5.0 (Windows NT 10.0; Win64; x64) AppleWebKit/537.36 (KHTML, like Gecko)
Chrome/94.0.4606.81 Safari/537.36"
```

NOTE 웹 브라우저로 한 번만 접속했는데도 요청이 여러 번 전송되는 모습을 볼 수 있는데요. 이는 웹 브라우저가 해당 웹 사이트의 추가 정보(파비콘 등)를 가져오려고 추가적으로 요청하는 것입니다.

웹 서버를 운용할 때는 여러 보안 위협과 마주합니다. 로그는 그러한 위협을 검출할 수 있는 가장 기본적인 방법이라고 할 수 있습니다. 실제 웹 서버를 운용할 때는 로그 출력을 실시간으로 감시해서 '특정한 오류가 여러 번 발생' 상황이 생길 때 경보하는 기능 등에 활용합니다.

3.2 속성 정리

지금까지 클라이언트가 서버로 데이터를 전송하는 세 가지 방법을 살펴보았는데요.

- **params 객체** : URL의 토큰을 나타냅니다. 보기가 간편합니다.
- **query 객체** : URL의 요청 매개 변수를 나타냅니다. 토큰보다 많은 데이터를 전달할 수 있으며, 주소로 어떤 데이터가 오고 가는지 확인할 수 있습니다.
- **body 객체** : 대용량 문자열 등을 전송할 때 사용합니다. 다만 주소에 데이터를 기록하지 못하므로 새로고침이나 즐겨찾기 기능 등을 활용할 수 없습니다.

세 가지 모두 서버 개발에서 중요한 역할을 담당하므로 꼭 기억하기 바랍니다. 어떨 때 사용해야 하는지 구분하기가 어려울 수 있는데요. 직접 인터넷을 돌아다닐 때 주소창을 보면서 '여기는 왜 이렇게 주소를 구성했을까?' 또는 '더 좋은 방법은 없을까?'를 고민하다 보면 금세 구분할 수 있을 것입니다.

참고로 프로그래밍 언어와 모듈은 결국 내가 원하는 것을 만드는 '수단'이지 '핵심'이 아닙니다. HTTP로 무엇을 할 수 있는지 알아야 더 많은 웹 서버를 만들 수 있습니다. 이와 관련된 내용은 학교에서 해당 수업으로 듣기 바랍니다. 한 학기로도 벅찰 것입니다. 책으로 읽고자 한다면 『HTTP 완벽 가이드』(인사이트)를 참고하기 바랍니다. 해당 내용을 공부하면서 Node.js 도구를 사용해 직접 구현해 보면 이론과 실무를 모두 잡을 수 있을 것입니다.

서버 자바스크립트의 기본적인 사용 방법은 여기서 잠시 멈추고, 이제 웹 브라우저의 자바스크립트를 살펴보겠습니다. 그리고 최종적으로 서버와 클라이언트를 활용하는 예제를 만들어 보겠습니다.

요약

01 웹은 요청 메시지와 응답 메시지를 주고받는 형태입니다.

02 페이지 라우팅은 클라이언트 요청에 적절한 페이지를 제공하는 기술입니다.

03 서버는 클라이언트에 응답할 때 데이터, Content-Type, HTTP 상태 코드를 제공해야 합니다.

04 클라이언트는 서버에 요청할 때 요청 매개 변수, 데이터 등을 요청합니다.

- 요청 매개 변수를 분석할 때는 `query` 속성을 사용합니다.
- 데이터를 분석할 때는 `body-parser` 미들웨어를 사용합니다.

연습문제

01 다음 괄호 안을 채우시오.

(1) 웹 서비스는 기본적으로 요청과 (   )의 연속으로 이루어진다.

(2) 요청하는 대상을 (   )라고 부른다.

(3) 응답하는 대상을 (   )라고 부른다.

(4) 서버가 클라이언트로 보내는 정보를 (   )라고 부른다.

(5) 클라이언트가 서버로 보내는 정보를 (   )라고 부른다.

(6) 컴퓨터와 컴퓨터를 연결하는 정보의 출입구 역할을 하는 곳을 (   )라고 부른다.

(7) `Content-Type` 속성에는 (   ) 타입 문자열을 지정한다.

(8) 서버가 클라이언트에 응답 상태를 알려 줄 때는 (   )를 사용한다.

02 다음 질문에 ○×를 표시하시오.

(1) 기본적으로 컴퓨터에는 0번부터 65535번까지의 포트가 있다.

(2) 클라이언트의 요청에 적절한 페이지를 제공하는 기술을 페이지 라우팅이라고 부른다.

(3) 웹 브라우저가 데이터를 구분할 때는 `Content-Type` 속성을 활용한다.

(4) `express` 모듈에서 `send()` 메소드는 데이터를 응답할 때 사용한다.

(5) `express` 모듈에서 `mime()` 메소드는 데이터 타입을 지정할 때 사용한다.

(6) 상태 코드 100번대는 성공을 나타낸다.

(7) 상태 코드 400은 클라이언트 오류를 나타낸다.

(8) `express` 모듈에서 `status()` 메소드는 HTTP 상태 코드를 지정할 때 사용한다.

(9) 웹 브라우저를 특정 경로로 인도하는 것을 리다이렉트Redirect라고 부른다.

03 다음 중에서 `express` 모듈을 활용할 때 로그 출력을 하는 데 사용하는 외부 모듈은?

① `body-parser` 모듈　　② `morgan` 모듈

③ `parser` 모듈　　④ `multipart` 모듈

04 다음 중에서 콘텐츠 타입 등을 정의할 때 사용하는 형식의 유형은?

① MIME 형식 ② Content 형식
③ File Face 형식 ④ Status 형식

05 'https://test.ac.kr/search?keyword=휴학'이라는 URL에서 '?keyword=휴학' 부분을 나타내는 용어는?

① 토큰 ② 요청 본문
③ 응답 본문 ④ 요청 매개 변수

06 express 모듈을 사용할 때 왼쪽의 요소를 어떤 객체로 확인할 수 있는지 선을 연결하시오.

① 요청 매개 변수 • • ⓐ `request.body`
② 요청 본문 • • ⓑ `request.query`
③ URL 토큰 • • ⓒ `request.param`

07 왼쪽 HTTP 상태 코드가 오른쪽 설명 중 어떤 것에 해당하는지 선을 연결하시오.

① 1XX • • ⓐ 클라이언트 오류
② 2XX • • ⓑ 처리 중
③ 3XX • • ⓒ 리다이렉트
④ 4XX • • ⓓ 성공
⑤ 5XX • • ⓔ 서버 오류

08 직접 검색을 활용해 express 모듈을 활용할 때 사용할 수 있는 미들웨어 모듈을 5개 이상 적으시오.

힌트 : npm 사이트에서 express로 검색하고 결과를 확인하면 됩니다.

CHAPTER 11

프로젝트 – RESTful 웹 서비스

01 RESTful 웹 서비스 개요
02 코드 구성
03 Thunder Client 확장 프로그램

학습목표

- REST 규정을 이해합니다.
- RESTful 웹 서비스를 만드는 방법을 이해합니다.

PREVIEW

이전 장에서 배운 내용을 기반으로 RESTful 웹 서비스를 만들어 보겠습니다. RESTful 웹 서비스는 현재 전 세계에서 표준으로 사용하는 통신 형태인데요. 이 장의 내용을 완벽하게 이해한다면, 아이폰과 안드로이드 스마트폰 등에서 활용할 수 있는 웹 서비스를 만들 수 있을 것입니다.

웹 서비스는 네트워크상에서 서로 다른 종류의 컴퓨터 간에 상호작용을 하는 소프트웨어 시스템을 의미합니다. 말이 굉장히 어려운데요. 간단하게 '인터넷 등으로 데이터를 주고받게 하는 것'이라고 생각하면 됩니다. 굉장히 다양한 종류의 웹 서비스가 있는데요. 이 책에서는 RESTful 웹 서비스를 살펴보고, 직접 구현해 보겠습니다.

01 RESTful 웹 서비스 개요

RESTful 웹 서비스는 REST_{REpresentational State Transfer} 규정에 맞게 만든 ROA_{Resource Oriented Architecture}를 따르는 웹 서비스 디자인 표준입니다. 말이 조금 어려운데요. 자원_{Resource}을 다루는 방법과 특정 웹 페이지로 접근하는 방법(URL과 Method)을 비슷한 형태로 구성한다는 의미입니다.

보통 간단한 RESTful 웹 서비스는 [표 11-1]처럼 구성합니다.

표 11-1 RESTful 웹 서비스의 구조

	컬렉션(배열) /collection	요소 /collection/id
GET	컬렉션을 조회합니다.	컬렉션의 특정 요소를 조회합니다.
POST	컬렉션에 새로운 데이터를 추가합니다.	사용하지 않습니다.
PUT	컬렉션 전체를 한꺼번에 변경합니다.	컬렉션의 특정 요소를 수정합니다.
DELETE	컬렉션 전체를 삭제합니다.	컬렉션의 특정 요소를 삭제합니다.

강제하지 않으므로 서비스를 제공하는 기업의 정책 등에 따라 조금 다르게 구성할 때도 있습니다. 예를 들어 사용자 관련 정보라면 다음 형태로 사용합니다.

- GET /user : 사용자 전체를 조회합니다.
- GET /user/273 : 273번 사용자를 조회합니다.
- POST /user : 사용자를 추가합니다.
- DELETE /user/273 : 273번 사용자를 삭제합니다.

이 절에서는 [표 11-2]처럼 RESTful 서비스를 개발하겠습니다.

표 11-2 RESTful 웹 서비스

메소드	경로	설명
GET	/user	모든 사용자 정보를 조회합니다.
POST	/user	사용자를 추가합니다.
GET	/user/`:id`	특정 사용자 정보를 조회합니다.
PUT	/user/`:id`	특정 사용자 정보를 수정합니다.
DELETE	/user/`:id`	특정 사용자 정보를 제거합니다.

이때 GET 이외의 요청은 모두 x-www-url-encoded 방식으로 데이터를 전달합니다. 따라서 `body-parser`를 사용해 클라이언트에서 데이터를 분석해야 합니다.

실제로 서비스할 때는 데이터베이스를 함께 사용하는데요. 데이터베이스와 관련된 내용을 배우지 않았으므로 배열로 대신하겠습니다.

02 코드 구성

이러한 웹 서비스는 [코드 11-1]처럼 구현합니다. 코드가 조금 길다고 생각할 수 있는데요. 각각의 라우팅을 나누어서 분석하면 어렵지 않습니다. 여기에서 코드를 소개하고, 다음 절부터 차근차근 분석해 보겠습니다.

코드 11-1 RESTful 웹 서비스 app.js

```
// 모듈을 추출합니다.
const express = require('express');

// 서버를 생성/실행합니다.
const app = express();
app.listen(52273, () => {
    console.log('Server Running at http://127.0.0.1:52273');
});

// 미들웨어를 추가합니다.
app.use(express.urlencoded({
    extended: false
}))

// 변수를 선언합니다.
let userCounter = 0;
const users = [];

// 라우트합니다.
app.get('/user', (request, response) => {
    response.send(users);
});
```

/user로 GET 요청하면 전체 사용자 정보를 조회합니다.

```
app.get('/user/:id', (request, response) => {
    // 변수를 선언합니다.
    const id = request.params.id;
    // 데이터를 찾습니다.
    const filtered = users.filter((user) => user.id == id);
    // 응답합니다.
    if (filtered.length == 1)
        response.send(filtered[0]);
    else
        response.status(404).send('데이터가 존재하지 않습니다.');
  });
```

/user/10 등으로 GET 요청하면 특정 사용자 정보를 조회합니다.

```
app.post('/user', (request, response) => {
    // 변수를 선언합니다.
    const body = request.body;
    // 예외를 처리합니다.
    if (!body.name)
          return response.status(400).send('name을 보내주세요');
    else if (!body.region)
          return response.status(400).send('region을 보내주세요');
    // 변수를 추출합니다.
    const name = body.name;
    const region = body.region;
    // 데이터를 저장합니다.
    const data = {
        id: userCounter++,
        name: name,
        region: region
    };
    users.push(data);
    // 응답합니다.
    response.send(data);
});
```

/user로 POST 요청하면 사용자를 추가합니다.

```
app.put('/user/:id', (request, response) => {
  // 데이터를 찾습니다.
  const id = request.params.id
```

```
  const user = users.find((user) => user.id == id)
  if (user) {
      // 데이터가 존재한다면
      if (request.body.name)
      users[id].name = request.body.name;
      if (request.body.region)
          users[id].region = request.body.region;
      // 응답합니다.
      response.send(user)
  } else {
      // 데이터가 존재하지 않는다면
      // 응답합니다.
      response.status(404).send('데이터가 존재하지 않습니다.');
  }
});
```

/user/10 등으로 PUT 요청하면 특정 사용자 정보를 수집합니다.

```
app.delete('/user/:id', (request, response) => {
    // 변수를 선언합니다.
    const id = request.params.id
    const index = users.findIndex((user) => user.id == id)
    // 데이터를 제거합니다.
    if (index != -1) {
        users.splice(index, 1);
        response.send('제거했습니다.');
    } else {
        response.status(404).send('데이터가 존재하지 않습니다.');
    }
});
```

/user/10 등으로 DELETE 요청하면 특정 사용자 정보를 제거합니다.

그럼 코드를 하나하나 분석해 봅시다.

1 사용자 데이터

RESTful 웹 서비스는 데이터를 중심으로 구현합니다. 따라서 데이터를 어떤 형태로 구성할 것인지, 데이터를 어떻게 저장할 것인지를 먼저 생각해야 합니다.

일단 '데이터를 어떤 형태로 구성할 것인지'부터 생각해 봅시다. 현재 웹 서비스는 중심이 되는 데이터는 사용자입니다. 사용자는 다음과 같은 형태로 정의했습니다.

```
{
  id: 사용자_id,
  name: 사용자_이름,
  region: 거주_지역
}
```

이어서 '데이터를 어떻게 저장할 것인지'를 생각해 봅시다. 일반적인 웹 서비스는 '데이터베이스Database'를 사용해서 데이터를 저장합니다. 하지만 데이터베이스까지 다루게 되면, 코드가 너무 복잡해집니다. 따라서 웹 서비스 구현에 집중할 수 있게 자바스크립트의 배열을 사용해 데이터를 저장하겠습니다.

현재 코드에서는 데이터를 저장할 수 있는 배열로 users를 만들었습니다.

```
const users = []
```

이후에 데이터가 저장되면, 다음과 같은 형태로 데이터를 보유하게 될 것입니다.

```
const users = [{
  id: 0,
  name: '윤인성',
  region: '서울 강서구'
}, {
  id: 1,
  name: '윤아린',
  region: '인천 연수구'
}]
```

자바스크립트 배열이므로, 다음과 같은 연산자와 메소드를 활용해서 ❶ 데이터 조회 → ❷ 데이터 추가 → ❸ 데이터 수정 → ❹ 데이터 제거가 가능합니다.

```
// ❶ 데이터 조회
// ❶-1 모든 데이터를 조회합니다.
users
// ❶-2 0번 인덱스에 있는 데이터를 조회합니다.
users[0]

// ❷ 데이터 추가
users.push({
  id: 10,
  name: '이름',
  region: '지역'
})

// ❸ 데이터 수정: 0번째 데이터의 이름과 지역 수정
users[0].name = '새로운 이름'
users[0].region= '새로운 지역'

// ❹ 데이터 삭제: 0번째 데이터 제거
user.splice(0, 1)
```

이를 기억하면서 각각의 라우팅을 살펴봅시다.

2 GET /user

GET 요청으로 /user에 요청을 걸면, 사용자 전체 리스트를 응답해 줘야 합니다. 따라서 다음과 같이 users를 그대로 응답합니다.

```
app.get('/user', (request, response) = > {
    response.send(users);
});
```

❸ GET /user/:id

GET 요청으로 /user/`:id`에 요청을 걸면, 특정 `id`에 해당하는 사용자 한 명을 응답해 줘야 합니다.

이를 위해서는 기본적으로 ❶ 요청에서 `:id` 값을 추출하고 → ❷ 이를 기반으로 `users`에서 사용자를 찾은 뒤 → ❸ 응답해야 합니다.

다음 코드를 다시 살펴봅시다.

```
app.get('/user/:id', (request, response) => {
    // 변수를 선언합니다.
    const id = request.params.id; ❶
    // 데이터를 찾습니다.
    const filtered = users.filter((user) => user.id == id); ❷
    // 응답합니다.
    if (filtered.length == 1)
        response.send(filtered[0]); ❸
    else
        response.status(404).send('데이터가 존재하지 않습니다.'); ❹
});
```

❶ 일단 `request.params.id`를 사용해서 `:id`의 값을 추출했습니다.

❷ 이어서 `filter` 함수를 사용해서 id가 일치하는 사용자를 찾습니다. 만약 해당 id를 가진 사용자가 있다면, 요소를 하나 가지는 배열이 리턴될 것입니다. 반대로 해당 id를 가진 사용자가 없다면, 빈 배열이 리턴될 것입니다.

❸ 사용자를 찾으면 요소를 하나 가지는 배열을 리턴받습니다. 따라서 `if (filtered.length == 1)`로 이런 상황을 구별하고, `response.send(filtered[0])`로 해당 요소 하나를 리턴합니다.

❹ 사용자를 못 찾으면 빈 배열을 리턴받습니다. 따라서 `else`로 이런 상황을 구별하고, `'데이터가 존재하지 않습니다'`라는 문자열을 리턴합니다.

참고로 /user/`:id`에 대한 요청은 '사용자를 찾고자 하는 요청'입니다. 따라서 사용자를 찾지 못했다면, 요청이 성공하지 못했다고 할 수 있습니다. 따라서 상태 코드 404로 응답하게 했습니다.

4 POST /user

POST 요청으로 /user에 요청을 걸면, users 배열에 데이터를 추가해야 합니다.

이를 위해서는 ❶ 사용자 요청의 유효성을 확인하고 → ❷ 데이터를 users 배열에 추가한 뒤 → ❸ 사용자에게 데이터 추가가 성공했다고 응답해야 합니다.

❶ 일단 사용자 요청에 name 속성과 region 속성이 포함되었는지 확인하고, 하나라도 포함되지 않은 경우 오류와 함께 오류의 원인을 전달합니다.

조건문의 조건 표현식이 약간 특이하게 보일 수 있는데요. name 속성을 전달하지 않으면, body.name이 undefined로 나올 것입니다. 따라서 !body.undefined가 true로 평가되며, 조건문 안으로 들어가게 됩니다. 자주 사용되는 형태이므로 기억해 두기 바랍니다.

❷ 이어서 데이터를 users 배열에 추가합니다. 다음 부분입니다. body에서 name 속성과 region 속성을 꺼내고, 이를 활용해서 데이터를 조합합니다. 최종적으로 users.push() 메소드로 배열에 요소를 추가합니다.

이 코드에서 id: userCounter++이 약간 특이하게 보일 수 있습니다. GET /user/:id 요청을 하려면, id 속성이 있어야 합니다. id 속성을 하나하나 수동으로 지정할 수도 있겠지만, 간단하게 userCounter라는 정수 변수를 활용해 자동으로 지정하게 했습니다.

이전에 let userCounter = 0으로 초기화했고, userCounter++로 사용할 때마다 1씩 증가하게 했으므로, 사용자 id가 0번부터 차근차근 증가하며 지정됩니다.

```
// 변수를 추출합니다.
const name = body.name;
const region = body.region;
// 데이터를 저장합니다.
const data = {
    id: userCounter++,
    name: name,
    region: region
};
users.push(data);
```

❸ 최종적으로 send() 메소드로 응답합니다. 데이터를 저장하는 것이 목표이므로, 단순하게 '성공했습니다'라는 문자열을 보내 응답해도 됩니다. 하지만 데이터가 어떻게 추가되었는지 요청자에게 전달할 수 있게, 위에서 만들었던 사용자 데이터(data)를 리턴하게 했습니다.

```
// 응답합니다.
response.send(data);
```

5 PUT /user

PUT 요청으로 /user/:id에 요청을 걸면, users 배열의 특정 id를 가진 사용자의 정보를 수정해야 합니다.

데이터 하나를 수정해야 하므로, 간단하게 ❶ 사용자 요청을 기반으로 사용자 한 명을 찾고 → ❷ 데이터를 수정한 뒤 → ❸ 수정했다고 응답하면 됩니다.

❶ 일단 데이터를 찾는 부분입니다. 다음과 같이 find 메소드를 활용해서, 특정 id를 가진 사용자를 찾을 수 있습니다.

```
// 데이터를 찾습니다.
const id = request.params.id
const user = users.find((user) => user.id == id)
```

❷ 이어서 데이터를 수정하는 부분입니다. 사용자가 있을 경우에만 user를 수정합니다. 이때 사용자가 name 속성과 region 속성을 전달하는데요. 둘 다 전달할 수도 있지만, 둘 중 하나만 전달할 수도 있다고 가정했습니다. 그래서 전달한 속성만 수정하게 코드를 구성했습니다.

```
if (user) {
// 데이터가 존재한다면
if (request.body.name)
users[id].name = request.body.name;
if (request.body.region)
users[id].region = request.body.region;
```

❸ 마지막으로 응답하는 부분입니다. response.send() 메소드를 활용합니다. 이전과 마찬가지로 데이터가 존재하지 않는 경우에는 404 오류를 출력하게 했습니다.

```
response.send(user)
```

```
    } else {
        // 데이터가 존재하지 않는다면
        // 응답합니다.
        response.status(404).send('데이터가 존재하지 않습니다.');
    }
});
```

6 DEL /user/:id

마지막으로 DEL 요청으로 /user/:id에 요청을 걸면, 해당 데이터를 제거합니다. 마찬가지로 ❶ 데이터를 찾고 → ❷ 요소를 제거하고 → ❸ 응답하면 됩니다.

일단 ❶에 해당하는 데이터를 찾는 부분입니다. `findIndex()` 메소드를 사용해서 특정 id를 가진 사용자의 인덱스를 찾습니다. 배열에서 요소를 제거하려면, 인덱스가 필요하기 때문에 인덱스를 찾은 것입니다.

```
// 변수를 선언합니다.
const id = request.params.id
const index = users.findIndex((user) => user.id == id)
```

`findIndex()` 메소드는 요소를 찾으면 해당 인덱스를 리턴하며, 요소를 찾지 못하면 −1을 리턴합니다. 따라서 이를 활용해서 조건문을 만들었습니다. ❷ 요소 제거는 `splice()` 메소드를 사용했습니다. ❸ 응답에는 `send()` 메소드를 활용했습니다.

```
// 데이터를 제거합니다.
if (index != -1) {
    users.splice(index, 1);
    response.send('제거했습니다.');
} else {
    response.status(404).send('데이터가 존재하지 않습니다.');
}
```

코드가 전체적으로 길지만 어려운 내용은 없으므로, 차근차근 읽어 가며 정리해 보기 바랍니다.

03 Thunder Client 확장 프로그램

서버의 기본 구성은 [코드 11-1]과 같습니다. 이렇게 만든 RESTful 웹 서비스는 클라이언트 프로그램에서 활용합니다. 아이폰, 안드로이드 등 스마트폰 애플리케이션에서도 활용할 수 있는데요.

간단하게 테스트할 때 활용할 수 있는 확장 프로그램을 소개하겠습니다. Visual Studio Code 왼쪽 탭에 있는 5개의 아이콘 중에 가장 아래에 있는 '확장(Extensions)'을 클릭하고, 'Thunder Client'를 검색한 뒤에 [설치(Install)] 버튼을 눌러서 설치합니다. 확장 기능은 Ctrl+Shift+X를 눌러 띄울 수도 있습니다.

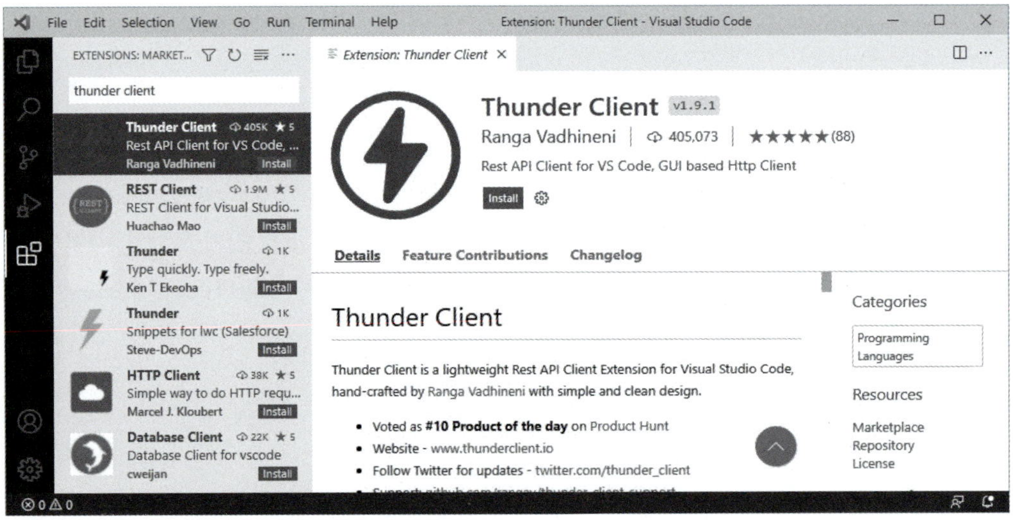

그림 11-1 Thunder Client 설치

NOTE 이런 프로그램을 REST API Client 또는 GUI HTTP Client라고 부릅니다. 과거에는 많은 프로그램이 무료로 제공되었지만, 현재는 대부분 유료로 변경되었습니다. 그래서 무료로 사용할 수 있는 Thunder Client를 책에서 사용하는데요.

Thunder Client는 한글 입력이 잘 안 된다는 단점이 있습니다. 예를 들어서 '윤인성'을 입력하면, 'ㅇ유윤ㅇ이인ㅅ서성'처럼 입력됩니다. 일단 테스트를 하는 동안에는 메모장 등에 글자를 입력한 뒤 복사해서 붙여 넣기로 사용해 주세요.

다음은 http://127.0.0.1:52273/user에 GET 요청을 보내는 예입니다.

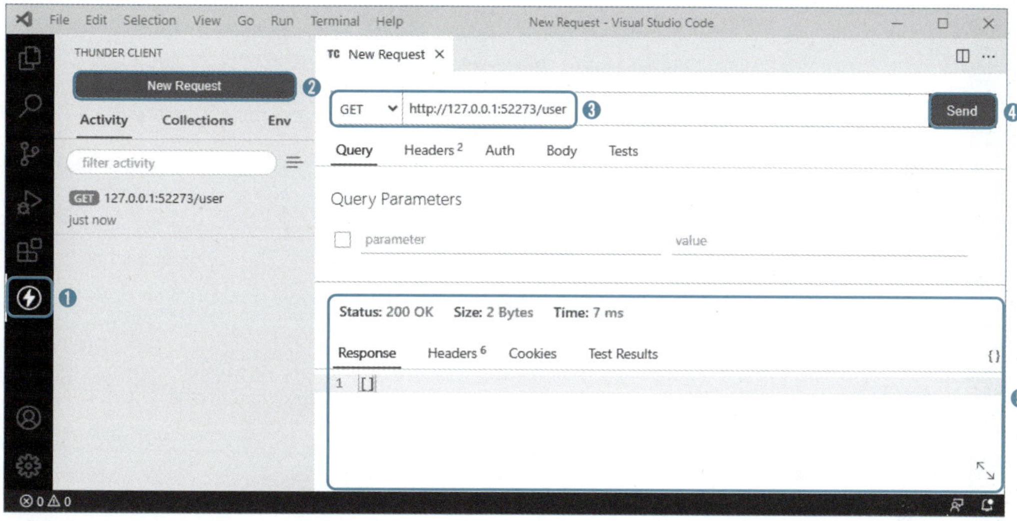

그림 11-2 Thunder Client 기본 사용 예

확장 프로그램을 설치하면, 왼쪽 탭에 새로운 버튼이 생깁니다.

❶ 이 버튼을 클릭하면 Thunder Client를 사용할 수 있습니다.

❷ 이어서 [New Request] 버튼을 누르면, 새로운 요청을 만들 수 있습니다.

❸ 요청을 만들고 오른쪽에 있는 입력 양식에 요청의 종류와 URL을 지정합니다.

❹ [Send] 버튼을 누르면 요청이 전달됩니다.

❺ 서버로부터 응답을 받으면 이 위치에 내용이 출력됩니다.

[그림 11-2]에서는 데이터를 추가하지 않은 상태이므로, 단순하게 빈 배열이 출력됩니다. 데이터를 몇 개 추가해 보도록 합시다.

요청을 POST로 변경하고, URL에 http://127.0.0.1:52273/user를 지정합니다. 이어서 [Body] → [Form-encode]를 선택한 뒤, 아래의 입력 양식에 키와 값을 지정합니다. 값을 모두 지정한 뒤에 [Send] 버튼을 누르면, 요청이 전달됩니다.

참고로 이전에 언급한 것처럼 Thunder Client는 한글 입력이 잘 안 되므로, 간단하게 영어 이름과 영어 지역을 입력해서 테스트해 보기 바랍니다.

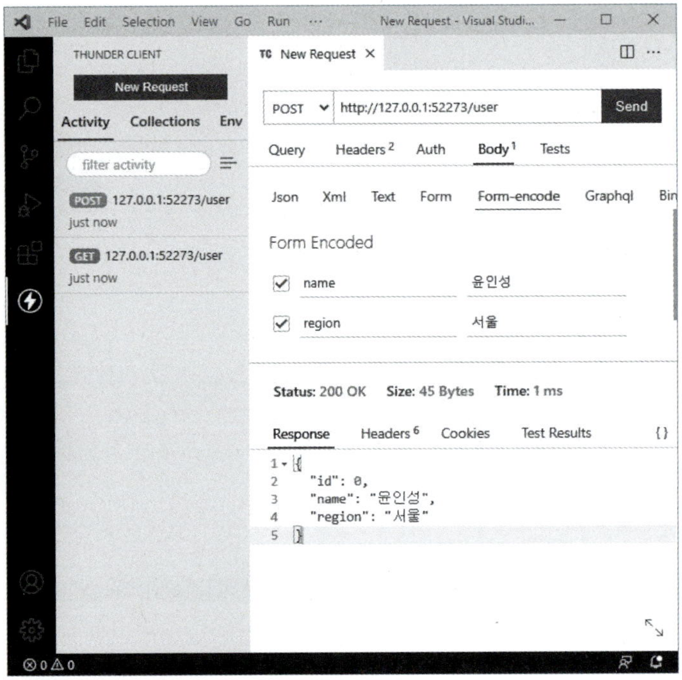

그림 11-3 데이터 추가하기

이전에 데이터를 추가한 이후에 추가한 데이터를 응답하게 했으므로, 위의 그림과 같이 사용자 데이터 하나를 응답받을 수 있습니다.

데이터를 몇 개 더 추가하고, GET http://127.0.0.1:52273/user에 요청하면, 다음과 같이 여러 데이터를 응답받을 수 있습니다.

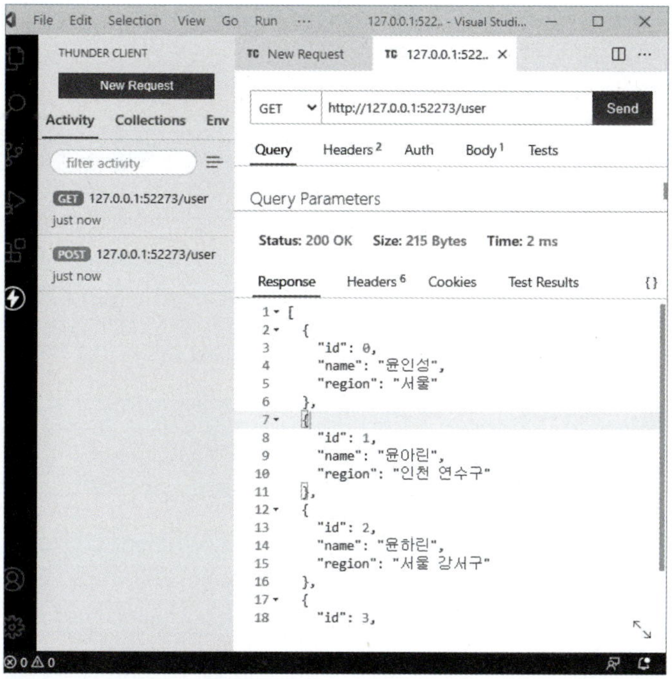

그림 11-4 데이터를 여러 개 추가하고 확인하기

웹 서비스를 처음 배울 때는 '대체 뭘 어떻게 구성해야 하는 거지?' 하면서 많이 당황스러울 것입니다. 이때는 실제 상용 웹 서비스를 살펴보고 분석하기 바랍니다. 웹 사이트도 웹 서비스의 일종이지만, 분석할 때는 모든 것이 공개되어 있는 Open API를 활용하는 것이 편합니다.

국내에서는 네이버, 다음카카오 등 포털 사이트를 포함해 정부에서도 다양한 Open API를 제공하는데요. 네이버 개발자 웹 사이트에 있는 웹 서비스를 예로 들어 보겠습니다.

https://developers.naver.com/docs/papago/papago-nmt-api-reference.md에 들어가면, 네이버에서 제공하는 파파고 번역 RESTful API를 확인할 수 있습니다. 이번 장의 예제를 진행했다면, 이 문서를 읽고 대충 어떤 식으로 사용하는지 이해할 수 있을 것입니다.

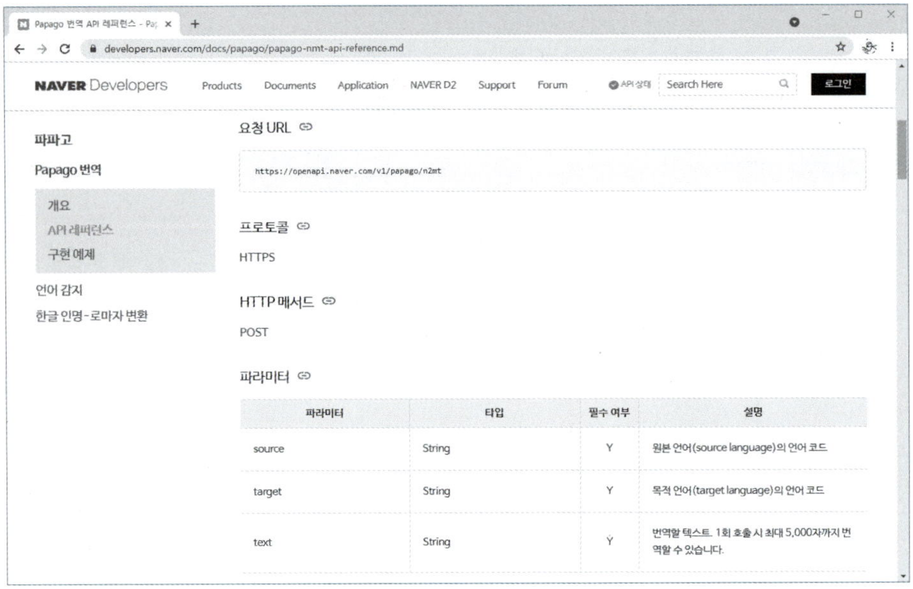

그림 11-5 파파고 번역 API 예

API 문서를 읽어 보면서, RESTful 웹 서비스를 어떻게 구현하면 될지 생각해 보기 바랍니다. 네이버 개발자 웹 사이트를 보면, 이 외에도 다양한 RESTful API가 있습니다. 한번 읽어 보면 도움이 될 것입니다.

이 책에서는 Node.js와 관련된 내용을 여기에서 일단 마무리하고, Part 4에서 `socket.io`를 배우면서 클라이언트와 서버의 실시간 통신을 알아보겠습니다. 참고로 1장에서 언급한 것처럼 Node.js를 사용하면 웹 서비스 이외에도 데스크톱 애플리케이션, IoT 애플리케이션 등을 모두 만들 수 있습니다. 관심 있는 내용이 있다면 관련 모듈을 찾아 공부하기 바랍니다.

PART 03

클라이언트 자바스크립트

CHAPTER 12 웹 브라우저에서의 자바스크립트

CHAPTER 13 문서 객체 모델

CHAPTER 14 jQuery

CHAPTER 15 프로젝트 – 이미지 슬라이더

PREVIEW

지금까지는 자바스크립트 프로그래밍 언어를 실행하는 플랫폼으로 Node.js를 사용했습니다. Part 3에서는 웹 브라우저 플랫폼에서의 자바스크립트를 알아봅니다. Part 2와 마찬가지로 추가적인 기능을 살펴본다는 정도로 진행하기 바랍니다.

CHAPTER 12

웹 브라우저에서의 자바스크립트

01 브라우저 객체 모델

02 window 객체

03 screen 객체

04 location 객체와 history 객체

05 navigator 객체

요약

연습문제

학습목표

- 웹 브라우저에서 사용할 수 있는 자바스크립트의 범위를 이해합니다.
- 웹 브라우저에서 자바스크립트를 사용하는 방법을 이해합니다.
- HTML 페이지 내부에서 script 태그의 위치에 따른 결과 차이를 이해합니다.

PREVIEW

2021년을 기준으로 국내에서 사용되고 있는 대부분의 웹 브라우저는 최신 자바스크립트를 지원합니다. 이번 장에서는 최신 자바스크립트를 활용해서 웹 페이지를 만드는 방법에 대해서 알아보겠습니다.

01 브라우저 객체 모델

웹 브라우저에서 자바스크립트를 활용하면 웹 브라우저와 관련된 객체들을 활용할 수 있습니다. 웹 브라우저와 관련된 객체를 브라우저 객체 모델Browser Object Model, BOM이라고 합니다. 브라우저 객체 모델은 [그림 12-1]과 같은 객체를 의미합니다.

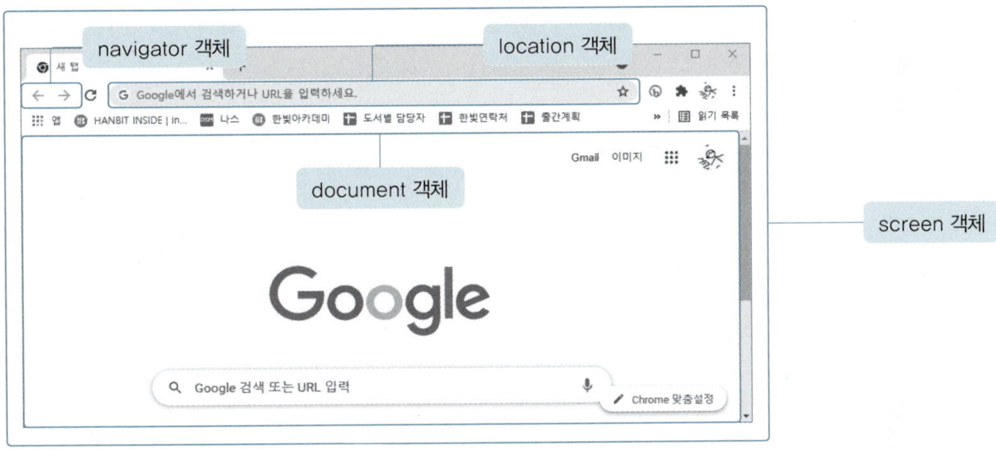

그림 12-1 브라우저 객체 모델

브라우저 객체 모델 중에서 `document` 객체는 규모가 굉장히 크므로 문서 객체 모델이라고 따로 분류하기도 합니다. 이 절에서는 `document` 객체를 제외한 객체가 가진 속성과 메소드를 살펴보겠습니다.

지금부터 진행하는 내용은 1장 05절에서 살펴본 HTML 파일을 만들어 실행하는 방법을 참고해 진행하세요.

02 window 객체

window 객체는 웹 페이지 자체를 나타내는 객체입니다. window 객체를 사용하면 새로운 화면을 열거나 웹 브라우저의 크기를 변경하는 등의 일을 할 수 있습니다. 너무 많으므로 하나씩 살펴보는 것은 불가능합니다. 가장 대표적인 경고창과 프롬프트만 살펴보겠습니다.

window 객체는 경고 출력을 하는 경고창과 입력을 하는 프롬프트를 제공합니다. 이러한 경고창과 프롬프트를 띄울 때 사용할 수 있는 함수는 [표 12-1]과 같습니다.

표 12-1 경고와 입력 함수

함수	설명
alert(메시지)	경고창을 출력합니다.
prompt(메시지, 임시_글자)	프롬프트를 출력합니다.

prompt() 함수를 사용하면 사용자에게 입력을 받을 수 있는 프롬프트가 나오는데요. 사용자가 문자를 입력하면 사용자의 입력이 리턴됩니다. 무슨 이야기인지 곧바로 예제를 살펴보면서 알아봅시다.

예제 12-1 경고와 입력

다음 코드는 prompt() 함수를 사용해 사용자에게서 입력을 받아 alert() 함수로 출력합니다.

코드 12-1 경고와 입력 alert.html

```
<!DOCTYPE html>
<html>
<head>
    <title>alert and prompt</title>
    <script>
        // 입력을 받습니다.
        const input = prompt('글자를 입력해주세요', '여기에 입력해주세요');

        // 출력합니다.
        alert(input);
    </script>
</head>
<body>

</body>
</html>
```

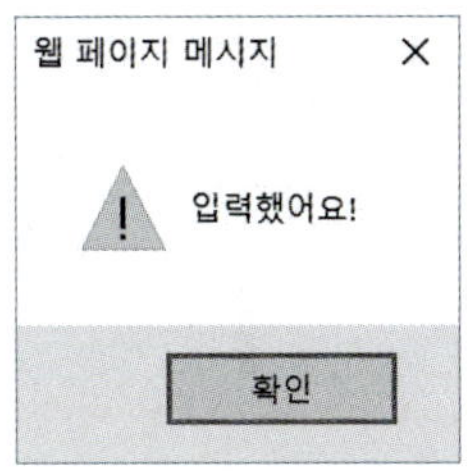

03 screen 객체

`screen` 객체는 웹 브라우저 화면이 아니라 운영체제 화면의 속성을 가진 객체입니다. 웹 브라우저마다 속성이 다른데요. 모든 웹 브라우저에서 공통으로 활용할 수 있는 속성은 [표 12-2]와 같습니다.

표 12-2 screen 객체의 속성

속성	설명
`width`	화면의 너비
`height`	화면의 높이
`availWidth`	실제 화면에서 사용 가능한 너비
`availHeight`	실제 화면에서 사용 가능한 높이
`colorDepth`	사용 가능한 색상 수
`pixelDepth`	한 픽셀당 비트 수

04 location 객체와 history 객체

location 객체는 웹 브라우저의 주소창과 관련된 객체입니다. location 객체에는 프로토콜의 종류, 호스트 이름, 문서 위치 등의 정보가 있습니다. location 객체의 속성과 메소드도 웹 브라우저마다 다른데요. 모든 웹 브라우저에서 공통으로 활용할 수 있는 속성은 [표 12-3]과 같습니다.

표 12-3 location 객체의 속성

속성	설명	예
href	문서의 URL 주소	
host	호스트 이름과 포트 번호	localhost:52273
hostname	호스트 이름	localhost
port	포트 번호	52273
pathname	디렉터리 경로	/folder/HTMLPage.html
hash	앵커 이름(#~)	#test
search	요청 매개 변수	?param=10
protocol	프로토콜 종류	http:

메소드는 [표 12-4]와 같습니다.

표 12-4 location 객체의 메소드

메소드	설명
assign(링크)	매개 변수로 전달한 위치로 이동합니다.
reload()	새로고침 합니다.
replace()	매개 변수로 전달한 위치로 이동합니다(뒤로 가기 불가능).

location 객체는 페이지를 이동할 때 많이 사용합니다. 다음 네 가지 방법으로 페이지를 이동할

수 있습니다. assign() 메소드와 replace() 메소드 모두 페이지를 이동하지만 assign() 메소드와 다르게 replace() 메소드는 뒤로 가기 버튼을 사용할 수 없습니다.

코드 12-2 페이지 이동

```
location = 'http://hanbit.co.kr';
location.href = 'http://hanbit.co.kr';
location.assign('http://hanbit.co.kr);
location.replace('http://hanbit.co.kr);
```

예제 12-2 location 객체를 사용한 페이지 이동

다음 코드는 웹 페이지에 접속하면 3초 후에 한빛미디어 웹 사이트로 이동합니다.

코드 12-3 location 객체를 사용한 페이지 이동 location.html

```
<!DOCTYPE html>
<html>
<head>
    <title>Location</title>
    <script>
        // 3초 후에
        setInterval(function () {
            location = 'http://hanbit.co.kr';
        }, 3000);
    </script>
</head>
<body>

</body>
</html>
```

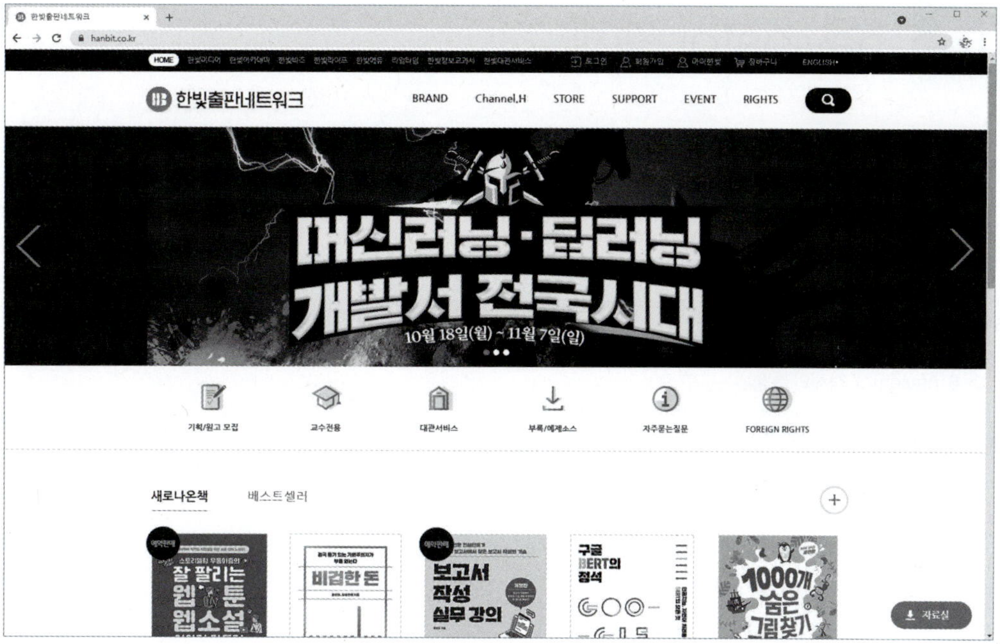

`history` 객체는 웹 브라우저의 앞으로 가기와 뒤로 가기와 관련됩니다.

표 12-5 history 객체의 메소드

메소드	설명
`forward()`	앞으로 이동합니다.
`back()`	뒤로 이동합니다.

메소드를 호출하기만 하면 앞으로 가거나 뒤로 가므로 쉽게 사용할 수 있을 것입니다.

`history` 객체는 HTML5 버전으로 업데이트되면서 굉장히 다양한 기능이 추가되었습니다. 하지만 이 내용만으로도 책 한 권이 나오므로 이 책에서는 생략합니다.

05 navigator 객체

navigator 객체에는 웹 페이지를 실행하고 있는 브라우저 정보가 들어 있습니다.

표 12-6 navigator 객체의 속성

속성	설명
appCodeName	브라우저의 코드 이름
appName	브라우저의 이름
appVersion	브라우저의 버전
platform	사용 중인 운영체제의 시스템 환경
userAgent	브라우저의 전체적인 정보

이러한 객체를 활용하면 사용자의 웹 브라우저, 운영체제를 구분할 수 있습니다.

예제 12-3 데스크톱 웹 브라우저와 스마트폰 웹 브라우저 구분

navigator 객체의 속성을 출력하고, 데스크톱 웹 브라우저와 스마트폰 웹 브라우저를 구분합니다.

코드 12-4 데스크톱 웹 브라우저와 스마트폰 웹 브라우저 구분 navigator.html

```
<!DOCTYPE html>
<html>
<head>
    <title>Navigator</title>
    <script>
        // navigator 객체의 속성을 출력합니다.
        let output = '';
        output += 'appCodeName: ' + navigator.appCodeName + '\n';
        output += 'appName: ' + navigator.appName + '\n';
```

```
        output += 'appVersion: ' + navigator.appVersion + '\n';
        output += 'platform: ' + navigator.platform + '\n';
        output += 'userAgent: ' + navigator.userAgent;
        alert(output);

        // iOS와 안드로이드의 웹 브라우저를 구분합니다.
        if (navigator.userAgent.toLowerCase().indexOf('iphone') >= 0
            || navigator.userAgent.toLowerCase().indexOf('ipad') >= 0
            || navigator.userAgent.toLowerCase().indexOf('ipod') >= 0
            || navigator.userAgent.toLowerCase().indexOf('android') >= 0) {
            alert('모바일 웹 브라우저입니다.');
        } else {
            alert('데스크톱 웹 브라우저입니다.');
        }
    </script>
</head>
<body>

</body>
```

이를 아이폰에서 실행하면 다음과 같이 출력합니다.

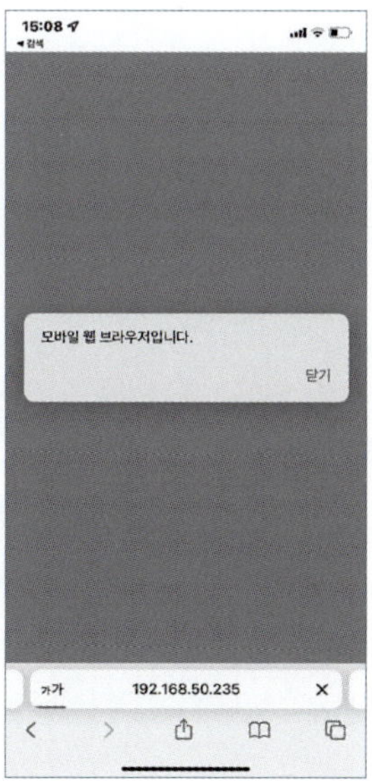

아이폰, 아이패드, 안드로이드 이외에도 굉장히 많은 모바일 장치가 있습니다. 예를 들어 플레이스테이션 비타라는 휴대용 게임기의 웹 브라우저를 들 수 있는데요. 이러한 웹 브라우저에도 모두 대응하려면, 실제로 `navigator` 객체의 속성을 확인하면서 '해당 웹 브라우저를 구분할 수 있는 규칙'을 찾아야 합니다.

요약

01 HTML 파일에서 자바스크립트 코드를 사용할 때는 script 태그를 사용합니다.

02 브라우저 객체 모델은 웹 브라우저와 관련된 객체를 의미합니다.

- **window 객체** : 웹 페이지 자체를 나타내는 객체
- **document 객체** : 문서 객체 모델과 관련된 객체
- **screen 객체** : 운영체제 화면의 속성을 가지는 객체
- **location 객체** : 웹 브라우저의 주소 표시줄과 관련된 객체
- **history 객체** : 웹 페이지 이동 이력과 관련된 객체
- **navigator 객체** : 웹 페이지를 실행하고 있는 웹 브라우저의 정보와 관련된 객체

연습문제

01 다음 괄호 안을 채우시오.

(1) 웹 브라우저와 관련된 객체를 (   )이라고 부른다.

(2) 경고창을 출력할 때는 (   ) 함수를 사용한다.

(3) 프롬프트를 출력할 때는 (   ) 함수를 사용한다.

02 다음 질문에 ○×를 표시하시오.

(1) 브라우저 객체 모델은 `window`, `document`, `screen`, `location`, `history`, `navigator` 객체로 이루어진다.

(2) `location` 객체를 사용하면 페이지를 이동할 수 있다.

(3) `navigator` 객체를 사용하면 웹 브라우저와 관련된 정보를 알 수 있다.

03 다음 중 브라우저 객체 모델에 속하지 않는 객체는?

① `global` 객체

② `screen` 객체

③ `navigator` 객체

④ `window` 객체

04 다음 `navigator` 객체의 속성 중에서 웹 브라우저와 관련된 전체적인 정보를 출력할 수 있는 속성은?

① `appCodeName`

② `appName`

③ `userAgent`

④ `platform`

05 드디어 이 책에서 사용자에게서 값을 쉽게 입력받을 수 있는 `prompt()` 함수가 등장했습니다. 이를 활용해 다음 프로그램을 만들어 보세요.

- 사용자가 태어난 연도를 입력받아 띠를 출력하는 프로그램(예 : '1991'을 입력하면 '양띠'를 출력)
- 사용자에게서 숫자를 2개 입력받아 두 숫자 사이의 범위 값을 모두 더하는 프로그램(예 : '1, 3'을 입력하면 1 + 2 + 3을 해서 6을 출력, 주의 : '3, 1'을 입력해도 6을 출력할 수 있게 한다.)

힌트 : 어떻게 해당 값을 구하는지 모를 때는 인터넷을 검색해 보세요.

CHAPTER 13

문서 객체 모델

01 문서 객체 모델 관련 용어

02 웹 페이지 생성 순서

03 문서 객체 선택

04 문서 객체 조작

05 이벤트

요약

연습문제

학습목표

- 문서 객체 모델이 무엇인지 이해합니다.
- 문서 객체를 선택하는 방법을 이해합니다.
- 문서 객체를 조작하는 방법을 이해합니다.
- 문서 객체에 이벤트를 연결하는 방법을 이해합니다.

PREVIEW

클라이언트 프로그램과 서버 프로그램을 구분할 수 있는 가장 대표적인 방법은 사용자 인터페이스User Interface, UI가 있는지 없는지 구별하는 것입니다. 웹 브라우저의 자바스크립트는 사용자 인터페이스를 구성하려고 문서 객체 모델을 사용합니다.

01 문서 객체 모델 관련 용어

문서 객체 모델은 넓은 의미로 웹 브라우저가 HTML 페이지를 인식하는 방법이고, 좁은 의미로는 document 객체와 관련된 객체의 집합을 나타냅니다.

문서 객체 모델을 사용하면 HTML 페이지에 태그를 추가, 수정, 제거할 수 있습니다. 기본적인 자바스크립트만으로 문서 객체 모델을 다루는 것은 굉장히 복잡합니다. 그래서 대부분 jQuery 등 라이브러리를 사용해 조작하는데요. 다음 장에서 jQuery를 알아보므로 이 장에서는 문서 객체 모델과 관련된 간단한 내용만 짚고 넘어가겠습니다.

웹 브라우저에 HTML 파일을 끌어다 놓으면 웹 브라우저는 HTML 파일을 분석해 화면에 출력합니다. 이때 웹 브라우저가 HTML 파일을 분석하고 출력하는 방식을 문서 객체 모델Document Object Model, DOM이라고 합니다.

문서 객체 모델을 본격적으로 살펴보기 전에 관련 용어부터 정리하겠습니다. 이 장부터는 태그Tag, 문서 객체Document Object, 노드Node라는 용어를 사용합니다. 간단한 HTML 페이지 코드를 보면서 하나씩 살펴봅시다.

코드 13-1 기본적인 웹 페이지 HTMLPage.html

```
<!DOCTYPE html>
<html>
<head>
    <title>웹 페이지</title>
    <script>

    </script>
</head>
<body>
```

```
    <h1>Header 1</h1>
    <p>Lorem ipsum dolor amet</p>
</body>
</html>
```

이 코드에서 h1 태그 또는 p 태그 등을 태그라고 합니다. 기본적인 HTML 내용을 배웠다면 모두 알고 있을 용어이므로 따로 설명하지 않겠습니다.

이런 HTML 태그를 자바스크립트에서 사용할 수 있는 객체로 만든 것을 문서 객체라고 합니다. 따라서 문서 객체를 조작한다는 말은 태그를 조작한다는 말과 같습니다. 즉, 문서 객체를 조작하면 태그 내부의 글자, 스타일, 속성을 변경할 수 있습니다.

"어떻게 자바스크립트에서 문서 객체를 변경하나요?"

이 장에서 배웁니다.

계속해서 용어를 살펴보겠습니다. [코드 13-1]을 트리 형태로 나타내면 [그림 13-1]과 같습니다. 이때 각 요소를 노드라고 하며, 요소 노드Element Node와 텍스트 노드Text Node로 구분합니다. h1 태그와 script 태그처럼 요소를 생성하는 노드를 요소 노드라고 합니다. 반면 화면에 출력되는 문자열인 Lorem ipsum dolor amet 등은 텍스트 노드라고 합니다.

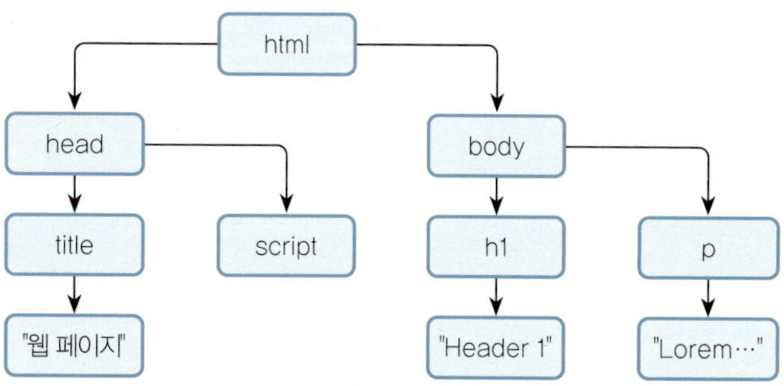

그림 13-1 노드

HTML 페이지는 h1 태그처럼 텍스트 노드가 있는 태그도 있고, 다음과 같이 텍스트 노드가 없는 태그도 있습니다.

```
<br />
<hr />
<img src="rintiantta.png" />
```

마지막으로 웹 페이지를 처음 실행할 때 HTML 페이지에 있는 태그를 읽으면서 생성하는 것을 '정적으로 문서 객체를 생성한다'고 표현합니다. 반면 자바스크립트를 사용해 프로그램 실행 중에 문서 객체를 생성하는 것을 '동적으로 문서 객체를 생성한다'고 표현합니다.

02 웹 페이지 생성 순서

이 장을 진행하기 전에 반드시 짚고 넘어갈 사항이 있습니다. 바로 웹 브라우저가 웹 페이지를 실행하는 순서입니다. 결론부터 말하면 HTML 코드를 위에서 아래로 실행합니다.

코드의 실행 순서를 간단하게 알아볼 수 있게, `script` 태그를 여러 개 배치해 보겠습니다.

코드 13-2 실행 순서 확인 전용 코드 DOM.html

```
<!DOCTYPE html>
<html>
<head>
    <title>Document Object Model</title>
    <script>alert('Process - 0')</script>
</head>
<body>
    <h1>Process - 1</h1>
    <script>alert('Process - 2')</script>
    <h2>Process - 2</h2>
    <script>alert('Process - 3')</script>
</body>
</html>
```

이와 같이 코드를 작성하고 실행하면, 경고창에 1, 2, 3이 차례대로 출력됩니다.

HTML은 이처럼 태그를 위에서 아래로 차례대로 읽어 들이면서 실행합니다. 이는 자바스크립트 코드에만 적용되는 내용이 아니며, 기본적인 HTML 태그에도 적용됩니다. HTML 태그도 위에서 아래로 차례대로 읽어 들이면서 화면에 출력합니다.

다음 코드를 살펴봅시다. 다음 코드는 이번 장에서 앞으로 배울 내용입니다. 일단 주석을 통해서 무엇을 하는 코드인지만 살펴보기 바랍니다.

```
<!DOCTYPE html>
<html>
<head>
  <title></title>
  <script>
    // h1 태그의 배경 색상을 변경합니다.
    document.querySelector('h1').style.backgroundColor = 'red';
    // h2 태그의 글자 색상을 변경합니다.
    document.querySelector('h2').style.color = 'red';
  </script>
</head>
<body>
  <h1>h1 태그</h1>
  <h2>h2 태그</h2>
</body>
</html>
```

이렇게 코드를 작성하면, ❶ 자바스크립트 코드를 실행하고 → ❷ h1 태그를 생성하고 → ❸ h2 태그를 생성하는 순서로 코드가 실행됩니다. 그런데 h1 태그와 h2 태그가 생성되지도 않았는데, 자바스크립트 코드에서 태그의 색상을 변경하려고 시도하고 있습니다.

따라서 다음과 같은 오류가 발생합니다.

```
Uncaught TypeError: Cannot read properties of null (reading 'style')
```

이 오류는 document.querySelector('h1')가 null이므로(존재하지 않으므로), style 속성을 읽어 들일 수 없다는 의미입니다. 그렇다면 이 오류를 해결하기 위해서는 어떻게 해야 할까요?

코드의 순서를 변경해서 ❶ h1 태그를 생성하고 → ❷ h2 태그를 생성한 뒤 → ❸ 자바스크립트 코드를 실행하는 순서로 바꾸면 됩니다. 가장 간단하게 변경할 수 있는 방법은 다음과 같이 script 태그 자체를 뒤로 옮겨 버리는 것입니다.

코드 13-3 **태그 자체를 뒤로 보내서 문제 해결하기** DOMCorrect.html

```
<!DOCTYPE html>
<html>
<head>
  <title></title>
</head>
<body>
  <h1>h1 태그</h1>
  <h2>h2 태그</h2>
  <script>
    // h1 태그의 배경 색상을 변경합니다.
    document.querySelector('h1').style.backgroundColor = 'red';
    // h2 태그의 글자 색상을 변경합니다.
    document.querySelector('h2').style.color = 'red';
  </script>
</body>
</html>
```

이렇게 코드를 작성하고 실행하면, 오류 없이 정상적으로 실행됩니다.

그림 13-2 문서 객체 조작

하지만 `script` 태그를 아래에 삽입하면 HTML 페이지의 규모가 클 때 유지 보수하기가 어렵습니다. 그래서 다음 코드처럼 이벤트 기능을 사용합니다.

코드 13-4 문서 객체 조작 순서 – 이벤트 활용 DOMEvent.html

```
<!DOCTYPE html>
<html>
<head>
    <title>Document Object Model</title>
    <script>
        window.onload = function () {
            // h1 태그의 배경 색상을 변경합니다.
            document.querySelector('h1').style.backgroundColor = 'red';

            // h2 태그의 글자 색상을 변경합니다.
            document.querySelector('h2').style.color = red;
        };
    </script>
</head>
<body>
    <h1>Process - 1</h1>
    <h2>Process - 2</h2>
</body>
</html>
```

이벤트는 이 장의 05절에서 배웁니다. 그 전까지는 '이벤트는 이러한 이유 때문에 사용하는구나' 하고 생각하세요.

NOTE script 태그의 위치

script 태그를 head 태그 내부에 삽입하는 것과 body 태그 아래에 삽입하는 것에 대해 논쟁이 굉장히 많습니다. head 태그 내부에 넣으면 코드를 보기가 쉬우므로 유지 보수도 수월합니다. 반면 body 태그 아래에 넣으면 HTML 페이지를 빨리 불러오는 것처럼 보일 수 있습니다.

"왜 빨리 불러오는 것처럼 보이나요?"

예를 들어 다음 코드에서는 웹 페이지가 위에서 아래로 코드를 실행하므로 script 태그를 차근차근 읽기 시작합니다. 각 외부 스크립트 파일의 용량이 크거나 사용자의 인터넷 속도가 느리다면 빈 화면이 몇 초 정도 있다 문자가 나타날 것입니다.

코드 13-5 스크립트를 먼저 실행하는 웹 페이지 ScriptFirst.html

```
<!DOCTYPE html>
<html>
<head>
    <title>Document Object Model</title>
    <script src="jquery.js"></script>
    <script src="jquery.masonry.js"></script>
    <script src="jquery.rint.js"></script>
    <script src="jquery.rint.graphics.js"></script>
    <script src="jquery.rint.util.js"></script>
    <script>
        window.onload = function () { };
    </script>
</head>
<body>
    <h1>Header - 1</h1>
    <h2>Header - 2</h2>
</body>
</html>
```

하지만 모든 script 태그를 body 태그 아래에 넣는다면 스크립트보다 화면이 먼저 구성됩니다. 사용자는 웹 페이지를 실행하자마자 빠르게 요소가 나타나는 것을 볼 수 있습니다.

가끔 스마트폰에서 웹 페이지에 접속하면 분명 화면은 모두 보이는데 계속 '로딩 중'이라는 글자가 표시될 때가 있습니다. 이것은 script 태그를 아래에 삽입해서 요소를 모두 출력한 후 script 태그를 읽기 때문에 발생합니다.

현재는 AMD Asynchronous Module Definition 기술을 사용해 head 태그 내부에 script 태그를 삽입해서 이 문제를 해결합니다(CPU 회사 아닙니다).

웹 페이지의 생성 순서를 길게 다루었지만, 어렵지는 않을 것입니다.

03 문서 객체 선택

이미 있는 HTML 태그를 자바스크립트에서 문서 객체로 변환하는 것을 '문서 객체 선택'이라고 합니다. 이 절에서는 문서 객체를 선택하는 방법을 배우겠습니다.

"문서 객체를 선택하면 무엇을 할 수 있나요?"

문서 객체를 선택하면 자바스크립트로 실행 중에 내부 글자를 변경하거나 스타일을 변경할 수 있습니다. 자세한 내용은 내용을 진행하면서 살펴보겠습니다.

1 1개의 문서 객체 선택

문서 객체를 선택하는 가장 기본적인 방법은 [표 13-1]에 정리한 메소드를 사용하는 것입니다.

표 13-1 1개의 문서 객체를 선택하는 메소드

메소드	설명
document.querySelector(선택자)	선택자를 사용해 문서 객체를 선택합니다.

예제 13-1 querySelector() 메소드

다음 코드는 querySelector() 메소드를 사용해 문서 객체의 스타일을 변경합니다. querySelector() 메소드는 매개 변수로 전달한 CSS 선택자로 선택되는 '첫 번째 태그'만 선택합니다.

코드 13-6 querySelector() 메소드 QuerySelector.html

```
<!DOCTYPE html>
<html>
<head>
```

```
    <title>웹 페이지</title>
    <script>
        // 화면 구성이 완료되면
        window.onload = function () {
            // h1 태그의 색상을 흰색으로 변경합니다.
            const header = document.querySelector('h1');
            header.style.backgroundColor = 'red';
        };
    </script>
</head>
<body>
    <h1>Header 1</h1>
    <h1>Header 1</h1>
    <h1>Header 1</h1>
</body>
</html>
```

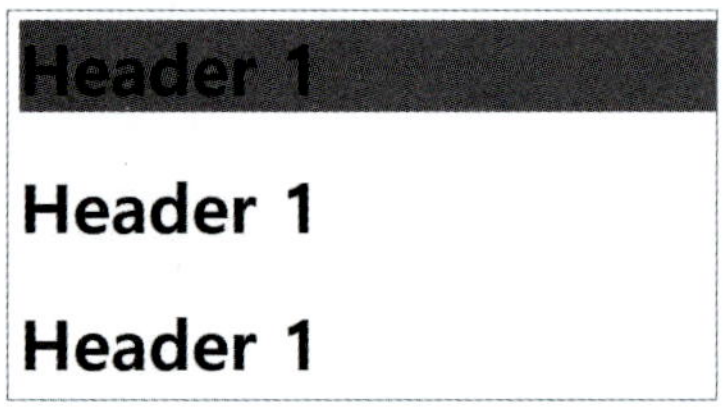

2 여러 개의 문서 객체 선택

여러 개의 문서 객체를 선택할 때는 [표 13-2]의 메소드를 사용합니다.

표 13-2 여러 개의 문서 객체를 선택하는 메소드

메소드	설명
document.querySelectorAll(선택자)	선택자로 여러 개의 문서 객체를 선택합니다.

[표 13-2]의 메소드를 사용해 문서 객체를 선택하면 배열의 형태로 문서 객체를 리턴합니다.

예제 13-2 document.querySelectorAll() 메소드

querySelectorAll() 메소드를 살펴보겠습니다.

코드 13-7 document.querySelectorAll() 메소드

QuerySelectorAll.html

```
<!DOCTYPE html>
<html>
<head>
    <title>DOM Basic</title>
    <script>
        // 이벤트를 연결합니다.
        window.onload = function () {
            // 문서 객체를 선택합니다.
            const headers = document.querySelectorAll('h1');

            for (let i = 0; i < headers.length; i++) {
                // 변수를 선언합니다.
                const header = headers[i];

                // 문서 객체를 조작합니다.
                header.style.color = 'orange';
                header.style.background = 'red';
                header.innerHTML = 'From JavaScript';
            }
        };
    </script>
</head>
<body>
    <h1>Header</h1>
    <h1>Header</h1>
    <h1>Header</h1>
</body>
</html>
```

04 문서 객체 조작

문서 객체를 선택하는 방법을 알았다면, 이제 선택한 문서 객체를 조작하는 방법을 알아보겠습니다. 문서 객체는 문자, 속성, 스타일을 조작할 수 있습니다.

1 문자 조작

문서 객체 내부의 문자를 조작할 때는 innerHTML 속성을 사용합니다.

표 13-3 글자를 조작하는 속성

속성	설명
innerHTML	문서 객체 내부의 글자를 나타냅니다.

예제 13-3 innerHTML 속성

다음 코드는 문서 객체의 innerHTML 속성을 변경해서 내부 문자를 조작합니다.

코드 13-8 innerHTML 속성 InnerHTML.html

```
<!DOCTYPE html>
<html>
<head>
    <title>웹 페이지</title>
    <script>
        // 화면 구성이 완료되면
        window.onload = function () {
            // h1 태그 내부의 텍스트를 변경합니다.
            const header = document.getElementById('header');
```

```
            const originalText = header.innerHTML;
            header.innerHTML = '자바스크립트로 변경했어요!<br />';
            header.innerHTML += '원래는 ' + originalText + '였답니다!';
        };
    </script>
</head>
<body>
    <h1 id="header">Header 1</h1>
</body>
</html>
```

자바스크립트로 변경했어요!
원래는 Header 1였답니다!

[코드 13-8]처럼 innerHTML 속성에 HTML 태그 형식의 문자열을 넣으면 해당 태그를 실제로 생성합니다. 따라서 내부에 태그 형식의 문자열을 넣고 싶을 때는 <를 <로, >를 > 이스케이프 문자로 넣어야 합니다. 참고로 lt는 less than, gt는 grater than을 나타내는 약어입니다.

예제 13-4 innerHTML 속성과 이스케이프 문자

다음 코드는 이스케이프 문자를 사용해 태그 내부에 HTML 태그 형식의 글자를 입력합니다.

코드 13-9 innerHTML 속성과 이스케이프 문자 Escape.html

```
<!DOCTYPE html>
<html>
<head>
    <title>웹 페이지</title>
    <script>
        // 화면 구성이 완료되면
        window.onload = function () {
            // h1 태그 내부의 문자를 변경합니다.
            const header = document.getElementById('header');
```

```
            header.innerHTML = '<i>i 태그입니다</i><br />';
            header.innerHTML += '&lt;i&gt;i 태그입니다&lt;/i&gt;';
        };
    </script>
</head>
<body>
    <h1 id="header">Header 1</h1>
</body>
</html>
```

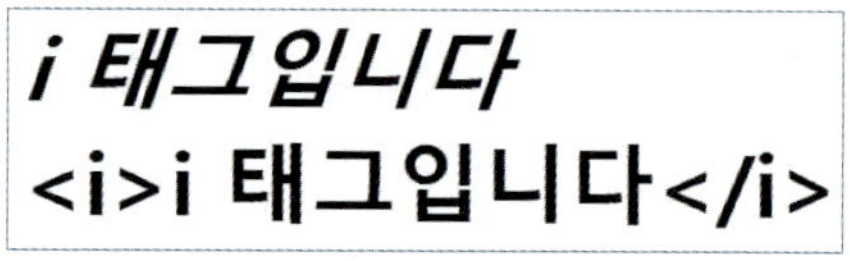

NOTE textContent 속성

태그 내부의 텍스트를 조작할 수 있는 속성으로 **innerHTML** 이외에도 **textContent** 속성이 있습니다. **innerHTML**은 HTML 형태의 문자열을 입력하면, 이를 HTML 태그로 만들어서 출력합니다. 반면 **textContent** 속성은 HTML 형태의 문자열을 입력해도, 이를 그냥 글자로 출력합니다.

예를 들어서 [코드 13-9]를 보면, 태그 형태의 글자를 입력하기 위해서 **'<i>i태그입니다</i>'**라는 문자열을 사용했습니다. **textContent** 속성을 활용하면, 다음과 같이 입력할 수 있습니다.

코드 13-10 textContent 속성 TextContent.html

```
<!DOCTYPE html>
<html>
<head>
    <title></title>
    <script>
        // 화면 구성이 완료되면
        window.onload = function () {
            // h1 태그 내부의 문자를 변경합니다.
            const header = document.getElementById('header');
            header.textContent = '<i>i 태그입니다</i>';
        };
    </script>
```

```
</head>
<body>
    <h1 id="header">Header 1</h1>
</body>
</html>
```

이렇게 입력하면, 글자가 그대로 출력됩니다.

<i>i 태그입니다</i>

사실 `innerHTML` 속성은 보안 취약점을 내포하고 있어서, `textContent` 속성을 활용하는 것이 좋습니다. 다만 현재 단계에서는 보안 취약점까지는 신경 쓰지 않아도 되므로, 간단하게 활용할 수 있는 `innerHTML` 속성을 활용하도록 하겠습니다.

2 스타일 조작

문서 객체의 스타일을 조작할 때는 `style` 속성을 사용합니다. `style` 속성에는 객체로 CSS로 선택할 수 있는 모든 스타일 속성이 들어 있습니다. 스타일 시트에 스타일 속성을 지정할 때는 `background-color`, `border-radius`처럼 - 기호로 구분된 이름을 사용합니다.

하지만 자바스크립트는 식별자에 - 기호를 사용할 수 없습니다. [표 13-4]처럼 - 기호를 없애고 뒤에 있는 단어의 첫 글자를 대문자로 변경한 식별자를 사용합니다.

표 13-4 스타일 시트의 스타일 속성과 자바스크립트의 스타일 속성 차이

스타일 시트의 스타일 속성	자바스크립트의 스타일 속성
background-color	backgroundColor
border-radius	borderRadius
border-bottom	borderBottom

예제 13-5 style 속성을 사용한 스타일 조작

간단한 내용이므로 조금만 살펴보면 쉽게 이해할 수 있을 것입니다. 내용이 너무 쉬우므로 지금까지 살펴본 내용과 합쳐서 살펴보겠습니다. 다음 코드의 실행 결과를 예측해 봅니다.

코드 13-11 style 속성을 사용한 스타일 조작 Style.html

```
<!DOCTYPE html>
<html>
<head>
    <title>DOM Basic</title>
    <script>
        // 이벤트를 연결합니다.
        window.onload = function () {
            // 문서 객체를 추가합니다.
            let output = '';
            for (let i = 0; i < 256; i++) {
                output += '<div></div>';
            }
            document.body.innerHTML = output;

            // 문서 객체를 선택합니다.
            const divs = document.querySelectorAll('div');
            for (let i = 0; i < divs.length; i++) {
                // 변수를 선언합니다.
                const div = divs[i];
                // 스타일을 적용합니다.
                div.style.height = '2px';
                div.style.background = 'rgb(' + i + ',' + i + ',' + i + ')';
            }
        };
    </script>
</head>
<body>

</body>
</html>
```

256개의 div 태그가 위에서 아래로 그레이디언트를 표현합니다.

참고로 2px 등 숫자 단위를 입력할 때 실수로 숫자 2만 입력할 때가 많은데요. 문서 객체 모델은 '2px' 문자열은 인식하지만, 숫자 2는 인식하지 못합니다. 따라서 꼭 'px' 등의 단위를 붙인 문자열을 입력해야 한다는 것을 기억해 주세요.

3 속성 조작

이제 문서 객체의 속성을 조작하는 방법을 알아보겠습니다. 문서 객체의 속성을 조작할 때는 [표 13-5]에서 정리한 메소드를 사용합니다.

표 13-5 문서 객체의 속성 조작 메소드

메소드	설명
`setAttribute(속성_이름, 속성_값)`	속성을 지정합니다.
`getAttribute(속성_이름)`	속성을 추출합니다.

웹 표준에서 지정한 속성은 다음 방법으로 곧바로 접근할 수도 있습니다(웹 표준에서는 지원하지만 웹 브라우저 제조사가 구현하지 못하면 접근하지 않을 수도 있습니다).

```
image.src = 'rint.png'
alert(image.src)
```

예제 13-6 웹 표준에서 정의한 속성 조작

역시나 간단한 내용이므로 코드를 살펴보겠습니다. [코드 13-12]는 간단한 속성 조작 방법을 사용해 `img` 태그의 `src` 속성, `width` 속성, `height` 속성을 변경합니다.

코드 13-12 웹 표준에서 정의한 속성 조작 StandardAttribute.html

```
<!DOCTYPE html>
<html>
<head>
    <title>DOM Basic</title>
    <script>
        // 이벤트를 연결합니다.
        window.onload = function () {
            // 변수를 선언합니다.
            const image = document.getElementById('image');

            // 속성을 변경합니다.
            image.src = 'https://via.placeholder.com/300x200';
            image.width = 300;
            image.height = 200;
        };
    </script>
</head>
<body>
    <img id="image" />
</body>
</html>
```

img 태그는 id 속성을 제외한 다른 속성은 부여하지 않았습니다. 하지만 자바스크립트 코드에서 src 속성 등을 지정하므로 그림을 출력합니다.

NOTE placehold.it

개발자와 디자이너가 함께 작업을 할 때 종종 '그림이 있어야 개발을 하지?' 하고는 말합니다. 그림이 나올 때까지 아무런 작업도 하지 않을 수는 없습니다. 이때는 placehold.it을 활용합니다. 다음 형태처럼 입력하면 해당 너비와 높이의 임시 이미지를 구할 수 있습니다.

https://via.placeholder.com/**너비**x**높이**

웹 표준에서 지원하지 않는 속성을 지정할 때는 `setAttribute()` 메소드와 `getAttribute()` 메소드를 사용합니다. 웹 표준에서 지원하지 않는 속성이 있다는 것에 의문을 품을 수 있는데요. [그림 13-3]은 jQuery Mobile 코드의 일부입니다.

```
<body>
    <div data-role="page">
        <div data-role="header"></div>
        <div data-role="content">

        </div>
        <div data-role="footer"></div>
    </div>
</body>
```

그림 13-3 jQuery Mobile 코드

[그림 13-3]처럼 `data-role` 속성은 웹 표준에서 지원하는 속성이 아닙니다. 문자열 'data-'로 시작하는 속성을 사용자 지정 속성이라고 하는데, 반드시 속성 조작 메소드를 사용해서 접근해야 합니다.

예제 13-7 웹 표준에서 정의하지 않은 속성 조작

다음 코드는 body 태그에 `data-custom` 속성을 지정하고 추출해서 출력합니다.

코드 13-13 문서 객체 조작 – 속성 조작 CustomAttribute.html

```
<!DOCTYPE html>
<html>
<head>
    <title>DOM Basic</title>
    <script>
```

```
        // 이벤트를 연결합니다.
        window.onload = function () {
            // 속성을 지정합니다.
            document.body.setAttribute('data-custom', 'value');

            // 속성을 추출합니다.
            const dataCustom = document.body.getAttribute('data-custom');
            alert(dataCustom);
        };
    </script>
</head>
<body>

</body>
</html>
```

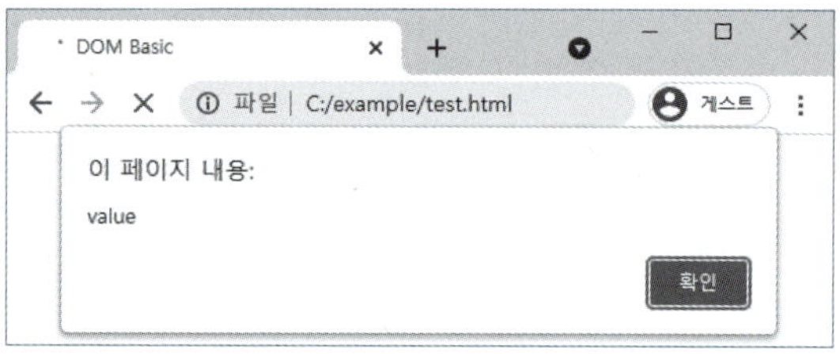

크롬 요소 검사를 사용해서 살펴보면 다음과 같이 body 태그에 data-custom 속성이 추가된 것을 확인할 수 있습니다. 다른 속성도 이러한 방법으로 접근합니다.

```
  <!DOCTYPE html>
▼<html>
  ▶<head>…</head>
    <body data-custom="value"></body>
  </html>
```

05 이벤트

이벤트는 키보드로 키를 입력하거나 마우스 클릭 등 어떤 현상이 프로그램에 영향을 미치는 것을 의미합니다. 자바스크립트는 다음과 같은 종류의 이벤트가 있습니다. 이벤트는 사용자가 직접 발생시킬 수도 있고 애플리케이션이 자체적으로 발생시킬 수도 있습니다. 자바스크립트는 기본적으로 다음 이벤트를 지원합니다.

- 마우스 이벤트
- 키보드 이벤트
- HTML 프레임 이벤트
- HTML 입력 양식 이벤트
- 사용자 인터페이스 이벤트
- 구조 변화 이벤트
- 터치 이벤트

1 이벤트 관련 용어 정리

이벤트 관련 용어를 정리하고 내용을 살펴보겠습니다. 지금까지 문서 객체를 조작하면서 다음 코드를 지속적으로 사용했었습니다.

```
window.onload = function () { };
```

코드에서 onload를 '이벤트 속성Event Property'이라고 합니다. 여기에서 on을 제외한 load는 '이벤트 이름Event Name' 또는 '이벤트 타입Event Type'이라고 합니다. 이벤트 속성에 넣는 함수는 '이벤트 리스너Event Listener' 또는 '이벤트 핸들러Event Handler'라고 합니다.

문서 객체에 이벤트를 연결하는 방법은 '이벤트 모델Event Model'이라고 합니다. 이벤트 모델은 다음과 같이 DOM Level 버전에 따라서 구분할 수 있으며, 각각 두 가지로 또 나눌 수 있습니다.

- DOM Level 0
  - 인라인 이벤트 모델
  - 고전 이벤트 모델
- DOM Level 2
  - 표준 이벤트 모델

DOM Level 0 버전의 이벤트 연결 방식은 굉장히 쉬워 널리 사용됩니다. 하지만 이벤트를 중복해서 연결할 수 없다는 단점이 있습니다. 반면 DOM Level 2 버전의 이벤트 연결 방식은 이벤트를 중복해서 연결할 수 있지만, 조금 복잡합니다.

이는 모두 jQuery 라이브러리를 사용해 해결할 수 있습니다. 이 책에서는 인라인 이벤트 모델과 고전 이벤트 모델만 살펴보고, 곧바로 이벤트를 간단하게 연결할 수 있는 jQuery 라이브러리로 넘어가겠습니다.

2 인라인 이벤트 모델

인라인 이벤트 모델은 HTML 태그 내부에서 이벤트를 연결하는 방법입니다. 웹 페이지의 가장 기본적인 이벤트 연결 방식으로 HTML 태그 내부에 자바스크립트 코드를 넣어 이벤트를 실행합니다.

예제 13-8 인라인 이벤트 모델

간단하게 코드를 입력해 살펴보겠습니다. 다음 코드는 `button` 태그 내부에서 `onclick` 속성을 사용해 자바스크립트 코드를 입력했습니다.

코드 13-14 인라인 이벤트 모델 inline1.html

```
<!DOCTYPE html>
```

```html
<html>
<head>
    <title>Event Basic</title>
</head>
<body>
    <button onclick="alert('click')">버튼</button>
</body>
</html>
```

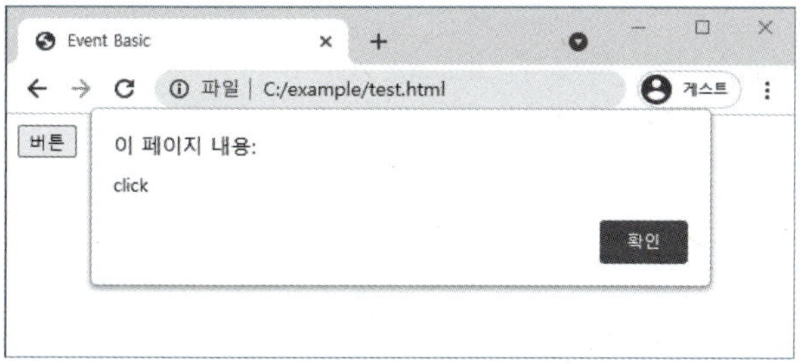

코드를 실행하고 button 태그를 클릭하면 경고창을 출력합니다.

HTML 태그에서 'on' 문자열로 시작하는 속성은 모두 이렇게 이벤트와 관련되어 있습니다. HTML에 있는 이벤트 속성은 [표 13-6]과 같습니다. 이름을 보면 대충 어떤 성격의 이벤트인지 알 수 있을 것입니다.

표 13-6 이벤트 속성

onblur	onfocus	onfocusin	onfocusout	onload
onresize	onscroll	onunload	onclick	ondbclick
onmousedown	onmouseup	onmousemove	onmouseover	onmouseout
onmouseenter	onmouseleave	onchange	onselect	onsubmit
onkeydown	onkeypress	onkeyup	onerror	

[표 13-6]에서 정리한 이벤트 속성을 모두 외우려는 독자가 있을 수도 있는데요. 절대 외우지 마세요. 현재는 단순한 텍스트 에디터를 사용해 코드를 작성하므로 '외워야 한다!'고 생각할 수도

있지만, 실무에서 개발 환경을 사용할 때는 [그림 13-4]처럼 어떤 이벤트가 있는지 한눈에 볼 수 있습니다.

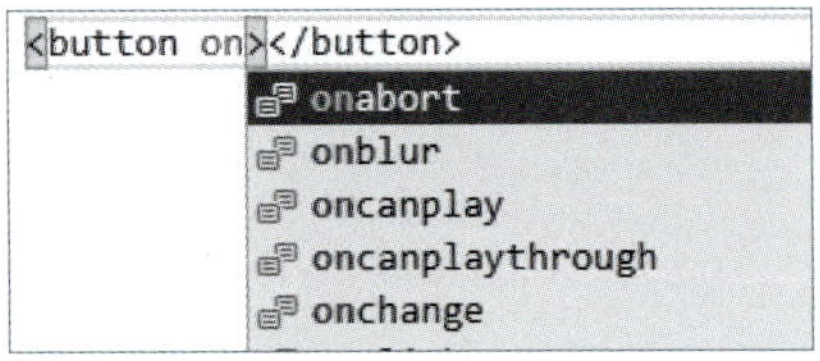

그림 13-4 이벤트 속성

인라인 코드 내부에서 세미콜론을 사용해 문장을 구분하면 여러 줄의 코드를 입력합니다. 이렇게 코드를 작성하면 HTML 페이지가 더러워집니다. 따라서 인라인 이벤트 모델을 사용할 때는 `script` 태그 내부에 함수를 선언하고 인라인 이벤트 속성 내부에서 해당 함수를 실행하는 형태를 취합니다.

예제 13-9 script 태그를 활용한 인라인 이벤트 모델

간단하게 코드를 작성하면서 알아보겠습니다. 다음 코드는 인라인 이벤트 모델에서 `script` 태그 내부에 있는 함수를 호출합니다.

코드 13-15 script 태그를 활용한 인라인 이벤트 모델 inline2.html

```
<!DOCTYPE html>
<html>
<head>
    <title>Inline Event</title>
    <script>
        function buttonClick() {
            alert('click');
        }
    </script>
</head>
<body>
    <button onclick="buttonClick()">버튼</button>
</body>
</html>
```

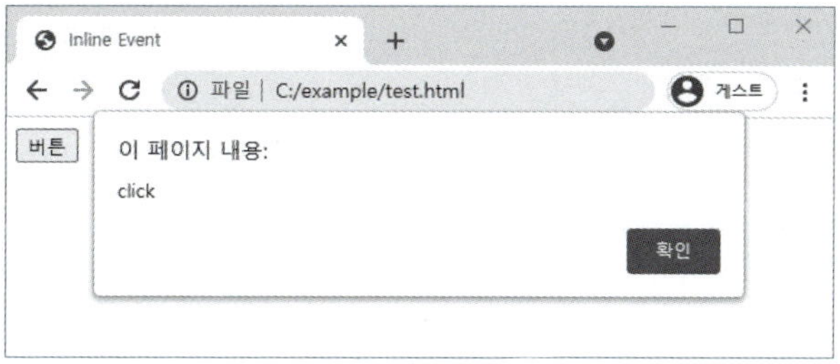

3 고전 이벤트 모델

이번에는 고전 이벤트 모델을 살펴보겠습니다. 이름은 고전 이벤트 모델이지만 현대에도 많이 사용합니다. 인라인 이벤트 모델을 확실하게 이해했다면 고전 이벤트 모델도 쉽게 사용할 수 있습니다.

이전 절에서 다음 코드처럼 문서 객체의 속성을 조작한 적이 있습니다. HTML 표준에 속한 속성은 모두 이렇게 사용할 수 있으므로 이벤트 속성도 방법은 같습니다.

```
const image = document.getElementById('image');
image.width = 100;
image.height = 100;
```

예제 13-10 고전 이벤트 모델

[코드 13-15]를 고전 이벤트 모델로 변경하면 다음 코드처럼 작성할 수 있습니다. 문서 객체의 이벤트 속성에 함수를 지정합니다. 이때 지정된 함수를 '이벤트 핸들러EventHandler' 또는 '이벤트 리스너EventListener'라고 합니다.

코드 13-16 고전 이벤트 모델 traditional.html

```
<!DOCTYPE html>
<html>
<head>
    <title>Traditional Event</title>
    <script>
```

```
        // 이벤트를 연결합니다.
        window.onload = function () {
            // 문서 객체를 선택합니다.
            const button = document.getElementById('button');

            // 이벤트를 연결합니다.
            button.onclick = function () {
                alert('click');
            };
        };
    </script>
</head>
<body>
    <button id="button">버튼</button>
</body>
</html>
```

코드를 실행하고 버튼을 누르면 이전과 같은 실행 결과를 출력합니다. 어려운 내용이 아니므로 쉽게 이해할 수 있을 것입니다.

NOTE 이벤트 발생 객체

이벤트 리스너 내부에서 **this** 키워드를 사용하면 이벤트를 발생한 자기 자신을 의미합니다. 따라서 다음 코드처럼 이벤트 리스너 내부에서 **this** 키워드의 **textContent** 속성을 사용하면 자기 자신의 문자를 변경합니다.

코드 13-17 이벤트 발생 객체 eventOrigin.html

```
<!DOCTYPE html>
<html>
<head>
    <title>Traditional Event</title>
</head>
<body>
    <button id="button">버튼 - </button>
    <script>
        // 이벤트를 연결합니다.
        document.getElementById('button').onclick = function () {
```

```
            this.innerHTML = this.innerHTML + '★';
        };
    </script>
</body>
</html>
```

코드를 실행하고 버튼을 누를 때마다 [그림 13-5]처럼 '★'이 하나씩 추가됩니다.

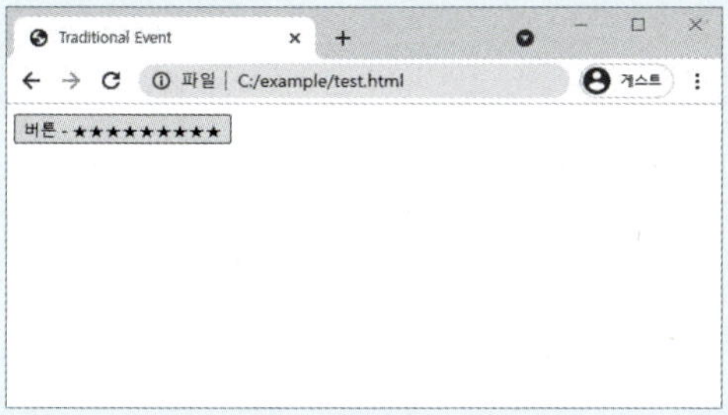

그림 13-5 이벤트 발생 객체

현재 코드는 지금까지 살펴본 예제와 다르게 **script** 태그를 **body** 태그의 아래 부분에 삽입했습니다. 이렇게 하면 **script** 태그를 읽기 전에 다른 태그들이 먼저 화면에 올라가므로 **window.onload** 이벤트를 사용하지 않아도 됩니다.

4 이벤트 객체

현실 세계에서는 사건(이벤트)이 발생하면 '누가, 언제, 어디서, 무엇을, 어떻게, 왜'라는 정보를 알 수 있습니다. 자바스크립트도 마찬가지로 이벤트가 발생하면 이벤트 객체를 사용해 관련 정보를 알아낼 수 있습니다.

이벤트 리스너의 첫 번째 매개 변수로 이벤트 객체가 들어옵니다. 말이 약간 어려우므로 바로 코드를 살펴봅시다. 표준 이벤트 모델은 다음 코드처럼 매개 변수를 사용합니다.

코드 13-18 표준 이벤트 객체 eventObject.html

```
<!DOCTYPE html>
<html>
<head>
    <title>Event Object</title>
    <script>
        window.onload = function (event) {
            alert(event);
        };
    </script>
</head>
<body>

</body>
</html>
```

이벤트 객체

코드를 실행하면 [그림 13-6]처럼 이벤트 객체를 출력합니다.

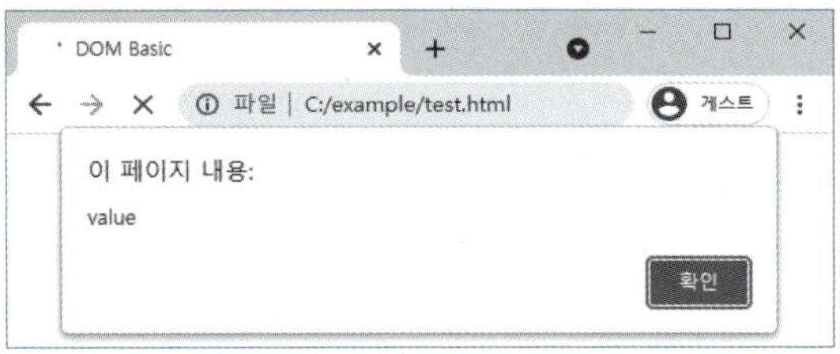

그림 13-6 표준 이벤트 객체

5 기본 이벤트 제거

HTML 태그에는 기본적인 이벤트가 있습니다. 예를 들어 a 태그를 클릭하면 href 속성에 입력한 위치로 이동하고, form 태그 내부에서 제출 버튼을 누르면 자동으로 입력 양식을 제출합니다. 이것을 '기본 이벤트Default Event'라고 합니다.

웹 페이지에서는 가끔 이 기본 이벤트를 막아야 할 때가 있습니다. 예를 들어 [그림 13-7]과 같은 상황에서 확인 버튼을 누르면, 우선 사용자가 정확하게 아이디와 비밀번호를 입력했는지 확인하고 이동해야 합니다.

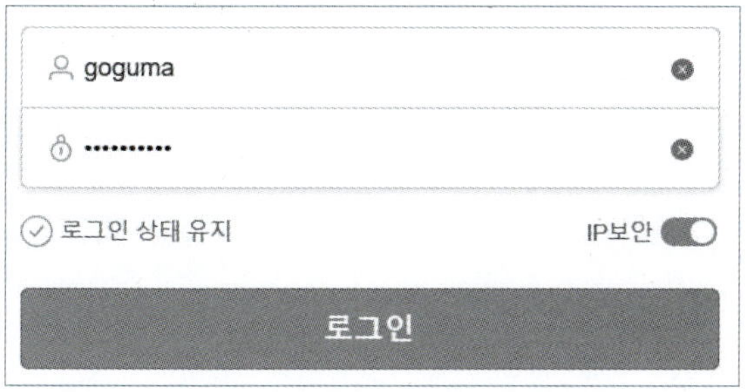

그림 13-7 기본 이벤트 제거를 사용한 유효성 검사

아이디와 비밀번호를 다르게 입력했다면, 다음 웹 페이지로 이동하면 안 됩니다. 이러한 상황에서는 HTML 태그가 가지는 기본 이벤트를 제거해야 합니다. 고전 이벤트 모델에서 기본 이벤트를 제거하려면 이벤트 리스너에서 `false`를 리턴합니다.

예제 13-11 기본 이벤트 제거

다음 코드는 a 태그의 `click` 이벤트 리스너에서 `false`를 리턴합니다.

코드 13-19 기본 이벤트 제거 defaultEvent.html

```
<!DOCTYPE html>
<html>
<head>
    <title>Traditional Event - Default Event</title>
    <script>
        // 이벤트를 연결합니다.
        window.onload = function () {
            // 문서 객체를 선택합니다.
            const button = document.getElementById('button');
            // 이벤트를 연결합니다.
            button.onclick = function () {
                // 기본 이벤트를 제거합니다.
                return false;
            };
        };
    </script>
```

```
</head>
<body>
    <a id="button" href="http://hanb.co.kr">버튼</a>
</body>
</html>
```

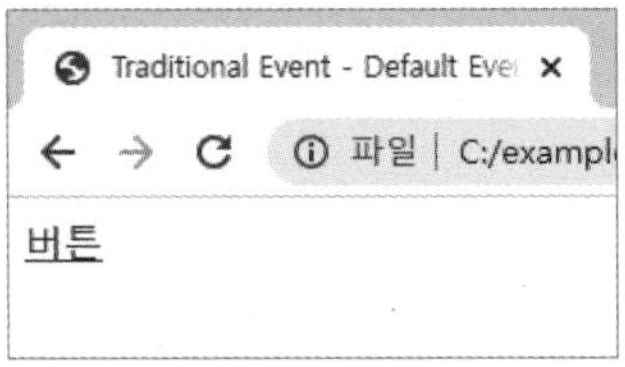

코드를 실행하고 a 태그를 클릭해 보세요. 웹 페이지가 이동하지 않습니다. 이러한 기본 이벤트 제거는 a 태그와 form 태그에 자주 사용합니다.

요약

01 문서 객체 모델

웹 브라우저가 HTML 파일을 분석하고 출력하는 방식을 나타냅니다.

02 문서 객체 선택

문서 객체를 선택할 때는 다음 메소드를 사용합니다.

메소드	설명
`document.querySelector(선택자)`	선택자를 사용해 문서 객체를 선택합니다.
`document.querySelectorAll(선택자)`	선택자로 여러 개의 문서 객체를 선택합니다.

03 문서 객체 조작

- **글자 조작** : 문서 객체 내부의 글자를 조작할 때는 `innerHTML` 속성을 사용합니다.
- **스타일 조작** : 문서 객체의 스타일을 조작할 때는 `style` 속성을 사용합니다.
- **속성 조작** : 속성을 조작할 때는 다음 메소드를 사용합니다.

메소드	설명
`setAttribute(속성_이름, 속성_값)`	속성을 지정합니다.
`getAttribute(속성_이름)`	속성을 추출합니다.

표준에 있는 문서 객체의 속성을 조작할 때는 곧바로 속성 이름을 사용할 수 있습니다.

04 인라인 이벤트 모델과 고전 이벤트 모델

HTML 태그나 자바스크립트 문서 객체가 가지고 있는 다음 속성을 사용해 이벤트를 연결하는 방법입니다.

onblur	onfocus	onfocusin	onfocusout	onload
onresize	onscroll	onunload	onclick	ondbclick
onmousedown	onmouseup	onmousemove	onmouseover	onmouseout
onmouseenter	onmouseleave	onchange	onselect	onsubmit
onkeydown	onkeypress	onkeyup	onerror	

연습문제

01 다음 괄호 안을 채우시오.

(1) 간단하게 문서 객체 모델이란 (　　) 객체와 관련된 객체의 집합을 의미한다.

(2) (　　) 메소드는 선택자를 사용해 문서 객체를 하나 선택한다.

(3) (　　) 메소드는 선택자를 사용해 문서 객체를 여러 개 선택한다.

(4) 문서 객체 내부에 있는 글자를 HTML 형태로 조작할 때는 (　　) 속성을 사용한다.

(5) 문서 객체 내부의 HTML 글자를 조작할 때, < 문자를 넣고 싶을 때는 (　　)를 사용하고, > 문자를 넣고 싶을 때는 (　　)를 사용한다.

(6) 문서 객체의 스타일을 조작할 때는 (　　) 속성을 사용한다.

(7) 웹 표준에서 지원하지 않는 속성은 일반적으로 이름 앞부분에 (　　)라는 접두사를 붙인다. 이를 사용자 지정 속성이라고 부른다.

(8) 이벤트 속성에 넣는 함수를 (　　) 또는 (　　)라고 부른다.

02 다음 질문에 OX를 표시하시오.

(1) 노드는 요소 노드와 텍스트 노드로 구분된다.

(2) 모든 노드는 텍스트 노드를 갖는다.

(3) 웹 브라우저는 HTML 파일을 위에서 아래로 읽으며, 노드를 구성한다.

(4) `script` 태그는 반드시 `body` 태그의 아래 부분에 놓아야 한다.

(5) `onready` 이벤트를 사용하면, '웹 페이지 준비가 완료된 후'라는 이벤트를 잡을 수 있다.

(6) 존재하지 않는 속성도 `attr` 속성으로 조작할 수 있다.

03 다음 중에서 문서 객체의 스타일을 변경할 때 사용하는 속성은?

① `styles`　　② `style`

③ `appearance`　　④ `exterior`

04 선택자를 활용해서 문서 객체 하나를 선택하는 메소드를 고르시오.

① `document.query()`

② `document.querySelect()`

③ `document.querySelector()`

④ `document.queryBySelector()`

05 다음 표의 오른쪽 부분을 채우시오.

스타일 시트의 스타일 속성	자바스크립트 문서 객체의 스타일 속성
font-family	
border-radius	
background-size	
border	

06 선택자를 활용해서 문서 객체 여러 개를 선택하는 메서드를 고르시오.

① `document.querys()`

② `document.querySelectors()`

③ `document.querySelectorAll()`

④ `document.querysSelector()`

07 다음 중 문서 객체 내부의 글자를 수정할 때 사용할 수 있는 속성을 모두 고르시오.

① `text` ② `textContent`

③ `innerHTML` ④ `inner`

08 다음 중 문서 객체의 속성을 변경할 때 사용하는 메서드를 고르시오.

① `setAttribute()`

② `setAttr()`

③ `setProperty()`

④ `setProp()`

CHAPTER 14
jQuery

01 jQuery 사용 준비
02 jQuery 객체
03 문서 객체 선택
04 문서 객체 개별 조작
05 문서 객체 조작
06 문서 객체 생성
07 이벤트
08 애니메이션
요약
연습문제

학습목표

- jQuery를 HTML 페이지에서 사용할 수 있는 방법을 이해합니다.
- jQuery로 문서 객체를 선택하는 방법을 이해합니다.
- jQuery로 문서 객체를 조작하는 방법을 이해합니다.
- jQuery로 문서 객체에 이벤트를 연결하는 방법을 이해합니다.

PREVIEW

지금까지 웹 브라우저에서 사용하는 자바스크립트에 대해서 알아보았으므로, 라이브러리를 간단하게 살펴보도록 하겠습니다. 이번 장에서 살펴볼 라이브러리는 jQuery라는 라이브러리로 2000년 후반부터 2010년 초반까지 굉장히 많이 사용되던 라이브러리입니다(현재도 간단한 웹 페이지에는 많이 사용됩니다). 라이브러리를 어떤 형태로 사용하고, 어떤 형태로 활용할 수 있는지에 대해서 살펴봅시다.

01 jQuery 사용 준비

jQuery의 공식 웹 사이트에 접속해 봅시다. 공식 웹 사이트의 주소는 http://jquery.com/입니다.

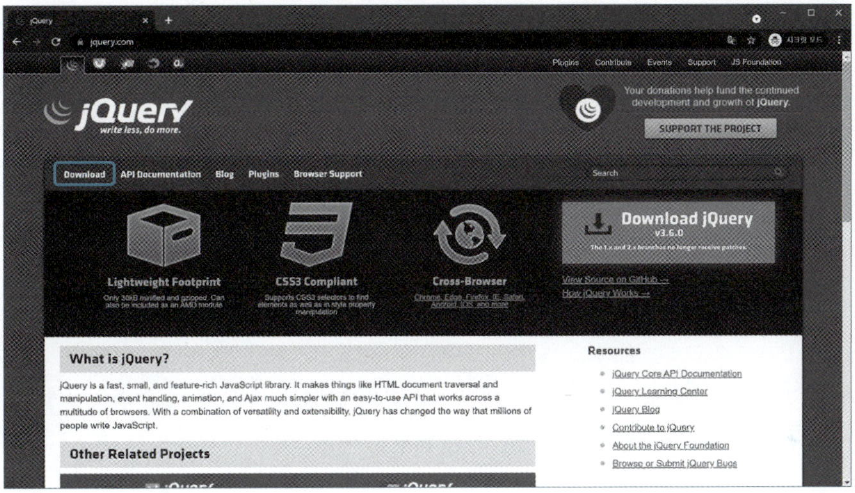

그림 14-1 jQuery(http://jquery.com/)

공식 웹 사이트 초기 화면의 내비게이션 목록에서 [Download] 버튼을 클릭하면 jQuery 다운로드 페이지로 이동합니다. jQuery 다운로드 페이지에서 jQuery 파일을 다운로드하거나 CDN 경로를 구할 수 있습니다.

NOTE Compressed 버전과 Uncompressed 버전

jQuery에는 Compressed 버전과 Uncompressed 버전이 있습니다. 이름 그대로 Compressed 버전은 압축된 버전(85KB)이고, Uncompressed 버전은 압축되지 않은 버전(258KB)입니다. 파일을 열어 보면 차이를 쉽게 확인할 수 있는데요. Compressed 버전은 자바스크립트 코드가 한 줄로 응축되었고, 함수의 매개 변수 이름이 모두 a, b, c 등으로 단축되어 있습니다.

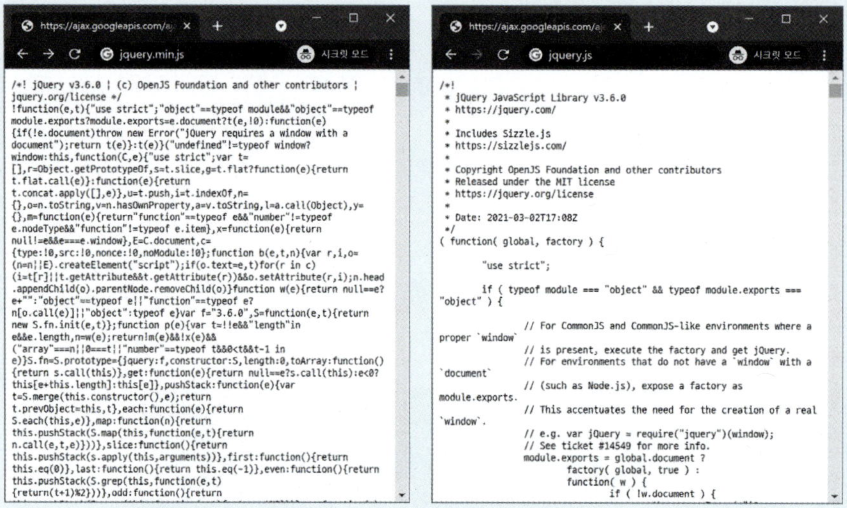

그림 14-2 Compressed 버전(왼쪽)과 Uncompressed 버전(오른쪽)

보통 개발을 할 때는 개발 환경 등으로 매개 변수 이름 등을 쉽게 확인할 수 있는 Uncompressed 버전을 사용합니다. 실제 배포할 때는 최대한 네트워크 통신 용량을 줄일 수 있는 Compressed 버전을 사용합니다. 이러한 용도 차이로 Compressed 버전을 배포Production 버전, Uncompressed 버전을 개발Development 버전이라고도 합니다.

jQuery를 사용하는 방법은 크게 두 가지가 있습니다. 첫 번째 방법은 특정 폴더에 파일을 다운로드한 후 [코드 14-1]처럼 작성해 HTML 페이지로 가져오는 것입니다.

예제 14-1 다운로드받은 파일을 활용한 jQuery 사용 준비

다음과 같이 폴더를 구성한다고 가정합시다.

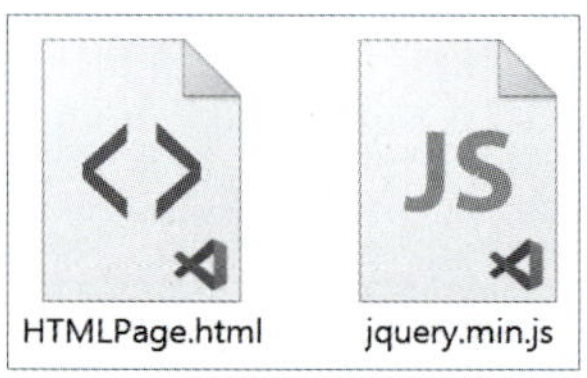

그림 14-3 폴더 구성

다음 코드처럼 해당 파일의 위치를 지정하면 사용할 수 있습니다.

코드 14-1 다운로드받은 파일을 활용한 jQuery 사용 준비 ReadyFile.html

```
<!DOCTYPE html>
<html>
<head>
    <title>jQuery Basic</title>
    <script src="jquery.min.js"></script>
    <script>
        // 여기에 코드를 입력합니다.
    </script>
</head>
<body>

</body>
</html>
```

두 번째 방법은 CDNContent Delivery Network을 활용하는 것입니다. CDN은 사용자에게 간편하게 콘텐츠를 제공하는 방식입니다. 세계 여러 곳에 서버가 있는 기업(구글, 마이크로소프트 등)이 사용자와 가장 가까운 곳에 있는 서버에서 데이터를 전달하므로 빠르게 자바스크립트 파일을 불러올 수 있습니다.

Download 페이지 아래쪽을 보면 CDN 경로가 있습니다.

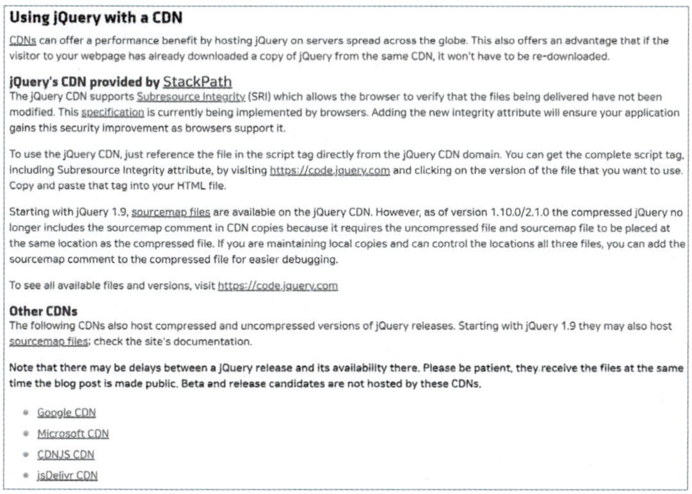
Using jQuery with a CDN

CDNs can offer a performance benefit by hosting jQuery on servers spread across the globe. This also offers an advantage that if the visitor to your webpage has already downloaded a copy of jQuery from the same CDN, it won't have to be re-downloaded.

jQuery's CDN provided by StackPath

The jQuery CDN supports Subresource Integrity (SRI) which allows the browser to verify that the files being delivered have not been modified. This specification is currently being implemented by browsers. Adding the new integrity attribute will ensure your application gains this security improvement as browsers support it.

To use the jQuery CDN, just reference the file in the script tag directly from the jQuery CDN domain. You can get the complete script tag, including Subresource Integrity attribute, by visiting https://code.jquery.com and clicking on the version of the file that you want to use. Copy and paste that tag into your HTML file.

Starting with jQuery 1.9, sourcemap files are available on the jQuery CDN. However, as of version 1.10.0/2.1.0 the compressed jQuery no longer includes the sourcemap comment in CDN copies because it requires the uncompressed file and sourcemap file to be placed at the same location as the compressed file. If you are maintaining local copies and can control the locations all three files, you can add the sourcemap comment to the compressed file for easier debugging.

To see all available files and versions, visit https://code.jquery.com

Other CDNs

The following CDNs also host compressed and uncompressed versions of jQuery releases. Starting with jQuery 1.9 they may also host sourcemap files; check the site's documentation.

Note that there may be delays between a jQuery release and its availability there. Please be patient, they receive the files at the same time the blog post is made public. Beta and release candidates are not hosted by these CDNs.

- Google CDN
- Microsoft CDN
- CDNJS CDN
- jsDelivr CDN

그림 14-4 CDN 경로

각 페이지에 접속하면 jQuery 파일과 관련된 경로가 나오는데요. 예를 들어 구글 CDN을 클릭하면 다음과 같이 나타납니다.

jQuery

3.x snippet:

```
<script src="https://ajax.googleapis.com/ajax/libs/jquery/3.6.0/jquery.min.js"></script>
```

2.x snippet:

```
<script src="https://ajax.googleapis.com/ajax/libs/jquery/2.2.4/jquery.min.js"></script>
```

1.x snippet:

```
<script src="https://ajax.googleapis.com/ajax/libs/jquery/1.12.4/jquery.min.js"></script>
```

그림 14-5 구글 CDN

이 주소를 사용해 script 태그를 만들어 넣으면 됩니다.

예제 14-2 CDN을 활용한 jQuery 사용 준비

다음 코드는 CDN을 활용해 HTML 페이지 내부로 jQuery를 불러옵니다. 구글 CDN을 활용해 보았습니다.

코드 14-2 CDN을 활용한 jQuery 사용 준비 ReadyCDN.html

```
<!DOCTYPE html>
<html>
<head>
    <title>jQuery Basic</title>
     <script src="https://ajax.googleapis.com/ajax/libs/jquery/3.6.0/jquery.min.js"></script>
</head>
<body>

</body>
</html>
```

NOTE 개발 환경

지금부터 jQuery를 살펴볼 텐데요. 배우다 보면 '이렇게 많은 것을 전부 외워야 할까?'라는 의문이 들기도 합니다. 일단 배우는 중이므로 '어떤 기능이 있고, 이 기능의 이름은 무엇이다'를 의식하면서 살펴보기 바랍니다. 실제 개발을 할 때 Visual Studio 또는 WebStorm 등의 개발 환경을 사용하면 다음 보조 기능이 작동합니다. 실제 개발을 할 때는 이 기능을 활용하기 바랍니다.

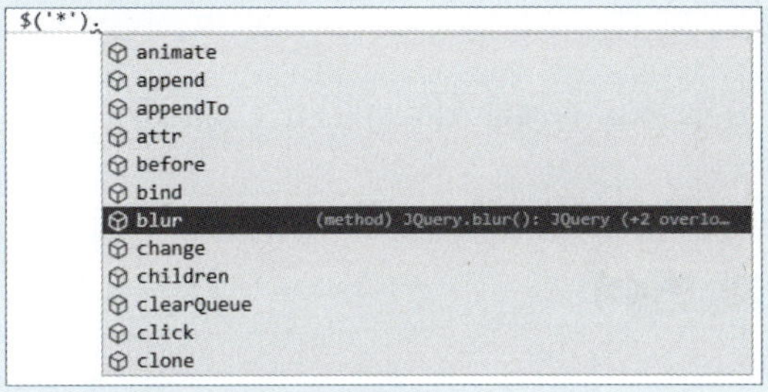

그림 14-6 개발 환경의 보조 기능

02 jQuery 객체

jQuery 라이브러리는 $ 함수를 활용합니다. 보통 다음 형태로 사용합니다. $ 함수의 매개 변수에는 문서 객체, CSS 형식, HTML 형식의 문자열을 삽입합니다.

$(매개_변수).메소드(매개_변수, 매개_변수)

그림 14-7 jQuery 기본 사용 형태

TIP • 이 책을 보고 있는 학생이라면 대부분 CSS 선택자를 알고 있겠지만, 그렇지 않은 학생은 부록의 CSS 선택자를 참고해 주세요.

$라는 이름 때문에 익숙하지 않을 수 있는데요. jQuery의 실제 코드를 보면 다음과 같이 되어 있답니다.

```
window.jQuery = window.$ = jQuery;
```

jQuery 이름의 함수를 너무 많이 사용하기 때문에 $ 식별자로 간단하게 입력할 수 있게 만든 것이랍니다($ 식별자가 마음에 들지 않는다면 jQuery 식별자를 사용해도 됩니다).

어쨌든 jQuery 객체는 다음 형태로 생성합니다.

```
// 일반 문서 객체로 jQuery 객체를 생성합니다.
$(document)

// CSS 선택자로 jQuery 객체를 생성합니다.
$('h1')

// HTML 문자열로 jQuery 객체를 생성합니다.
$('<h1></h1>')
```

CSS 선택자를 사용하면 '기존의 문서 객체 선택', HTML 문자열을 사용하면 '새로운 문서 객체 생성', 문서 객체를 사용하면 '기존의 문서 객체 선택'과 '새로운 문서 객체 생성'을 모두 할 수 있습니다. 이 내용은 차근차근 알아보겠습니다.

일단 13장에서 문서 객체 모델을 다룰 때 `window` 객체의 `load` 이벤트를 사용해야 화면이 구성된 이후부터 문서 객체 조작이 가능하다고 했는데요. jQuery에서는 `document` 객체의 `ready` 이벤트를 활용합니다.

예제 14-3 $(document).ready()

다음 코드는 문서 객체의 생성 완료 시점을 잡는 이벤트 연결입니다. 이벤트 내용은 이후에 살펴보도록 하고, 일단 시작하는 코드라고 생각해 주세요.

코드 14-3 jQuery 기본 코드 ReadyMethod.html

```
<!DOCTYPE html>
<html>
<head>
    <title>jQuery Basic</title>
    <script src="https://code.jquery.com/jquery-3.6.0.min.js"></script>
    <script>
        $(document).ready(function () {

        });
    </script>
</head>
<body>

</body>
</html>
```

03 문서 객체 선택

그럼 CSS 선택자를 사용해 문서 객체를 선택하는 경우부터 살펴봅시다. $() 함수를 사용해 다음 형태로 문서 객체를 선택합니다.

```
// h1 태그를 선택합니다.
$('h1')

// h1 태그 중에 class 속성으로 logo를 가진 태그를 선택합니다.
$('h1.logo')

// id 속성이 head인 태그를 선택합니다.
$('#head')

// input 태그 중에 type 속성이 submit인 태그를 선택합니다.
$('input[type=submit]')
```

선택한 문서 객체는 [표 14-1]에서 정리한 메소드를 사용해 부모나 후손을 선택할 수 있습니다.

표 14-1 객체 탐색 메소드

메소드	설명
`parent()`	부모 태그를 선택합니다.
`find()`	후손 태그를 찾습니다.

예를 들어 `h1` 태그에 `parent()` 메소드와 `find()` 메소드를 사용하는 경우는 다음과 같습니다.

```
// h1 태그의 부모 태그를 선택합니다.
$('h1').parent()

// h1 태그 내부에 있는 i 태그를 선택합니다.
$('h1').find('i')
```

참고로 h1 태그가 여러 개 선택된 상태로 parent() 메소드와 find() 메소드를 사용하면, 첫 번째 h1 태그를 기준으로 부모와 후손을 찾습니다.

9장 cheerio 모듈에서 find() 메소드를 살펴보았으므로 예제는 생략하겠습니다. 해당 내용을 참고하기 바랍니다.

04 문서 객체 개별 조작

$() 함수를 사용하면 여러 개의 문서 객체를 선택할 수 있습니다. 이러한 문서 객체가 몇 개 선택되었는지 확인할 때는 `length` 속성을 사용합니다.

표 14-2 선택된 문서 객체의 수

속성	설명
length	선택된 문서 객체의 수를 구합니다.

배열과 비슷한데요. 배열처럼 대괄호를 사용해서 요소 하나를 꺼낼 수도 있고, `get()` 메소드를 사용해서 꺼낼 수도 있습니다.

표 14-3 선택된 문서 객체 추출

메소드	설명
get()	선택한 문서 객체 중 하나를 선택합니다.

`get()` 메소드를 사용해 추출한 요소는 jQuery 문서 객체가 아니라 일반 문서 객체이므로 주의해야 합니다. jQuery 객체로 다시 만들고 싶다면, $() 함수의 매개 변수로 넣어야 합니다. 말이 어려우므로 바로 예제를 살펴봅시다.

예제 14-4 문서 객체 반복 (1)

다음 코드는 h1 태그를 선택하고, 내부 요소에 반복을 걸어 짝수 번째에 위치하는 것에만 배경 색상을 적용합니다.

코드 14-4 문서 객체 반복 (1) jQueryLoopA.html

```
<!DOCTYPE html>
```

```
<html>
<head>
    <title>jQuery Event</title>
    <script src="jquery-3.6.0.min.js"></script>
    <script>
        // 웹 페이지를 모두 불러오면
        $(document).ready(function () {
            // h1 태그를 모두 추출하고
            const $headers = $('h1');
            // h1 태그의 개수만큼 반복을 돌려서
            for (let i = 0; i < $headers.length; i++) {
                // 특정 위치에서
                if (i % 2 == 1) {
                    // i번째 요소를 추출해
                    const domElement = $headers.get(i);
                    // 배경 색상을 적용합니다.
                    $(domElement).css('backgroundColor', 'red');
                }
            }
        });
    </script>
</head>
<body>
    <h1>HeaderA</h1>
    <h1>HeaderB</h1>
    <h1>HeaderC</h1>
    <h1>HeaderD</h1>
</body>
</html>
```

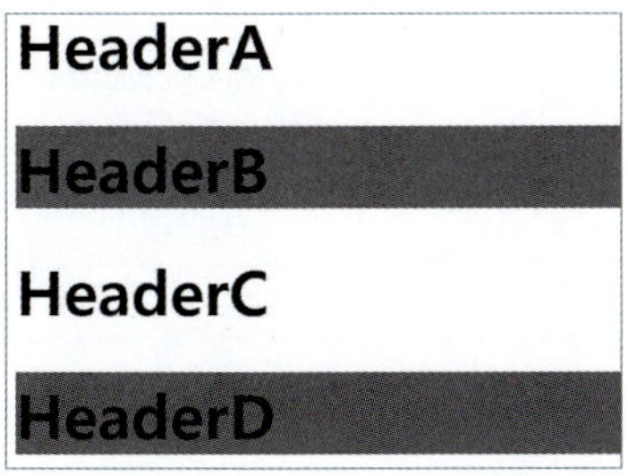

[예제 14-4]에서 변수 이름을 $headers로 만들어 조금 당황했을지도 모르겠습니다. 자바스크립트는 변수 이름으로 _와 $ 기호를 사용할 수 있습니다.

[예제 14-4]처럼 jQuery를 이러한 형태로 활용하다 보면 jQuery 문서 객체와 일반 문서 객체가 섞입니다. 이때 두 가지를 구분하려고 jQuery 문서 객체가 들어 있는 변수는 앞에 $를 붙이는 것입니다. 많은 jQuery 개발자가 따르는 관례이므로 지켜서 사용해 주세요.

이러한 반복을 조금 더 쉽게 사용할 수 있도록 each() 메소드를 제공합니다.

표 14-4 선택된 문서 객체 반복 적용

메소드	설명
each()	선택한 문서 객체에 반복을 적용합니다.

each() 메소드를 사용할 때 주의할 점은 기본적인 자바스크립트에서 제공하는 Array 객체의 forEach() 메소드와 인덱스, 요소 순서가 다르다는 것입니다.

표 14-5 each() 메소드의 콜백 함수

Array 객체의 forEach() 메소드	jQuery의 each() 메소드

`[].forEach(function (item, index) {`
 	
`});`
	`$('h1').each(function (index, item) {`
	
	`});`

each() 메소드의 콜백 함수 내부에서 this는 문서 객체를 나타냅니다.

예제 14-5 문서 객체 반복 (2)

다음 코드에서는 each() 메소드를 사용해 문서 객체에 반복을 돌립니다.

코드 14-5 문서 객체 반복 (2) jQueryLoopB.html

```
<!DOCTYPE html>
<html>
<head>
    <title>jQuery Event</title>
```

```
    <script src="jquery-3.6.0.min.js"></script>
    <script>
        // 웹 페이지를 모두 불러오면
        $(document).ready(function () {
            // h1 태그를 모두 추출하고 반복을 돌려
            $('h1').each(function (index, element) {
                // 특정 위치에서
                if (index % 2 == 1) {
                    // 배경 색상을 적용합니다.
                    $(this).css('backgroundColor', 'red');
                }
            });
        });
    </script>
</head>
<body>
    <h1>HeaderA</h1>
    <h1>HeaderB</h1>
    <h1>HeaderC</h1>
    <h1>HeaderD</h1>
</body>
</html>
```

each() 메소드의 추가적인 사용 방법은 9장 cheerio 모듈을 참고하기 바랍니다.

NOTE **odd 선택자와 even 선택자**

홀수 번째 또는 짝수 번째 요소를 선택해서 무언가를 적용하는 코드는 자주 사용합니다. 따라서 쉽게 사용할 수 있는 형태를 제공해 줍니다. 바로 **odd** 선택자(홀수)와 **even** 선택자(짝수)인데요. **$()** 함수의 매개 변수로 넣은 선택자 뒤에 **:odd** 또는 **:even**을 넣어 사용할 수 있습니다.

이번 절의 예제를 **even** 선택자로 변경하면 다음 코드와 같습니다.

코드 14-6 **even 선택자**

```
<script>
    // 웹 페이지를 모두 불러오면
    $(document).ready(function () {
        // 짝수 위치의 h1 태그에 배경 색상을 적용합니다.
        $('h1:even').css('backgroundColor', 'red');
    });
</script>
```

05 문서 객체 조작

jQuery를 사용하면 문서 객체를 굉장히 쉽게 조작할 수 있습니다.

1 글자 조작

문서 객체의 문자를 조작할 때는 [표 14-6]의 메소드를 사용합니다.

표 14-6 글자 조작 메소드

메소드	설명
text()	html 태그 내부의 문자를 조작합니다.
html()	html 태그 내부의 문자를 조작합니다(HTML 태그 인식).

jQuery 객체가 가진 대부분의 메소드는 하나의 이름으로 GET(추출, 가져오기)과 SET(설정, 할당)을 모두 수행합니다. text() 메소드와 html() 메소드는 다음 방법으로 내부 문자를 가져올 수 있습니다.

```
// h1 태그 내부의 문자를 가져옵니다.
$('h1').text()

// h1 태그 내부의 문자를 가져옵니다.
$('h1').html()
```

선택자로 여러 개의 문서 객체를 선택할 때 text() 메소드는 모든 문서 객체 내부의 문자를 출력하고, html() 메소드는 첫 번째 문서 객체 내부의 문자를 출력합니다.

예제 14-6 text() 메소드와 html() 메소드의 GET 형태

text() 메소드와 html() 메소드로 값을 꺼내 출력합니다. 차이를 직접 확인해 보기 바랍니다.

코드 14-7 text() 메소드와 html() 메소드의 GET 형태 GetTextAndHtml.html

```
<!DOCTYPE html>
<html>
<head>
    <title>jQuery Text</title>
    <script src="jquery-3.6.0.min.js"></script>
    <script>
        $(document).ready(function () {
            // text() 메소드와 html() 메소드의 리턴 값을 출력합니다.
            alert($('p').text());
            alert($('p').html());
        });
    </script>
</head>
<body>
    <p>TestA</p>
    <p>TestB</p>
    <p>TestC</p>
</body>
</html>
```

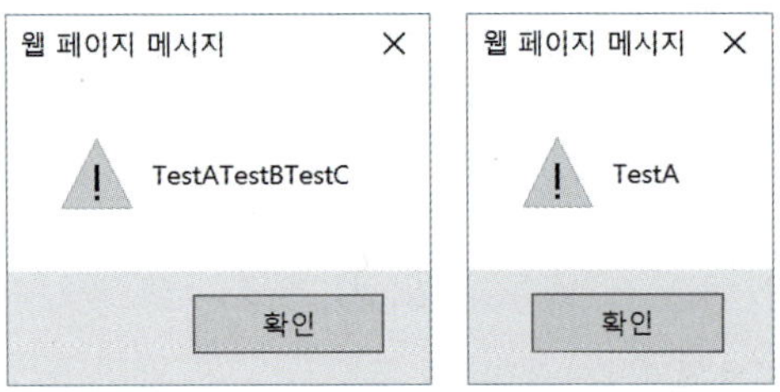

text() 메소드는 모든 p 태그 내부의 문자를, html() 메소드는 첫 번째로 선택된 p 태그의 문자를 출력한다는 것을 확인하세요. 다만 실제로 GET 형태를 사용할 때는 하나의 객체만 선택한 상태로 사용할 때가 많답니다.

문서 객체 내부의 문자를 변경할 때는 다음과 같이 사용합니다.

```
// h1 태그 내부의 문자를 설정합니다.
$('h1').text('안녕하세요')

// h1 태그 내부의 문자를 설정합니다.
$('h1').html('안녕하세요')
```

text() 메소드와 html() 메소드 모두 여러 개의 문서 객체를 선택하고 SET 형태의 메소드를 사용하면, 모든 문서 객체 내부에 문자가 들어갑니다. 기능(메소드) 이름이 다르므로 당연히 차이는 있는데요. 예제에서 확인합시다.

예제 14-7 text() 메소드와 html() 메소드의 SET 형태

다음 코드는 h1 태그에 text() 메소드와 html() 메소드로 내부 문자를 변경합니다. 실행 결과를 보면 text() 메소드와 html() 메소드의 차이를 이해할 수 있을 것입니다.

코드 14-8 text() 메소드와 html() 메소드의 SET 형태 SetTextAndHtml.html

```
<!DOCTYPE html>
<html>
<head>
    <title>jQuery Text</title>
    <script src="jquery-3.6.0.min.js"></script>
    <script>
        $(document).ready(function () {
            $('.text-1').text('<h1>text() 메소드</h1>');
            $('.text-2').html('<h1>html() 메소드</h1>');
        });
    </script>
</head>
<body>
    <p class="text-1">TestA</p>
    <p class="text-1">TestA</p>
```

```
    <p class="text-2">TestB</p>
    <p class="text-2">TestB</p>
</body>
</html>
```

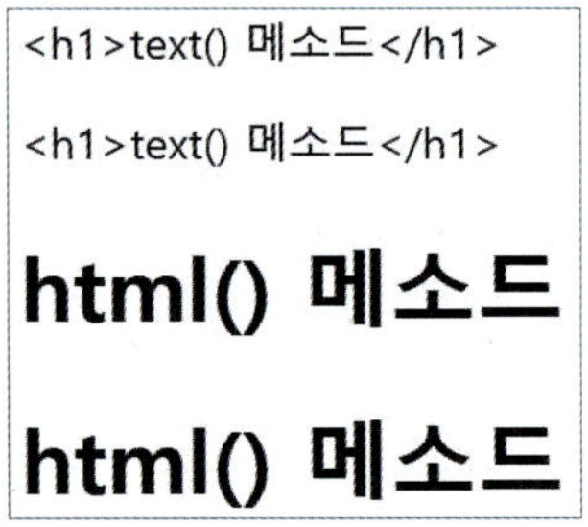

GET 형태에서 `text()` 메소드는 모두 가져오고, `html()` 메소드는 하나만 가져오므로 SET 형태도 동일할 것이라고 생각하는데요. 그렇지 않습니다. SET 형태는 두 메소드 모두 선택한 문서 객체에 적용합니다.

2 스타일 조작

문서 객체의 스타일을 조작할 때는 [표 14-7]에 정리한 메소드를 사용합니다.

표 14-7 스타일 조작 메소드

메소드	설명
css()	스타일을 조작합니다.

스타일도 GET 형태와 SET 형태를 나누어 사용합니다. GET 형태는 선택자로 선택된 문서 객체 중 첫 번째 문서 객체의 스타일을 가져옵니다.

```
// h1 태그의 color 스타일 속성을 가져옵니다.
$('h1').css('color')

// h1 태그의 color 스타일 속성을 red로 설정합니다.
$('h1').css('color', 'red')
```

```
// h1 태그의 color 스타일 속성과 backgroundColor 스타일 속성을 한꺼번에 설정합니다.
$('h1').css({
    color: 'red',
    backgroundColor: 'orange'
})
```

예제 14-8 **스타일 조작**

다음 코드는 13장 04절에서 다룬 [예제 13-6]을 jQuery로 변경한 것입니다. 아직 appendTo() 메소드 등을 배우지 않았으므로 css() 메소드만 주목합시다.

코드 14-9 **스타일 조작** jQueryStyle.html

```
<!DOCTYPE html>
<html>
<head>
    <title>jQuery Event</title>
    <script src="jquery-3.6.0.min.js"></script>
    <script>
        // 웹 페이지를 모두 불러오면
        $(document).ready(function () {
            // 0부터 255까지 반복문을 돌리고
            for (let i = 0; i < 256; i++) {
                // div 태그에 스타일을 적용해 body 태그에 추가합니다.
                $('<div></div>').css({
                    height: 2,
                    background: 'rgb(' + i + ',' + i + ',' + i + ')'
                }).appendTo('body');
            }
        });
    </script>
</head>
<body>

</body>
</html>
```

3 속성 조작

문서 객체의 속성을 조작할 때는 [표 14-8]에 정리한 메소드를 사용합니다.

표 14-8 속성 조작 메소드

메소드	설명
attr()	속성을 조작합니다.

속성도 GET 형태와 SET 형태로 나누어 사용합니다. GET 형태는 선택자로 선택된 문서 객체 중 첫 번째 문서 객체의 속성을 가져옵니다.

```
// img 태그의 src 속성을 가져옵니다.
$('img').attr('src')

// img 태그의 src 속성을 https://via.placeholder.com/100x100으로 설정합니다.
$('img').css('src', 'https://via.placeholder.com/100x100')

// img 태그의 src 속성과 alt 속성을 한꺼번에 지정합니다.
$('img').css({
    src: 'https://via.placeholder.com/100x100',
    alt: 'placehold.it'
})
```

예제 14-9 jQuery를 사용한 속성 조작

each() 메소드를 사용해 너비가 (index+1)*100인 이미지를 src 속성에 집어넣습니다.

코드 14-10 jQuery를 사용한 속성 조작 jQueryAttr.html

```
<!DOCTYPE html>
<html>
<head>
    <title>jQuery Attribute</title>
    <script src="jquery-3.6.0.min.js"></script>
    <script>
        // 웹 페이지를 모두 불러오면
        $(document).ready(function () {
            // img 태그에
            $('img').each(function (index, element) {
                // src 속성을 조작합니다.
                $(this).attr('src',
                    'https://via.placeholder.com/' + (index + 1) * 100 + 'x100');
            });
        });
    </script>
</head>
<body>
    <img />
    <img />
    <img />
</body>
</html>
```

06 문서 객체 생성

문서 객체를 생성할 때는 다음과 같이 $() 함수의 매개 변수에 'HTML 형식의 문자열'을 입력합니다.

```
$('<h1></h1>')
```

이렇게 생성한 문서 객체는 지금까지 살펴본 메소드들을 활용해 내부의 글자, 스타일, 속성을 조작할 수 있습니다.

```
$('<h1></h1>')
    .text('안녕하세요')
    .attr('data-test', 'test')
    .css({
        backgroundColor: 'red',
        color: 'white'
    });
```

이렇게 생성하고 설정한 객체는 자바스크립트 코드로만 존재합니다. 화면에 출력할 때는 다음과 같은 메소드를 사용합니다.

표 14-9 문서 객체 추가 메소드

메소드	설명
`$(A).prependTo(B)`	A를 B 안쪽 앞에 추가합니다.
`$(A).appendTo(B)`	A를 B 안쪽 뒤에 추가합니다.
`$(A).insertBefore(B)`	A를 B 앞에 추가합니다.
`$(A).insertAfter(B)`	A를 B 뒤에 추가합니다.

말로 표현하기가 조금 어려운데요. 특정한 div 태그를 기준으로 각 메소드를 적용하면 다음과 같이 나타낼 수 있습니다.

```
<h1>insertBefore</h1>
<div class="target">
  <h1>prependTo</h1>
  <h1>appendTo</h1>
</div>
<h1>insertAfter</h1>
```

그림 14-8 문서 객체 추가 메소드 적용

예제 14-10 jQuery를 사용한 문서 객체 생성

다음 코드는 h1 태그를 생성하고 글자, 속성, 스타일을 설정해서 body 태그 내부에 추가합니다.

코드 14-11 jQuery를 사용한 문서 객체 생성 CreateElement.html

```
<!DOCTYPE html>
<html>
<head>
    <title>jQuery Basic</title>
    <script src="jquery-3.6.0.min.js"></script>
    <script>
        $(document).ready(function () {
            $('<h1></h1>')
                .text('안녕하세요')
                .attr('data-test', 'test')
                .css({
                    backgroundColor: 'red',
                    color: 'white'
                })
                .appendTo('body');
        });
    </script>
</head>
<body>
```

```
</body>
</html>
```

07 이벤트

jQuery가 기본적으로 제공하는 이벤트 관련 메소드는 [표 14-10]과 같습니다.

표 14-10 jQuery의 이벤트 메소드

메소드	설명
on()	이벤트를 연결합니다.
off()	이벤트를 제거합니다.

이벤트를 연결하는 방법에는 직접 연결(Bind)하는 방법과 간접 연결(Delegate)하는 방법이 있습니다. 일단 직접 연결하는 방법부터 살펴봅시다.

1 이벤트 직접 연결

이벤트 직접 연결은 '특정 태그에 이벤트를 연결하고, 특정 태그를 눌렀을 때 이벤트가 발생'하게 하는 것을 의미합니다. 지금까지 살펴본 이벤트 연결 방법은 모두 직접 연결이라고 할 수 있습니다.

jQuery로 이벤트를 직접 연결할 때는 on() 메소드를 사용하며, 기본 형태는 다음과 같습니다.

```
$(선택자).on(이벤트_이름, 콜백_함수)
```

이벤트를 연결할 때 콜백 함수의 매개 변수로 이벤트 객체가 전달됩니다. 이벤트 객체를 사용하면 이벤트 정보를 알아낼 수 있습니다. 이벤트 객체의 속성과 관련된 내용은 다음 경로를 참고해 주세요.

jQuery – event object
https://api.jquery.com/category/events/event-object/

또 콜백 함수 내부에서 this 키워드는 이벤트를 발생시키는 객체입니다. this 키워드를 활용해서 이벤트를 발생시킨 객체의 스타일을 변경할 수 있습니다.

예제 14-11 **이벤트 직접 연결**

h1 태그에 click 이벤트를 연결합니다.

코드 14-12 **이벤트 직접 연결** DirectEvent.html

```
<!DOCTYPE html>
<html>
<head>
    <title>jQuery Event</title>
    <script src="jquery-3.6.0.min.js"></script>
    <script>
        // 웹 페이지를 모두 불러오면
        $(document).ready(function () {
            // h1 태그에 click 이벤트를 연결합니다.
            $('h1').on('click', function (event) {
                // 이벤트를 발생시킨 문서 객체의 문자를 추출합니다.
                const text = $(this).text();
                // 출력합니다.
                alert(text);
            });
        });
    </script>
</head>
<body>
    <h1>Header_1</h1>
    <h1>Header_2</h1>
</body>
</html>
```

다음 메소드를 사용해 간단하게 이벤트 직접 연결을 할 수 있습니다.

표 14-11 키보드 이벤트

메소드	설명
keydown()	키보드 키를 눌렀을 때
keypress()	키가 입력되었을 때
keyup()	키보드 키를 떼었을 때

표 14-12 마우스 이벤트

메소드	설명
click()	마우스를 클릭했을 때
dblclick()	마우스를 더블 클릭했을 때
mousedown()	마우스 버튼을 눌렀을 때
mouseenter()	마우스 커서가 해당 태그로 들어갔을 때
mouseleave()	마우스 커서가 해당 태그에서 나갔을 때
mousemove()	마우스가 움직일 때
mouseup()	마우스 버튼을 뗄 때

표 14-13 입력 양식 이벤트

메소드	설명
blur()	입력 양식에 값 입력을 종료할 때
change()	입력 양식의 값이 변경될 때
focus()	입력 양식에 값 입력을 시작할 때
select()	type 속성이 select인 입력 양식의 목록에서 값을 선택했을 때
submit()	type 속성이 submit인 입력 양식을 클릭했을 때

표 14-14 웹 브라우저 이벤트

메소드	설명
resize()	웹 브라우저의 크기를 변경할 때
scroll()	웹 브라우저를 스크롤할 때

참고로 지금까지 계속해서 살펴본 `$(document).ready(function () {})`의 `ready`도 이벤트인데요. `$(document).on('ready', function () { })` 형태로도 구성할 수 있답니다.

NOTE 기본 이벤트 제거

기본 이벤트를 제거할 때는 `event` 객체의 `preventDefault()` 메소드를 사용합니다. 예를 들어 `submit` 이벤트의 기본 이벤트를 제거한다면 다음과 같이 코드를 작성합니다.

코드 14-13 기본 이벤트 제거

```
// submit 버튼의 기본 이벤트를 모두 제거합니다.
$('input[type=submit]').submit(function (event) {
    event.preventDefault();
});
```

개발을 하다 보면 새로 생성한 객체 이벤트를 연결해야 할 때가 있습니다. 예를 들어 다음 코드는 `h1` 태그를 클릭하면 `h1` 태그를 하나 더 생성해서 `body` 태그에 추가합니다.

코드 14-14 이벤트가 발생하면 새로운 객체 생성 ClickToCreate.html

```
<!DOCTYPE html>
<html>
<head>
    <title>jQuery Event</title>
    <script src="jquery-3.6.0.min.js"></script>
    <script>
        // 웹 페이지를 모두 불러오면
        $(document).ready(function () {
            // h1 태그에 click 이벤트를 연결합니다.
            $('h1').on('click', function (event) {
                // h1 태그를 생성해서 body 태그에 추가합니다.
                $('<h1></h1>').text($(this).text()).appendTo('body');
            });
        });
    </script>
</head>
<body>
```

```
    <h1>Header</h1>
</body>
</html>
```

코드를 실행하고 첫 번째 h1 태그를 클릭하면 h1 태그를 생성해서 body 태그 아래에 추가합니다. 그런데 이렇게 새로 생성한 h1 태그에는 이벤트가 연결되지 않습니다. 이벤트를 연결한 적이 없기 때문입니다.

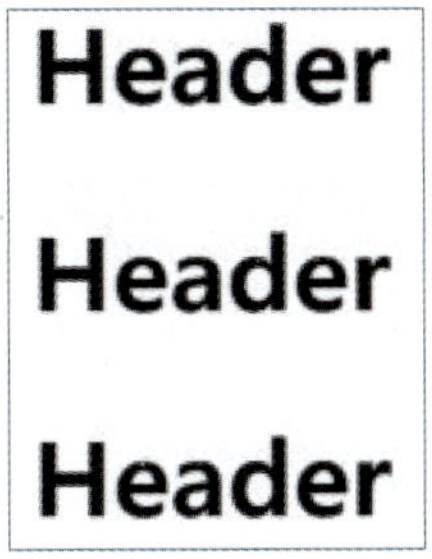

그림 14-9 이벤트 직접 연결은 새로 생성한 태그에 이벤트를 연결하지 않음

이벤트 직접 연결은 연결하는 시점에 존재하는 문서 객체에만 이벤트를 연결합니다. 이것은 문서 객체를 생성했을 때 이벤트를 따로 연결해서 해결할 수 있습니다.

코드 14-15 이벤트 추가 연결 NewEvent.html

```
<script>
    // 웹 페이지를 모두 불러오면
    $(document).ready(function () {
        // 변수를 선언합니다.
        const handler = function (event) {
            // h1 태그를 생성해서 body 태그에 추가합니다.
            $('<h1></h1>')
                .text($(this).text())
                .on('click', handler)
                .appendTo('body');
        };
```

```
        // h1 태그에 click 이벤트를 연결합니다.
        $('h1').on('click', handler);
    });
</script>
```

이러한 상황은 굉장히 자주 맞닥뜨립니다. 예를 들어 트위터, 페이스북, 인스타그램을 생각해 봅시다. 화면에 10~20개의 글을 불러옵니다. 스크롤을 끝까지 내리면 10~20개의 글을 추가로 불러옵니다. 이 순간 새로 가져온 글에 이벤트를 연결해야 '댓글 달기', '좋아요 누르기' 등 기능을 동작할 수 있습니다.

굉장히 자주 사용하는 형태인데 코드가 조금 지저분하죠? 그래서 jQuery는 이러한 코드를 조금 더 예쁘게 작성할 수 있도록 이벤트 간접 연결 기능을 제공합니다.

2 이벤트 간접 연결

이벤트 간접 연결은 '부모에게 이벤트를 위임Delegate해서 부모가 이벤트를 처리하게 하는 것'이라고 할 수 있습니다. 말이 굉장히 어려우므로 일단 예제를 바로 살펴봅시다.

예제 14-12 이벤트 간접 연결

다음 코드는 body 태그 내부에 있는 h1 태그에서 click 이벤트가 발생할 때 h1 태그를 생성해 추가합니다.

코드 14-16 이벤트 간접 연결 IndirectEvent.html

```
<!DOCTYPE html>
<html>
<head>
    <title>jQuery Event</title>
    <script src="jquery-3.6.0.min.js"></script>
    <script>
        // 웹 페이지를 모두 불러오면
        $(document).ready(function () {
            // body 태그에 h1 태그의 click 이벤트를 위임합니다.
```

```
            $('body').on('click', 'h1', function (event) {
                // h1 태그를 생성해서 body 태그에 추가합니다.
                $('<h1></h1>').text($(this).text()).appendTo('body');
            });
        });
    </script>
</head>
<body>
    <h1>Header</h1>
</body>
</html>
```

실행 결과는 이전과 같습니다.

h1 태그에 이벤트를 연결하는 것이 아니라, h1 태그의 부모인 body 태그에 이벤트를 연결하는 것입니다. 이렇게 이벤트를 연결하면 body 태그 내부에서 h1 태그를 클릭했을 때를 구현할 수 있습니다.

NOTE 기본적으로 페이스북에서 글을 200개 불러오고, 각각의 글에 이벤트를 연결한다면, 함수라는 거대한 자료형을 문서 객체라는 거대한 자료형에 200번 붙이는 작업을 하게 됩니다. 이는 굉장히 비효율적인 작업입니다. 반면 이벤트 위임을 사용하면, 페이스북 글의 부모에 이벤트를 딱 한 번만 붙이면 되므로, 굉장히 효율적입니다.

이벤트 위임은 굉장히 고급 스킬로 알려져 있는데요. 자바스크립트로 개발을 하다 보면, '이때 이걸 쓰면 효율적이겠다'라고 생각할 수 있는 순간이 굉장히 많습니다. 그래서 간단하게 다루어 보았습니다.

3 이벤트 제거

이벤트를 제거할 때는 off() 메소드를 사용합니다. 간단하게 예제를 살펴봅시다.

예제 14-13 이벤트 제거

다음 코드는 h1 태그를 클릭하면 새로 h1 태그를 생성해 추가하고, 기존 태그에서는 이벤트를 제거합니다.

코드 14-17 **이벤트 제거** RemoveEvent.html

```
<!DOCTYPE html>
<html>
<head>
    <title>jQuery Event</title>
    <script src="jquery-3.6.0.min.js"></script>
    <script>
        // 웹 페이지를 모두 불러오면
        $(document).ready(function () {
            const handler = function (event) {
                // h1 태그를 생성해서 body 태그에 추가합니다.
                $('<h1></h1>')
                    .text($(this).text())
                    .click(handler)
                    .appendTo('body');
                // 현재 태그의 이벤트를 제거합니다.
                $(this).off();
            };
            // h1 태그를 클릭하면
            $('h1').on('click', handler);
        });
    </script>
</head>
<body>
    <h1>Header</h1>
</body>
</html>
```

off() 메소드는 다음과 같이 사용할 수 있습니다.

```
// h1 태그의 모든 이벤트를 제거합니다.
$('h1').off();

// h1 태그의 click 이벤트를 모두 제거합니다.
$('h1').off('click');

// h1 태그의 click 이벤트로 연결한 콜백 함수 중 특정한 콜백 함수만 제거합니다.
$('h1').off('click', handler);
```

이벤트를 한 번만 실행하게 할 때가 자주 있습니다. 예를 들어 게임 사이트 등을 만들 때 버튼을 누르면 애니메이션이 재생되는 경우입니다. 자주 사용하므로 jQuery가 이벤트를 한 번만 연결하는 메소드를 제공합니다.

표 14-15 이벤트를 한 번만 연결하는 메소드

메소드	설명
one()	이벤트를 한 번만 연결합니다.

지금까지 기본적인 자바스크립트로도 구현할 수 있는 것들을 배웠습니다. 하지만 jQuery를 사용하면 모든 웹 브라우저에서 동작하게 하면서 훨씬 쉽게 구현할 수 있습니다.

08 애니메이션

기본적인 자바스크립트로도 할 수는 있지만 굉장히 어려운 작업이 있습니다. 바로 '애니메이션' 입니다. 애플 웹 사이트에서 제품을 볼 때 이미지가 위에서 내려오거나 왼쪽에서 나타나기도 합니다. 또 모서리부터 빛을 내면서 스마트폰을 보여 줄 때도 있습니다.

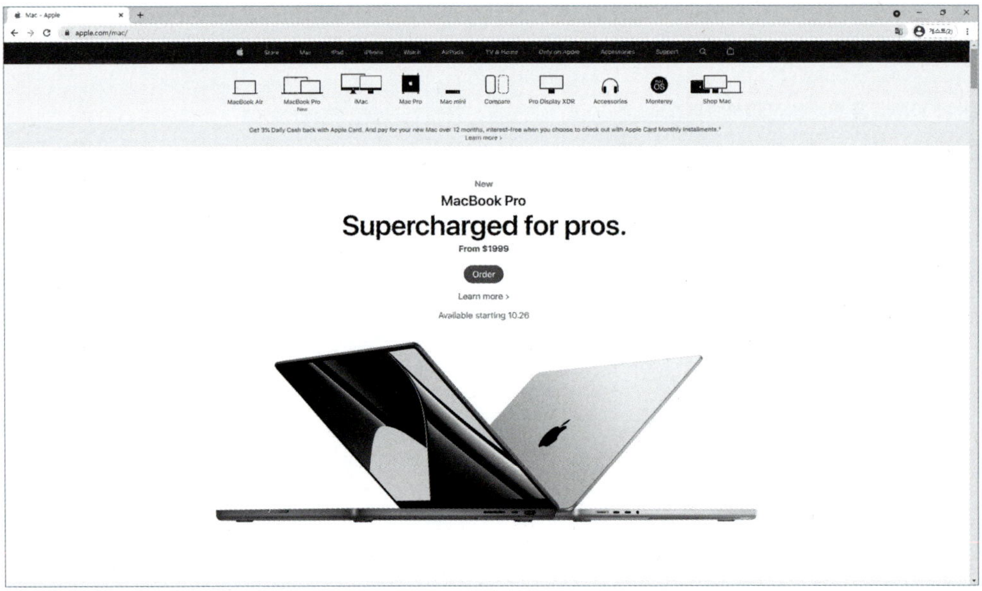

그림 14-10 애플 웹 사이트

이러한 애니메이션을 웹 브라우저가 제공하는 기본적인 API로만 구현하기에는 굉장히 복잡합니다. 대부분은 외부 라이브러리를 사용하는데요. jQuery도 애니메이션 기능을 제공하는 대표적인 라이브러리입니다.

표 14-16 애니메이션 메소드

메소드	설명
animate()	애니메이션을 적용합니다.

애니메이션은 스타일에 적용하는데요. 숫자를 적용할 수 있는 모든 속성에 animate() 메소드를 사용할 수 있습니다. animate() 메소드는 기본적으로 다음 형태로 사용합니다. 이때 콜백 함수는 애니메이션이 종료되었을 때 호출되며, 생략할 수 있습니다.

```
$(선택자).animate(속성, 시간, 콜백_함수)
```

예제 14-14 애니메이션

다음 코드는 사각형을 클릭하면 오른쪽으로 움직이게 합니다.

코드 14-18 애니메이션 Animate.html

```
<!DOCTYPE html>
<html>
<head>
    <title>jQuery Animate</title>
    <style>
        .box {
            /* 크기 */
            width: 100px; height: 100px;
            /* 색상 */
            background-color: red;
            /* 위치 */
            position: absolute;
            left: 10px; top: 10px;
        }
    </style>
    <script src="jquery-3.6.0.min.js"></script>
    <script>
        // 웹 페이지를 모두 불러오면
        $(document).ready(function () {
            // .box 태그를 클릭해서
            $('.box').click(function () {
                // 1초 동안 left를 1000픽셀로 변경합니다.
```

```
                $(this).animate({
                    left: 1000
                }, 1000);
            });
        });
    </script>
</head>
<body>
    <div class="box"></div>
</body>
</html>
```

책이라는 매체의 특성 때문에 실제로 움직이는 모습을 볼 수 없으므로 스크린샷은 생략하겠습니다.

animate() 메소드에는 기능이 정말 많아 이 책의 분량으로는 모두 설명하기가 어렵습니다. 또 스타일을 잘 사용해야 애니메이션을 능숙하게 다룰 수 있습니다. 따라서 다음 경로를 참고하기 바랍니다. 애니메이션을 어떻게 활용할 수 있는지는 15장의 프로젝트에서 간단하게 살펴보겠습니다.

jQuery – animate
http://api.jquery.com/animate/

요약

01 jQuery 라이브러리는 다운로드해서 사용하거나 CDNContent Delivery Network을 활용해 사용할 수 있습니다.

02 jQuery 객체는 일반 문서 객체, CSS 선택자, HTML 문자열을 $ 함수의 매개 변수에 넣어 생성할 수 있습니다.

03 문서 객체 조작

- **문자 조작** : 문서 객체 내부의 문자를 조작할 때는 `text()` 메소드와 `html()` 메소드를 사용합니다.

메소드	설명
text()	html 태그 내부의 문자를 조작합니다.
html()	html 태그 내부의 문자를 조작합니다(HTML 태그 인식).

- **스타일 조작** : 문서 객체의 스타일을 조작할 때는 `css()` 메소드를 사용합니다.

메소드	설명
css()	스타일을 조작합니다.

- **속성 조작** : 문서 객체의 속성을 조작할 때는 `attr()` 메소드를 사용합니다.

메소드	설명
attr()	속성을 조작합니다.

연습문제

01 다음 괄호 안을 채우시오.

(1) jQuery 라이브러리는 특수 기호 (　　　) 식별자를 적극적으로 활용한다.

(2) jQuery로 스타일을 조작할 때는 (　　　) 메소드를 사용한다.

(3) jQuery로 내부의 문자를 HTML 형태로 조작할 때는 (　　　) 메소드를 사용한다.

(4) jQuery로 내부의 문자를 단순한 문자열로 조작할 때는 (　　　) 메소드를 사용한다.

(5) jQuery로 속성을 조작할 때는 (　　　) 메소드를 사용한다.

(6) jQuery로 이벤트를 연결할 때는 기본적으로 (　　　) 메소드를 사용한다.

(7) jQuery로 이벤트를 제거할 때는 기본적으로 (　　　) 메소드를 사용한다.

(8) jQuery로 이벤트를 한 번만 연결할 때는 (　　　) 메소드를 사용한다.

02 다음 질문에 ○×를 표시하시오.

(1) jQuery 라이브러리는 문서 객체를 선택할 때, CSS 선택자를 사용한다.

(2) jQuery로 선택한 문서 객체의 `parent()` 메소드를 활용하면 부모 문서 객체에 접근할 수 있다.

(3) jQuery로 선택한 문서 객체의 `find()` 메소드를 활용하면, 아래에 있는 문서 객체(자식과 후손)에 접근할 수 있다.

(4) jQuery로 선택한 문서 객체들을 하나하나 반복하고 싶다면, `forEach()` 메소드를 사용한다.

03 CDN은 무엇의 약어인가?

① Content Destination Node

② Content Delivery Network

③ Content Document Network

④ Content Dictate Node

04 다음 중에서 jQuery 라이브러리의 jQuery 식별자와 의미가 같은 식별자는?

① `$` ② `_`

③ `jquery` ④ `j`

05 다음 중에서 문서 객체의 스타일을 변경하는 jQuery 메소드는?

① `style()` 메소드 ② `styles()` 메소드

③ `css()` 메소드 ④ `appear()` 메소드

06 다음 중에서 jQuery의 메소드를 GET 형태로 사용했을 때 선택한 모든 문서 객체의 관련 정보를 가져오는 메소드는?

① `html()` 메소드 ② `text()` 메소드

③ `css()` 메소드 ④ `attr()` 메소드

07 다음 중 `animate()` 메소드의 매개 변수 순서로 옳은 것은?

① `animate(속성, 시간, 콜백_함수)`

② `animate(콜백_함수, 속성, 시간)`

③ `animate(시간, 콜백_함수, 속성)`

④ `animate(시간, 속성, 콜백_함수)`

08 jQuery 객체의 `text()` 메소드와 `html()` 메소드의 차이를 설명하시오.

09 jQuery는 굉장히 기본적인 기능을 제공하는 라이브러리이다. 이 외에 현재 많이 사용되고 있는 큰 규모의 자바스크립트 라이브러리를 인터넷에서 찾아서 세 가지 이상 적어 보시오.

CHAPTER 15

프로젝트 – 이미지 슬라이더

01 이미지 슬라이더 개요
02 이미지 슬라이더 구성
03 기본 코드 구성
04 플러그인 구성

학습목표

- UI 요소를 만드는 데 필요한 요소를 확인하는 방법을 이해합니다.
- 웹 브라우저의 자바스크립트를 사용해 UI 요소를 만드는 방법을 이해합니다.

PREVIEW

클라이언트에서 자바스크립트는 대부분 'HTML 태그와 CSS 스타일을 활용'해서 디자인 요소를 구성하는 데 사용합니다. 따라서 자바스크립트만 안다고 무언가 만들 수 있는 것은 아닙니다. 이 장에서는 HTML, CSS, 자바스크립트를 어떻게 조합할 수 있는지 예제를 만들어 보면서 알아보겠습니다.

01 이미지 슬라이더 개요

디자인 코드가 아니라 자바스크립트 코드를 구성하는 것이 핵심이므로 디자인을 신경 쓰지 않은 간단한 이미지 슬라이더를 만들어 보겠습니다.

그림 15-1 이미지 슬라이더

이미지 슬라이더는 보통 다음 형태로 작동합니다.

- 특정한 시간마다 이미지가 바뀝니다.
- 숫자 버튼을 누르면 해당 위치로 이동합니다.

최근에는 특정한 시간마다 이미지를 바꾸는 기능만 넣어서 사용자가 모든 광고를 보게 하는 마케팅 효과를 주기도 합니다. 하지만 일단 이 장에서는 모든 기능을 구현하는 방법을 살펴보겠습니다.

02 이미지 슬라이더 구성

어떻게 해야 이미지가 좌우로 이동할까요? 이것은 다음 두 가지 방법으로 알 수 있습니다.

- 직접 열심히 생각합니다.
- 실제 활용되고 있는 코드를 분석합니다.

일단 직접 열심히 생각해 보세요. 그래도 정말로 못 만들겠다면 다른 사람이 만든 코드를 분석해 보기 바랍니다. UI 요소를 처음 개발한다면 '이것을 대체 어떻게 만들지?' 하고 생각할 수 있는데요. 몇 가지를 분석하고 만들어 보면 다른 상황에서도 응용해서 만들 수 있을 것입니다.

전 세계 개발자가 사용하는 소셜 코딩 사이트 GitHub에는 수많은 코드가 공개되어 있습니다. 구글에서 'GitHub JavaScript Image Slider' 등으로 검색하면 굉장히 많은 코드를 볼 수 있습니다. 이것을 분석하는 것도 도움이 많이 됩니다. 사람마다 생각하는 방법이 다를 수 있기에 여러 가지 코드를 보면서 분석해 보면 좋습니다. 많이 읽고, 많이 생각하고, 많이 만들어 보기 바랍니다.

필자도 처음 개발할 때는 '이것을 대체 어떻게 만들지?' 하고 생각했었습니다. 몇 날 며칠을 고민해도 답이 나오지 않더군요. 그래서 다른 사람이 만든 소스 코드를 참고했습니다.

일단 긴 종이를 준비합니다. 긴 종이 위에는 이미지를 붙입니다.

그림 15-2 그림을 붙인 종이

그러고는 중간에 적당한 크기의 사각형 구멍을 뚫은 종이를 준비합니다. 이어서 긴 종이 위에 구멍을 뚫은 종이를 대고, 뒤에 있는 긴 종이를 좌우로 움직이면 이미지 슬라이더가 만들어집니다.

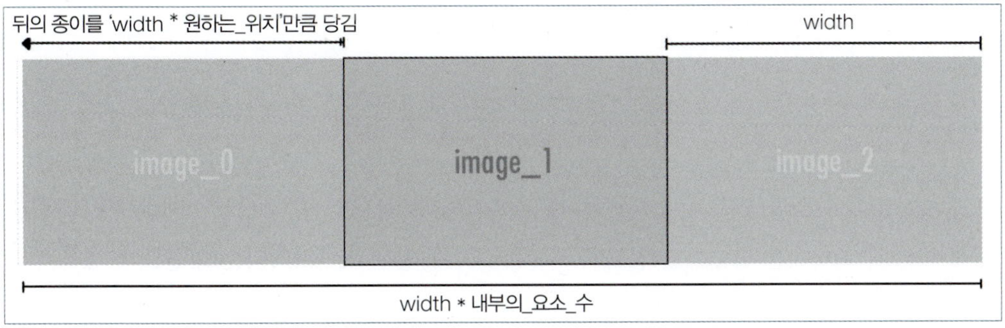

그림 15-3 이미지 슬라이더 구성

03 기본 코드 구성

어떻게 만들어야 코드를 깔끔하게 만들 수 있을까요? 일반적으로 UI가 없는 라이브러리는 알고리즘과 하나의 코드에만 집중하면 됩니다. 하지만 UI가 있는 라이브러리는 화면을 구성하는 방법과 프로그램 코드를 구성하는 방법으로 나눕니다. 두 가지를 어떻게 구성해야 쉽게 사용할 수 있을지 고민해야 합니다.

굉장히 다양한 방법이 있을 수 있는데요. 일단 필자는 다음 코드처럼 구성했습니다.

코드 15-1 **이미지 슬라이더** Default.html

```
<!DOCTYPE html>
<html>
<head>
    <title>이미지 슬라이더</title>
    <script src="jquery-3.6.0.min.js"></script>
    <script>
        $(document).ready(function () {
            // 변수를 선언합니다.
            const width = 460;
            const height = 300;
            const current = 0;
            // 함수를 선언합니다.
            const moveTo = function () {
                $('.images').animate({
                    left: -current * width
                }, 1000);
            };
            // 슬라이더 내부의 이미지 개수를 확인합니다.
            const  imageLength = $('.slider').find('.image').length;
```

```
    // 슬라이더 버튼을 추가합니다.
    for (let i = 0; i < imageLength; i++) {
        $('<button></button>')
            .attr('data-position', i)
            .text(i)
            .click(function () {
                current = $(this).attr('data-position');
                moveTo();
            })
            .insertBefore('.slider');
    }
    // 슬라이더 스타일을 설정합니다.
    $('.slider').css({
        position: 'relative',
        width: width,
        height: height,
        overflow: 'hidden'
    });
    $('.images').css({
        position: 'absolute',
        width: width * imageLength,
    });
    $('.image').css({
        margin: 0,
        padding: 0,
        width: width,
        height: height,
        display: 'block',
        float: 'left'
    });
    // 3초마다 슬라이더를 이동시킵니다.
    setInterval(function () {
        current = current + 1;
        current = current % imageLength;
        moveTo();
    }, 3000);
});
```

```
    </script>
</head>
<body>
    <div class="slider">
        <div class="images">
            <img class="image" src="https://via.placeholder.com/460x300?text=image_0" />
            <img class="image" src="https://via.placeholder.com/460x300?text=image_1" />
            <img class="image" src="https://via.placeholder.com/460x300?text=image_2" />
            <img class="image" src="https://via.placeholder.com/460x300?text=image_3" />
            <div class="image">
                <h1>이미지가 아닌 것</h1>
                <p>Lorem ipsum dolor sit amet.</p>
            </div>
        </div>
    </div>
</body>
</html>
```

HTML 코드를 기반으로 여러 가지를 자동으로 생성하게 했는데요. 이렇게 만들면 다른 곳에 코드를 복사해서 붙여 넣어도 재사용할 수 있을 것입니다. 그런데 재사용할 때 코드를 단순하게 복사해서 붙여 넣는 것은 전체 코드를 복잡하게 만드는 원인이 됩니다.

04 플러그인 구성

초기 프로그래밍은 모두 '코드를 어떻게 더 빠르게 만들 수 있는가?' 또는 '어떻게 메모리 사용량을 줄일 수 있는가?'에 초점을 맞추었습니다. 이러한 초점의 결과물로 더 이상 발전할 수 없을 정도로 높은 수준에 도달한 정렬 알고리즘과 검색 알고리즘 등이 등장했습니다.

따라서 현대 프로그래밍은 이것에 초점을 맞추지 않고 '이것을 어떻게 쉽게 구성할 것인가?'에 초점을 맞추게 되었습니다. 결국 '쉽게 복사해서 붙여 넣을 수 있는 방법을 만든다'가 현대 프로그래밍의 핵심입니다. 이것을 전문적인 용어로 '재사용'이라고 합니다.

재사용은 현대 프로그래밍 개발의 핵심입니다. 재사용으로 인해 객체 지향 프로그래밍 등의 이념과 MVC, MVVM 등의 다양한 애플리케이션 개발 패턴, 추상 인터페이스 등의 디자인 패턴이 등장했답니다.

그렇다면 앞에서 작성한 코드는 어떻게 복사해서 붙여 넣어야 쉽게 사용할 수 있을까요? 굉장히 다양한 방법이 있을 수 있습니다. 일단 jQuery로 만든 코드는 플러그인으로 만들어 사용하면 재사용하기가 쉽습니다. 다음과 같이 코드를 구성할 수 있다면 어떨까요?

코드 15-2 간단해진 메인 코드 형태 Plugin.html

```
<!DOCTYPE html>
<html>
<head>
    <title>이미지 슬라이더</title>
    <script src="jquery-3.6.0.min.js"></script>
    <script>
        $(document).ready(function () {
            $('.slider').imageSlider({
                width: 460,
                height: 300
            });
```

```
        });
    </script>
</head>
<body>
    <div class="slider">
        <div class="images">
            <img class="image" src="https://via.placeholder.com/460x300?text=
image_0" />
            <img class="image" src="https://via.placeholder.com/460x300?text=
image_1" />
            <img class="image" src="https://via.placeholder.com/460x300?text=
image_2" />
            <img class="image" src="https://via.placeholder.com/460x300?text=
image_3" />
            <div class="image">
                <h1>이미지가 아닌 것</h1>
                <p>Lorem ipsum dolor sit amet.</p>
            </div>
        </div>
    </div>
</body>
</html>
```

깔끔하게 코드를 작성할 수 있는 것은 물론이고 쉽게 재사용할 수 있을 것입니다. 원래 있던 코드를 [그림 15-4]와 같이 별도의 파일로 만들어 분리하겠습니다.

그림 15-4 폴더 구성

원래 코드를 [코드 15-3]과 같이 분리해서 넣으면 됩니다. 플러그인 형태로 구성하려고 `$.fn` 속성에 메소드를 만들어 분리했습니다. `$.fn` 속성에 메소드를 설정하면, `$()` 함수로 생성되는 jQuery 객체에 메소드를 사용할 수 있습니다.

코드 15-3 플러그인 구성 Slider.js

```
// 플러그인 등록합니다.
$.fn.imageSlider = function (object) {
    // 변수를 선언합니다.
    const width = object.width || 460;
    const height = object.width || 300;
    const current = 0;
    // 함수를 선언합니다.
    const moveTo = function () {
        $(this).find('.images').animate({
            left: -current * width
        }, 1000);
    };
    // 슬라이더 내부의 이미지 개수를 확인합니다.
    const imageLength = $(this).find('.image').length;
    // 슬라이더 버튼을 추가합니다.
    for (let i = 0; i < imageLength; i++) {
        $('<button></button>')
            .attr('data-position', i)
            .text(i)
            .click(function () {
                current = $(this).attr('data-position');
                moveTo();
            })
            .insertBefore(this);
    }
    // 슬라이더 스타일을 설정합니다.
    $(this).css({
        position: 'relative',
        width: width,
        height: height,
        overflow: 'hidden'
    });
    $(this).find('.images').css({
        position: 'absolute',
        width: width * imageLength,
```

```
        });
        $(this).find('.image').css({
            margin: 0,
            padding: 0,
            width: width,
            height: height,
            display: 'block',
            float: 'left'
        });
        // 3초마다 슬라이더를 이동시킵니다.
        setInterval(function () {
            current = current + 1;
            current = current % imageLength;
            moveTo();
        }, 3000);
    };
```

NOTE 옵션 보완

[코드 15-3]을 보면 다음과 같은 부분이 있습니다.

코드 15-4 옵션 보완

```
const width = object.width || 460;
const height = object.width || 300;
```

이 코드는 플러그인이 많을 때 흔히 사용하는 코드인데요. 짧은 조건문은 '앞의 것이 거짓이면 뒤의 것을 실행'합니다. 따라서 `const width = object.width || 460`은 `object.width`가 `undefined`일 때 변수 `width`에 `460`을 넣습니다.

굉장히 자주 사용하는 정형적인 코드이므로 기억하기 바랍니다. 참고로 주의할 것이 있는데요. 다음 코드처럼 입력한다고 합시다.

코드 15-5 옵션 보완의 주의점

```
$('.image').imageSlider();
$('.image').imageSlider({ flag: false });
const flag = object.flag || true
```

매개 변수를 아무것도 넣지 않으면 `undefined`이므로 `false`가 되어 변수 `flag`에 `true`가 들어갑니다. 그런데 사용자가 변수에 '정말로 `false`'를 넣고 싶어도 이러한 경우에는 `true`가 들어갑니다. 마찬가지로 `false`로 변환할 수 있는 빈 문자열, 숫자 0도 마찬가지입니다. 이러한 코드 때문에 문제가 발생할 때는 일치 연산자(===)를 활용한 `if` 조건문을 사용하기 바랍니다.

이미 이렇게 수많은 이미지 슬라이더를 많은 개발자가 만들어 제공하고 있습니다. 이 외에도 수많은 플러그인이 있습니다.

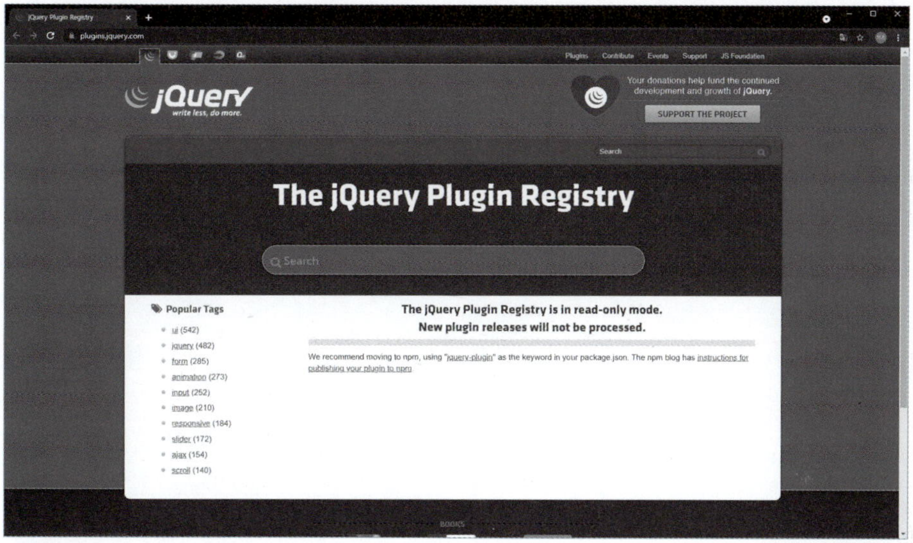

그림 15-5 jQuery 플러그인(http://plugins.jquery.com/)

실제로는 공식 웹 사이트에 등록되지 않은 플러그인이 더 많습니다. 구글 등 검색 엔진에서 'jQuery Image Gallery Plugin'으로 검색하면 더 쉽게 플러그인을 확인할 수 있습니다.

물론 플러그인을 활용해 '웹 사이트를 조합'하는 것이 중요하다고 생각할 수 있습니다. 레고 블록으로 작품을 만들 때, '레고 블록'을 직접 만들지 않았다고 해서 '레고 블록으로 만든 작품'도 직접 만들지 않았다고 말할 수는 없습니다.

하지만 이 책을 보는 학생이라면, 배우는 과정이므로 최대한 직접 레고 블록도 만들어 보기를 추천합니다. 플러그인을 볼 때마다 '어떻게 구현했을까?'를 궁리하고 직접 구현해 봅시다.

jQuery 플러그인을 사용한 재사용 방식으로도 충분히 웹 사이트를 구성할 수 있습니다. 하지만

2012년 이후로 복잡한 웹 애플리케이션을 만들면서 MVVM 등 재사용 패턴을 도입하기 시작했습니다. 이러한 패턴을 도입한 프레임워크로는 React, Vue.js가 있는데요. 이러한 프레임워크도 살펴보기 바랍니다. 이것을 살펴볼 때 프로그래밍 언어 코드 자체에만 집중하면 '자바스크립트'에 종속되지만, '재사용 패턴'에 집중하면 다른 프로그래밍 언어를 활용할 때도 적용할 수 있을 것입니다.

PART 04

프로젝트

CHAPTER 16 최종 프로젝트 – 온라인 그림판

PREVIEW

Part 2에서 서버 자바스크립트를 배웠고, Part 3에서 클라이언트 자바스크립트를 배웠습니다. 각 파트를 마치면서 해당 내용을 활용한 간단한 프로젝트를 만들었는데요. Part 4에서는 서버와 클라이언트를 모두 활용한 예제를 만들어 보겠습니다.

CHAPTER 16

최종 프로젝트 – 온라인 그림판

01 발상
02 필요한 요소 확인
03 캔버스
04 socket.io 모듈
05 서버 구성
06 클라이언트 구성
07 실행 확인

학습목표

- 애플리케이션을 만드는 데 필요한 요소를 확인하는 방법을 이해합니다.
- 서버와 클라이언트를 조합해 애플리케이션을 만드는 방법을 이해합니다.

PREVIEW

지금까지 자바스크립트를 배우고, 서버 자바스크립트와 클라이언트 자바스크립트를 살펴보았습니다. 자바스크립트는 전 세계에서 가장 많이 사용하는 프로그래밍 언어입니다. 그래서 정말 많은 일을 할 수 있습니다. 최종 프로젝트에서는 HTML5에서 제공하는 캔버스 API를 간단하게 살펴보고, 서버와 클라이언트를 모두 구성해서 온라인 그림판을 만들어 보겠습니다.

01 발상

프로그래밍 언어를 배운 후 많은 학생이 이렇게 말합니다.

"그래서 이것으로 무엇을 어떻게 만들 수 있나요?"

일단 모든 개발은 '무엇을'에서 시작해야 합니다. 무엇을 만들지 스스로 정해야 합니다. 사실 처음 개발을 한다면 '이것으로 대체 무엇을 만들 수 있지?' 하는 의문이 들 수 있는데요. 일단 이 책에서 배운 내용을 확장하면 현존하는 모든 웹 서비스를 구현할 수 있습니다.

레고 블록을 주었을 때 설명서를 보고 끝내는 아이가 있는 반면, 레고 블록으로 자신이 원하는 것을 하나씩 완성해 가는 아이가 있습니다. 여러분은 후자이기 바랍니다.

일단 처음에는 이미 존재하는 것들을 살펴보세요. 처음 그림을 그릴 때 무엇을 그려야 할지 잘 모르면, 다른 사람이 그린 그림을 보고 그립니다. 이것을 모작이라고 하는데요. 개발도 마찬가지입니다. 무엇을 만들지 잘 모를 때는 다른 사람이 만든 프로그램을 보고 직접 구현해 보세요.

일반적으로 간단한 것으로는 할 일 목록To-do list, 게시판, 메모장 등이 있습니다. 실제로 존재하는 서비스 중에 분더리스트Wunderlist, 커뮤니티 사이트, 심플노트Simplenote, 에버노트Evernote 등을 참고하면 좋을 것입니다. 조금 더 확장하면 파일 업로드, 로그인 기능을 추가해서 페이스북Facebook이나 핀터레스트Pinterest 웹 사이트도 만들 수 있을 것입니다.

실질적으로 이러한 웹 사이트를 모방해서 '친구들끼리 소규모로 사용할 목적'의 서비스를 만드는 것도 어렵지 않으며, 좋은 공부가 될 것입니다. 이 책에서는 마지막 프로젝트 예제로 '온라인 그림판'을 만들어 보겠습니다.

특정 사이트에 접속하면, 접속한 사람들과 함께 그림을 그릴 수 있는 간단한 서비스입니다.

그림 16-1 이 장에서 만들 프로젝트

02 필요한 요소 확인

그렇다면 어떻게 접속한 사람들과 함께 그림을 그릴 수 있을까요? 조금씩 생각을 구체화합니다. 의문을 계속 확장해 주세요.

'HTML에 어떻게 그림을 그리지?'

'그림을 그릴 수 있다면, 그것으로 어떻게 다른 사람과 함께 그릴 수 있지?'

이러한 의문을 해결하려면 '프로그래밍 언어가 아닌 지식'이 조금 필요합니다. 여러분이 듣는 학교 수업 중 네트워크, 인공 지능, 운영체제 등이 있을 텐데요. 이러한 수업에서 배우는 내용으로 의문을 해소할 수 있습니다. 어쨌든 기본 지식과 인터넷 검색을 함께 사용하면 다음 과정을 도출할 수 있을 것입니다.

'HTML5에서는 캔버스 API 기능이 도입되어 2D 그림을 그릴 수 있구나!'

'내가 그은 선을 다른 사람에게 전달하려면 소켓 통신을 사용해야 하고,
자바스크립트로 소켓 통신을 하려면 socket.io 모듈을 사용해야 해.'

'필요한 요소' 정보를 확인했다면, 이제 필요한 요소를 살펴볼 차례입니다.

03 캔버스

HTML5에서는 지오로케이션Geolocation, 음악Sound, MIDI, 캔버스Canvas, 노티피케이션Notification 등 다양한 기능이 추가되었습니다. 이를 활용하면 다양한 웹 애플리케이션을 만들 수 있습니다. 캔버스는 기능이 굉장히 광범위합니다. 2D 그림은 물론이고, 3D 그림도 그릴 수 있습니다.

이 책에서는 캔버스 기능 중에서 선을 그리는 방법만 살펴보겠습니다. 추가적인 내용은 다음 경로를 참고해 주세요.

> **Mozila – Canvas API**
> https://developer.mozilla.org/ko/docs/Web/API/Canvas_API

선을 그릴 때는 다음 코드를 사용합니다.

코드 16-1 캔버스를 사용한 선 그리기 Canvas.html

```
<!DOCTYPE HTML>
<html>
<head>

</head>
<body>
    <canvas id="canvas" width="578" height="200"></canvas>
    <script>
        const canvas = document.getElementById('canvas');
        const context = canvas.getContext('2d');

        context.beginPath();
        context.moveTo(100, 150);
        context.lineTo(450, 50);
        context.stroke();

```

```
    </script>
</body>
</html>
```

이러한 코드를 보여 주면 대부분의 학생이 '이것을 일일이 다 공부하고 외워서 어느 세월에 프로그램 만들어요?' 하고 말합니다. 검색하세요. 구글 검색이 없으면 모든 개발자가 일을 하지 못할 것이라는 말이 괜히 나오지 않았습니다. 검색할 때는 영어를 활용합니다. 따라서 기본적인 영어 단어도 공부해야 합니다.

[코드 16-1]은 구글에서 'HTML5 Canvas Line'을 검색해서 나온 결과 중 첫 번째 웹 사이트에 있는 코드입니다. 이러한 코드를 찾았으면 해당 코드에 사용된 요소를 스스로 공부하고, 추가 검색이 필요하면 검색하기 바랍니다.

[코드 16-1]에 사용된 요소를 분석하면 [표 16-1]과 같습니다.

표 16-1 캔버스 관련 메소드

코드	설명
canvas.getContext()	캔버스 문서 객체에서 Context 객체를 추출합니다.
context.beginPath()	선 그리기를 시작합니다.
context.moveTo()	선의 시작 위치를 지정합니다.
context.lineTo()	선을 긋습니다.
context.stroke()	선에 색을 칠합니다.

대충 'canvas 태그를 만들고, getElementById() 메소드로 문서 객체를 추출하고, Context 객체를 추출한 후 beginPath(), moveTo(), lineTo(), stroke() 메소드를 사용한다'고만 정리하기 바랍니다.

"너무 대충 짚고 넘어가는 것이 아닐까요?"

이렇게 생각할 수도 있습니다. 일단 스스로 공부할 때 중요한 것은 '빠르게 프로토타입을 만든다'가 우선입니다. 일단 골격을 만들고 골격에서 필요한 부분을 조금씩 수정하면서 살을 붙이는 방법으로 개발하기 바랍니다.

04 socket.io 모듈

선을 그리는 방법을 알았으므로, 이제 접속한 사람들과 통신하는 방법을 살펴보겠습니다. 일반적으로 모든 개발에서 프로그램끼리 통신을 할 때는 '소켓Socket'을 사용합니다.

원래 웹 페이지는 소켓을 사용할 수 없었지만, HTML5부터는 웹 브라우저에도 웹 소켓 기능이 추가되어 통신이 가능해졌습니다. 웹 소켓 통신은 RFC6455 표준을 사용해 웹 브라우저와 서버가 통신하는 기술인데요. 일단 어렵게 들어가지 마세요. 중요한 것은 '통신'하는 것이지 '통신하는 세부적인 사항'이 아닙니다.

구글에서 'HTML5 Node.js socket'을 검색해 보면 `socket.io` 모듈이 나옵니다.

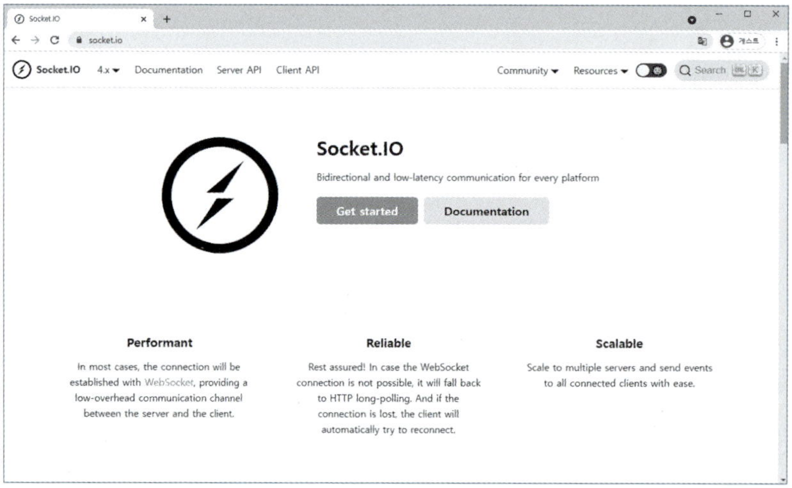

그림 16-2 socket.io(https://socket.io)

전 세계적으로 많이 활용되는 모듈이라 사용 방법은 공식 문서에서 자세히 설명하고 있습니다. 이 책에서는 기본적인 통신 내용만 간략하게 살펴보겠습니다.

공식 웹 사이트를 참고하면, 서버와 클라이언트가 통신할 때는 다음 코드를 사용합니다.

코드 16-2 기본 통신 코드 – 서버

```
// 서버를 생성합니다.
const app = require('express')();
const server = require('http').Server(app);
const io = require('socket.io')(server);

// 서버를 실행합니다.
server.listen(52273);

app.get('/', (req, res) => {
    res.sendFile(__dirname + '/index.html');
});

io.on('connection', (socket) => {
    socket.emit('news', {
        hello: 'world'
    });
    socket.on('other event', (data) => {
        console.log(data);
    });
});
```

코드 16-3 기본 통신 코드 – 클라이언트

```
<script src="/socket.io/socket.io.js"></script>
<script>
    const socket = io.connect('http://localhost');
    socket.on('news', function (data) {
        console.log(data);
        socket.emit('other event', {
            my: 'data'
        });
    });
</script>
```

짧은 코드이지만 처음 보는 함수들이 있어 복잡하다고 생각할 수 있습니다. 사용된 함수를 간단하게 정리해 보겠습니다.

표 16-2 메소드 정리

속한 모듈	메소드	설명
express	response.sendFile()	파일을 읽고 응답합니다.
socket.io	socket.io()	소켓 서버를 생성합니다.
socket.io	io.on()	소켓 서버에 이벤트를 연결합니다.
socket.io	socket.on()	소켓에 이벤트를 연결합니다.
socket.io	socket.emit()	특정 소켓에 데이터를 전달합니다.

자세한 내용은 코드를 보면서 확인해 봅시다.

05 서버 구성

일단 서버용 폴더를 구성하도록 하겠습니다. 폴더를 만들고 [그림 16-3]처럼 public 폴더와 app.js 파일을 생성합니다.

그림 16-3 루트 폴더 구성

이어서 public 폴더에는 index.html 파일을 생성하고, jQuery 파일을 다운로드하여 넣어 줍니다.

그림 16-4 public 폴더 구성

폴더를 구성했으면, 다음 명령어를 입력해서 `express` 모듈과 `socket.io` 모듈을 설치합니다.

```
> npm install express@4.14
> npm install socket.io@1.4.8
```

서버는 다음 코드처럼 구성합니다.

코드 16-4 서버 구성 app.js

```
// 웹 서버를 생성하고 실행합니다.
const express = require('express');
const app = express();
const server = require('http').Server(app);
app.use(express.static(`${__dirname}/public`));
server.listen(52273);

// 소켓 서버를 생성하고 실행합니다.
const io = require('socket.io')(server);
io.on('connection', (socket) => {
    socket.on('line', (data) => {
        io.sockets.emit('line', data);
    });
});
```

서버가 굉장히 간단하므로 쉽게 이해할 수 있을 것입니다. 다음 기능을 수행합니다.

- HTTP 서버로 파일을 제공합니다.
- 웹 소켓 서버로 이름이 line인 이벤트가 들어오면, 연결된 모든 소켓에 line이라는 이름으로 데이터를 전달합니다.

그럼 클라이언트도 살펴봅시다.

06 클라이언트 구성

클라이언트는 다음 코드처럼 구성합니다.

코드 16-5 클라이언트 구성 index.html

```
<!DOCTYPE html>
<html>
<head>
    <title></title>
    <style>
        canvas {
            border: 1px solid black;
        }
    </style>
    <script src="jquery-3.6.0.min.js"></script>
    <script src="/socket.io/socket.io.js"></script>
    <script>
        $(document).ready(function () {
            // 변수를 선언합니다.
            let color = 'black';
            let width = 1;
            let isDown = false;
            let newPoint, oldPoint;
            // 소켓을 연결합니다.
            const socket = io.connect();
            // 캔버스를 추출합니다.
            const canvas = document.getElementById('canvas');
            const context = canvas.getContext('2d');
            // 마우스 이벤트를 연결합니다.
            $(canvas).mousedown(function (event) {
```

```
        isDown = true;
        oldPoint = {
            x: event.pageX - $(this).position().left,
            y: event.pageY - $(this).position().top
        };
    });
    $(canvas).mousemove(function (event) {
        if (!isDown) { return; }
        newPoint = {
            x: event.pageX - $(this).position().left,
            y: event.pageY - $(this).position().top
        };
        socket.emit('line', {
            x1: oldPoint.x,
            y1: oldPoint.y,
            x2: newPoint.x,
            y2: newPoint.y,
            color: color,
            width: width
        });
        oldPoint = newPoint;
    });
    $(canvas).mouseup(function (event) {
        isDown = false;
        oldPoint = {
            x: event.pageX - $(this).position().left,
            y: event.pageY - $(this).position().top
        };
    });
    // 입력 양식 이벤트를 연결합니다.
    $('#pen').click(function () {
        width = 1;
        color = 'black';
        $('#width').val(width);
    });
    $('#eraser').click(function () {
        width = 10;
```

```
                color = 'white';
                $('#width').val(width);
            });
            $('#width').change(function () {
                width = $(this).val()
            });
            // 소켓 이벤트를 연결합니다.
            socket.on('line', function (data) {
                context.beginPath();
                context.lineWidth = data.width;
                context.strokeStyle = data.color;
                context.moveTo(data.x1, data.y1);
                context.lineTo(data.x2, data.y2);
                context.stroke();
            });
        });
    </script>
</head>
<body>
    <button id="pen">펜</button>
    <button id="eraser">지우개</button>
    <input id="width" type="range" min="1" max="10" value="1" />
    <br />
    <canvas id="canvas" width="1000" height="600"></canvas>
</body>
</html>
```

조금 복잡하다고 생각할 수 있는데요. 실질적으로 중요한 부분을 정리하면 다음과 같습니다.

■ 마우스 눌림 상태 확인

- mousedown 이벤트가 발생했을 때 isDown 변수를 true로 변경합니다.
- mouseup 이벤트가 발생했을 때 isDown 변수를 false로 변경합니다.

■ 선 좌표 확인

- mousemove 이벤트가 발생했을 때 isDown 변수를 확인하고, 이전 마우스 위치와 현재 마우스 위

치를 사용해 객체를 만듭니다.

- socket.io를 사용해 객체를 서버로 전달합니다.

■ 선 그리기

- 서버에서 전달된 객체를 받으면(socket.io의 사용자 정의 line 이벤트) 캔버스의 Context 객체를 사용해 그림을 그립니다.

실질적으로 복잡한 논리 구조가 들어 있지는 않으므로 읽다 보면 이해할 수 있을 것입니다.

07 실행 확인

디자인이 굉장히 투박하지만 주요 기능인 '그림을 함께 그린다'는 모두 정상적으로 작동합니다. 서버를 실행하고 웹 브라우저를 여러 개 띄운 후 직접 그림을 그려 보기 바랍니다.

그림 16-5 실행 결과

그러면 다른 웹 브라우저에서도 [그림 16-6]처럼 똑같이 그려질 것입니다. 마찬가지로 다른 웹 브라우저에서 그림을 그리면 모든 웹 브라우저에 반영됩니다.

그림 16-6 다른 웹 브라우저에 출력된 그림

코드를 보면 반복되는 부분이 있습니다. 대표적으로 마우스의 x, y 위치를 추출하는 부분인데요. 이러한 부분을 함수로 만들어 합쳐 보기 바랍니다. 참고로 반복되는 코드를 정리하는 것을 '리팩토링Refactoring'이라고 합니다.

추가적으로 디자인도 꾸미고, 다음 기능도 추가할 수 있을 것입니다.

- 색상 피커Color Picker를 추가해서 펜의 색상을 선택할 수 있게 합니다.
- 그린 그림을 저장할 수 있게 합니다.
- 방을 만들어 방에 모인 사람들끼리만 그림을 그리게 합니다.
- 채팅 기능을 추가하거나 퀴즈 기능을 만듭니다(게임 '캐치마인드' 참고).

지금까지 굉장히 많은 내용을 다루었는데요. 이렇듯 자바스크립트만으로도 굉장히 많은 일을 할 수 있습니다. 1장에서 언급했던 것처럼 이보다 훨씬 더 많은 일을 할 수 있으므로, 자신이 원하는 분야가 있다면 해당 분야와 관련된 내용을 더 공부해 보기 바랍니다.

APPENDIX
부록

01 CSS 선택자

document.querySelector() 메소드와 jQuery의 $() 함수는 CSS 선택자를 사용하는데요. CSS 선택자를 잘 모르는 학생을 위해 간단하게 정리해 보겠습니다.

기본 CSS 선택자는 다음과 같습니다.

선택자 형태	이름	예	예 설명
*	전체 선택자	*	모든 태그를 선택합니다.
태그_이름	태그 선택자	h1	h1 태그를 선택합니다.
#아이디	아이디 선택자	#title	id 속성이 title인 태그를 선택합니다.
.클래스	클래스 선택자	.images	class 속성으로 images를 가진 태그를 선택합니다.
[속성_이름 = 속성_값]	속성 선택자	[type = submit]	type 속성이 submit인 태그를 선택합니다.

이러한 선택자는 혼합해서 사용할 수 있습니다. 조합 순서는 다음과 같습니다.

```
// input 태그 중에 class 속성으로 header를 가지고 있으며
// type 속성이 submit이고 data-attr 속성이 test인 태그를 선택합니다.
input.header[type="submit"][data-attr="test"]
```

2개 이상의 선택자를 계층으로 조합해서 사용하는 선택자로 자손 선택자와 후손 선택자가 있습니다.

선택자 형태	이름	예	예 설명
선택자A > 선택자B	자손 선택자	div.header > h1	class 속성으로 header를 가진 div 태그 바로 아래에 있는 h1 태그를 선택합니다.
선택자A 선택자B	후손 선택자	div.header h1	class 속성으로 header를 가진 div 태그 아래에 있는 모든 h1 태그를 선택합니다.

자손과 후손에 대한 설명이 약간 헷갈릴 수 있는데요. 자손은 '바로 아래에 있는 것'을 나타내고, 후손은 '아래에 있는 모든 것'을 나타냅니다.

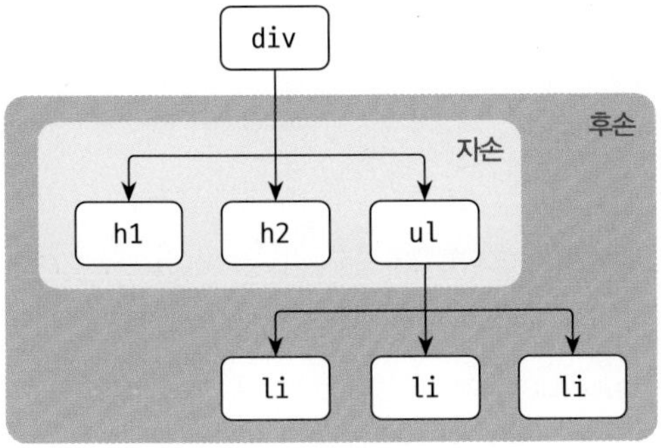

기호

- 056
! 066
* 056
/ 056
\' 061
\" 061
\\ 061
&& 066
% 057
+ 056, 062
+= 074
〈 065
〈= 065
-= 074
!= 065
*= 074
/= 074
!== 092
== 065
=== 092
〉 065
〉= 065
|| 066
$ 436
__dirname 279
__filename 279
\n 061
\t 061
8진수 177
10진수 177
16진수 177

A~C

animate() 464
app.listen() 328
app.use() 328
arch 280
Array 236
Arrow Function 164
async 314
attr() 450
Block 151
blur() 457
body-parser 미들웨어 347
BOM 379
Boolean() 085
break 116, 147
Browser Object Model 379
Callback 173
catch 261
cd 038
CDN 433
change() 457
cheerio 310
Class 204
clearInterval() 179
click() 457
CommonJS 프로젝트 023
Compressed 버전 431
console.log() 054
const 095
Constructor 205
Content Delivery Network 433
Content-Type 335
continue 149
css() 448

D E

Date 232
dblclick() 457
Default Event 422
Delegate 460
DELETE 331
dir 038
Document Object 395
Document Object Model 395
document.querySelector() 403
document.querySelectorAll() 404

DOM 395
each() 442
ECMAScript 025
Element 132, 198
Element Node 396
env 280
Event 283
Event Handler 415
Event Listener 415
Event Name 415
Event Property 415
Event Type 415
Exception 257
Exception Handling 257
exit([exitCode = 0]) 280
express() 328

F G

false 065
File System 293
filter() 240
finally 261
focus() 457
for 137
forEach() 240
for in 142
for of 142
fs.readFile() 294
fs.readFileSync() 294
fs.writeFile() 300
fs.writeFileSync() 300
get() 440
GET 331
getAttribute() 411
getDay() 106
getFullYear() 106
getHours() 106
getMinutes() 106
getMonth() 106
getSeconds() 106

H~L

history 383
Hoisting 153
html() 445
HTTP 상태 코드 338
HTTP Status Code 338
if 105
if else 108
if else if 112
Index 132
indexOf() 230
innerHTML 406
Instance 204
isNaN() 087
JavaScript 021
JavaScript Object Notation 201
jQuery 431
JSON 201, 245
keydown() 457
keypress() 457
keyup() 457
length 134, 227, 440
let 071
Literal 162
location 383
lodash 243

M

map() 240
MAX_VALUE 225
memoryUsage() 280
Method 198
Method Chaining 229
Middleware 345
MIME 336
MIN_VALUE 225
MongoDB 030
morgan 미들웨어 350
mousedown() 457

mouseenter() 457
mouseleave() 457
mousemove() 457
mouseup() 457

N~R

NaN 086, 225
navigator 386
NEGATIVE_INFINITY 225
Date() 106
Node 395
Node.js 033
Not a Number 086
npm 305
null 208
Number 223
Number() 085
NW.js 028
off() 455
on() 283, 455
one() 463
os 287
parallel() 315
parseFloat() 175
parseInt() 175
Parsing 310
placehold.it 413
platform 280
Port 330
POSITIVE_INFINITY 225
POST 331
Powershell 037
preventDefault() 458
Primitive Type 056
process 280
Property 198
PUT 331
React Native 028
REPL 040
Representational State Transfer 359
request 307
resize() 457
Resource 359
Resource Oriented Architecture 359
RESTful 359
RESTful 웹 서비스 359
RIA (Rich Internet Application) 022
ROA 359

S

Scope 151
screen 382
scroll() 457
select() 457
Semantic Versioning 306
setAttribute() 411
setInterval() 178
setTimeout() 178
Shadowing 153
socket.io 모듈 494
sort() 238
split() 231
static 미들웨어 346
String 227
String() 085
style 409
submit() 457
switch 115

T~Z

Tag 395
text() 445
textContent 408
Text Node 396
this 182, 199
throw 267
Thunder Client 370
toExponential() 223
toFixed() 223

toPrecision() 223
true 065
try 261
typeof 081
Uncompressed 버전 431
undefined 084
uptime() 280
url 290
V8 자바스크립트 엔진 023
version 280
Visual Studio Code 032
while 135
window 380

ㄱ~ㄹ

개발자 도구 042
객체 193
객체 자료형 219
객체 지향 프로그래밍 204
고전 이벤트 모델 419
곱셈 연산자 056
기본 이벤트 422
기본 자료형 219
기본적인 자료형 056
나눗셈 연산자 056
나머지 연산자 057
네이티브 애플리케이션 027
노드 395
논리곱 연산자 066
논리 부정 연산자 066
논리합 연산자 066
덧셈 연산자 056
동기 025
디폴트 매개 변수 171
리다이렉트 340
리터럴 162

ㅁ~ㅅ

매개 변수 초기화 170
메소드 198
메소드 체이닝 229
명령 프롬프트 037
모질라 레퍼런스 217
무한 루프 135
무한 반복문 135
문서 객체 395
문서 객체 모델 395
문자 선택 연산자 062
문자열 059
문자열 연결 연산자 062
문장 049
미들웨어 345
배열 132
변수 071
별 피라미드 144
복합 대입 연산자 074
불 064
브라우저 객체 모델 379
블록 151
비동기 025
뺄셈 연산자 056
사용자 324
상수 094
생성자 205
섀도잉 153
서버 324
선언적 함수 163
선택자 506
속성 198
수평 탭 061
숫자 056
스레드 024
스코프 151
스트림 325
식별자 050

ㅇ

여러 줄 주석 053
역슬래시 061
연산자 우선순위 057
예외 257
예외 객체 265
예외 처리 257
요소 132, 198
요소 노드 396
요청 323
요청 매개 변수 342
요청 메시지 325
위임 460
유닉스 타임 232
유럽 컴퓨터 제조 협회 025
유의적 버전 306
응답 323
응답 메시지 325
이미지 슬라이더 473
이벤트 283
이벤트 객체 421
이벤트 기반 024
이벤트 리스너 415
이벤트 발생 객체 420
이벤트 속성 415
이벤트 이름 415
이벤트 타입 415
이벤트 핸들러 415
익명 함수 161
인덱스 132
인라인 이벤트 모델 416
인스턴스 204
일렉트론 028
일치 연산자 092

ㅈ~ㅎ

자료형 검사 081
자바스크립트 021
자원 359
작은따옴표 061
제공자 324
조건 연산자 119
조기 리턴 304
주석 052
줄바꿈 061
중첩 반복문 144
중첩 조건문 110
증감 연산자 077
진법 변환 176
캔버스 492
콜백 함수 173
크롬 웹 브라우저 035
큰따옴표 061
클라이언트 324
클래스 201, 204
키 194
키워드 050
태그 395
텍스트 노드 396
텍스트 에디터 032
템플릿 문자열 063
파싱 310
파일 쓰기 300
파일 읽기 294
페이지 라우팅 331
포트 330
표현식 049
프레임워크 027, 317, 484
플러그인 479
하이브리드 애플리케이션 027
한 줄 주석 053
함수 161
호이스팅 153
화살표 함수 164